郭春发 著

《论语》与现代企业治理

知识产权出版社
全国百佳图书出版单位
——北京——

图书在版编目（CIP）数据

《论语》与现代企业治理／郭春发著．—北京：知识产权出版社，2021.11
ISBN 978-7-5130-7306-6

Ⅰ．①论… Ⅱ．①郭… Ⅲ．①《论语》—应用—企业管理 Ⅳ．①F272

中国版本图书馆 CIP 数据核字（2020）第 225311 号

内容提要

本书的核心思想在于如何将《论语》智慧同治理哲学融会贯通，如何将治理哲学灵活运用于企业的治理中，可以说是"一部《论语》治企业"。解读《论语》，从古老智慧中获取企业永续发展的千年智慧，在与大师对话中体验治理的哲学与艺术，实践企业治理的成功之道。

责任编辑：韩婷婷	责任校对：王 岩
封面设计：韩建文	责任印制：孙婷婷

《论语》与现代企业治理

郭春发 著

出版发行：知识产权出版社有限责任公司	网　　址：http://www.ipph.cn
社　　址：北京市海淀区气象路50号院	邮　　编：100081
责编电话：010-82000860 转 8359	责编邮箱：17625578@qq.com
发行电话：010-82000860 转 8101/8102	发行传真：010-82000893/82005070/82000270
印　　刷：北京建宏印刷有限公司	经　　销：各大网上书店、新华书店及相关专业书店
开　　本：710mm×1000mm　1/16	印　　张：14.75
版　　次：2021年11月第1版	印　　次：2021年11月第1次印刷
字　　数：280千字	定　　价：79.00元

ISBN 978-7-5130-7306-6

出版权专有　侵权必究
如有印装质量问题，本社负责调换。

前　言

本书以企业治理的伦理问题为背景，阐述了企业伦理治理文化的生成与企业价值观的再造，分析了企业破产、商业欺诈及其他不道德行为产生的原因，发现这些问题与企业的治理和企业社会责任有很大关系。面对商业世界中的这种不确定性，西方管理界正经历着一场由"科学管理""行为管理""物本管理"向"伦理管理""人本管理"转变的重大变革。本书认为企业管理者需要在传统智慧中寻求新的有效思维方式和行动，将企业治理的伦理原则实践于决策，以促进企业的健康发展。

在中国企业飞速发展的背景下，德性伦理在企业治理中将发挥不可替代的作用，《论语》中的传统智慧为我们提供了治理知识和实践指南。古人云："半部《论语》治天下。"自宋明以降，儒家伦理层面的价值得到了弘扬，儒家治理层面的价值却被忽视了。孔子向来重视人的管理，认为先知己才能知人，先正己才能正人，社会稳定和民族道德取决于君子或者道德高尚的管理者。实际上，企业治理也依靠君子型的企业家。中国传统的企业伦理历来由商会、儒家思想、社会地位和政府主导。儒商吸收了现代管理经验的同时又奉行儒家的君子思想。现代儒商奉行儒家的"仁义礼智信"原则，尊重法治，避免人治，传承了儒家的历史使命、管理理念、经营哲学、价值精神、社会责任。

儒家治理思想不仅在中国得到传承，在日本也获得了很大的成功。日本著名企业家涩泽荣一的《论语与算盘》一书就巧妙地将儒家治理思想运用到日本的企业经营中，该书也成了近代日本的商业"圣经"。中国经济的崛起带来了儒家治理文化的热潮和民族文化的自觉与自信。在西方经济处在发展的十字路口之际，儒家治理思想为人类文明的发展提供了无尽的文化宝藏和思想资源。而《论语》作为儒家思想的代表，也向世界解读了中国企业永续发展的千年智慧。

本书分析了如何将《论语》的智慧同治理哲学融会贯通，如何将治理哲学灵活运用于企业的治理中，可以说是一部《论语》治理企业之道的总结。儒家

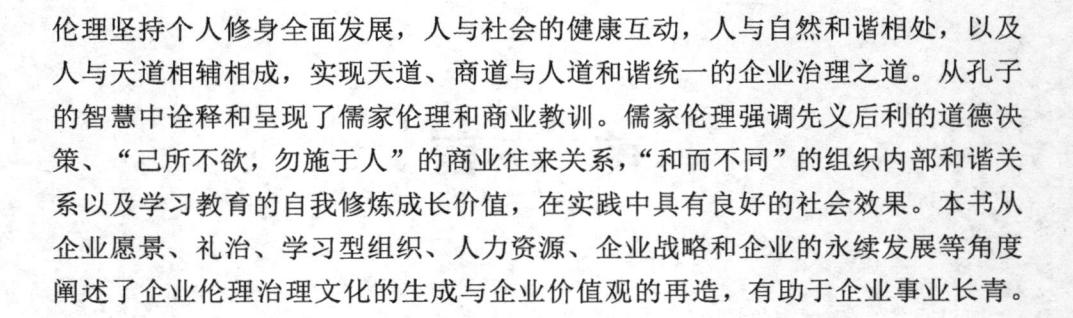

伦理坚持个人修身全面发展，人与社会的健康互动，人与自然和谐相处，以及人与天道相辅相成，实现天道、商道与人道和谐统一的企业治理之道。从孔子的智慧中诠释和呈现了儒家伦理和商业教训。儒家伦理强调先义后利的道德决策、"己所不欲，勿施于人"的商业往来关系，"和而不同"的组织内部和谐关系以及学习教育的自我修炼成长价值，在实践中具有良好的社会效果。本书从企业愿景、礼治、学习型组织、人力资源、企业战略和企业的永续发展等角度阐述了企业伦理治理文化的生成与企业价值观的再造，有助于企业事业长青。

目　　录

第一章　全球视野下的企业伦理治理…………………………………………1
　　第一节　伦理治理成为企业治理的热点问题……………………………2
　　第二节　重新审视儒家伦理治理的意义…………………………………5
　　第三节　关于企业伦理治理的研究现状…………………………………7
　　第四节　研究目标与内容…………………………………………………12
　　第五节　研究方法与创新…………………………………………………14

第二章　儒家伦理治理与西方企业治理模式的比较…………………………19
　　第一节　企业治理的相关概念……………………………………………20
　　第二节　传统儒家商业伦理与现代性……………………………………25
　　第三节　企业委托代理理论与儒家伦理…………………………………29
　　第四节　利益相关者治理理论与儒家伦理治理…………………………31
　　第五节　《论语》伦理治理的解释框架…………………………………33
　　第六节　治理理论的比较分析……………………………………………38

第三章　《论语》与企业愿景…………………………………………………47
　　第一节　企业愿景的社会导向：安之，信之，怀之……………………48
　　第二节　企业愿景的核心价值：以人为本………………………………54
　　第三节　企业愿景的实现方式：为仁由己………………………………58
　　第四节　企业愿景的行为态度：仁者无敌………………………………62
　　第五节　企业愿景实现的行为准则：见利思义…………………………64
　　第六节　企业愿景实现的自然条件：敬畏自然…………………………65
　　第七节　企业愿景实现的人道基础：尊重生命…………………………67
　　第八节　企业愿景实现的家国情怀：经世济民…………………………68

第四章　《论语》与礼治………………………………………………………73
　　第一节　礼治思想的内涵：礼之用，和为贵……………………………75
　　第二节　礼治是企业的制度教化：不学礼，无以立……………………77

I

　　　　第三节　礼治是企业自律的治理：引礼入法……………………79
　　　　第四节　礼治是适可而止的治理：过犹不及………………………80
　　　　第五节　礼治是企业相互尊重的治理：本之性情…………………83
　　　　第六节　礼治的基本原则：持经达变…………………………………86
　　　　第七节　礼治的企业品牌形象：以和为贵……………………………87

第五章　企业治理的伦理领导力……………………………………………91
　　　　第一节　领导者的素养与领导力：以德服人，以信义服人………93
　　　　第二节　领导者的才智与领导力：知者不惑………………………101
　　　　第三节　美德与领导力：恭、宽、信、敏、惠……………………103
　　　　第四节　领导力的效能："庶之""富之""教之"……………………111

第六章　《论语》与学习型组织建设………………………………………115
　　　　第一节　学习型组织创建的意义：学而时习之，不亦说乎………116
　　　　第二节　学习型组织跨层转化机制：可以兴，可以观，可以群，
　　　　　　　　可以怨…………………………………………………………118
　　　　第三节　学习型组织沟通的开放性：君子坦荡荡……………………120
　　　　第四节　学习型组织的变革意愿：尽人事以听天命…………………123
　　　　第五节　学习型组织的学习方式：德之能修，学之能讲，闻义能徙，
　　　　　　　　不善能改………………………………………………………126
　　　　第六节　学习型组织的学习宗旨：文、行、忠、信…………………129

第七章　《论语》中的人力资源观…………………………………………133
　　　　第一节　《论语》中的人才观：仁爱为本……………………………135
　　　　第二节　《论语》中的人才培养观：君子人格………………………138
　　　　第三节　人才培养的内容：学而不厌、有教无类、教学相长、
　　　　　　　　君子不器………………………………………………………147
　　　　第四节　人才培养的方式：因材施教…………………………………148
　　　　第五节　人才的使用方式：选贤任能…………………………………151
　　　　第六节　企业的留人之术：节用爱人…………………………………157

第八章　《论语》中的战略管理……………………………………………163
　　　　第一节　明确使命与目标：安之、怀之、信之………………………165
　　　　第二节　把握环境的机会与风险：预则立，不预则废………………167
　　　　第三节　认清自己的优势与弱点：修己安人…………………………175
　　　　第四节　保持方向与灵活性：持经达变………………………………181

第五节　企业战略管理的合法性问题：名正言顺 …………… 184
第九章　《论语》与利益相关者 …………………………………… 189
　　　第一节　企业与消费者的关系：恕道 …………………………… 191
　　　第二节　企业与股东的关系：尽忠 ……………………………… 195
　　　第三节　企业与社会的关系：兼济天下 ………………………… 197
　　　第四节　企业与员工的关系：人性本善 ………………………… 199
　　　第五节　企业与环境关系："天人合一" ………………………… 200
第十章　《论语》与企业基业长青 ………………………………… 203
　　　第一节　信用是基业长青的基础：人无信不立，业无信不长 …… 205
　　　第二节　诚信企业的内在特征：以义裁信 ……………………… 208
　　　第三节　诚信是最佳的经商之道：和气生财 …………………… 210
　　　第四节　积极建构信用体系，为企业树立不倒口碑 …………… 214
结论与展望 …………………………………………………………… 219
后记 …………………………………………………………………… 223

图表目录

表 1　2019 年主要大国 GDP 及其增速 …………………………………… 4
表 2　利害关系人与企业伦理治理 ………………………………………… 10
表 3　研究的问题、主题与理论依据 ……………………………………… 14
表 4　内部治理与外部治理 ………………………………………………… 17
表 5　企业伦理的三个层次分析 …………………………………………… 25
表 6　三大治理理论比较 …………………………………………………… 43
表 7　儒家伦理与新教伦理在企业治理中的差异 ………………………… 44
表 8　企业愿景与儒家理念 ………………………………………………… 53
表 9　华为 STAR 人才识别方法 …………………………………………… 153
表 10　华为和阿里巴巴核心价值观考核对比 …………………………… 155
表 11　华为绩效评价等级及其说明 ……………………………………… 156
表 12　企业人力资源开发比较 …………………………………………… 161
表 13　华为危机管理 ……………………………………………………… 171
表 14　华为组织变革与发展战略 ………………………………………… 182
表 15　上市公司食品安全问题 …………………………………………… 193
表 16　国家失信联合惩戒文件汇总 ……………………………………… 215

图 1　2019 年主要大国 GDP 及其增速 …………………………………… 5
图 2　中国互联网行业迅猛发展 …………………………………………… 15
图 3　儒家的心之模型 ……………………………………………………… 35
图 4　儒家核心思想的结构 ………………………………………………… 35
图 5　人类文明演进与治理 ………………………………………………… 44
图 6　5G 架构威胁平面 …………………………………………………… 56
图 7　儒家核心价值观 ……………………………………………………… 93
图 8　揭秘未来竞争的战略 ………………………………………………… 117

I

图 9　海尔海创汇平台 …………………………………………140
图 10　2015—2019 年芯片进出口金额 ……………………176
图 11　万物互联平台 ……………………………………………181
图 12　孔子与儒家核心价值 ……………………………………191

第一章

全球视野下的企业伦理治理

第一节　伦理治理成为企业治理的热点问题
第二节　重新审视儒家伦理治理的意义
第三节　关于企业伦理治理的研究现状
第四节　研究目标与内容
第五节　研究方法与创新

第一节　伦理治理成为企业治理的热点问题

一、企业与社会的关系面临新的挑战

近年来发生了许多企业丑闻、舞弊事件，事关国计民生。企业与社会的关系日益恶化，人们开始关注企业治理制度存在的各种弊端，以及企业信用的恢复与重建问题。现代企业管理危机四伏，主要表现为企业垄断、企业信用、环境污染、气候变暖、企业与社会关系紧张、社会财富分配不均等伦理问题。

从"地沟油"到"三聚氰胺"，从食品安全到生态破坏，从长治苯胺泄漏事故到山西南吕梁山隧道爆炸，企业在谋求效益最大化的同时，如何构建企业自身的伦理价值，树立企业的社会责任，已经成为企业是否能持续发展的关键因素。科技的发展给企业创造了巨大的利润，同时，科技运用的伦理禁区也屡遭僭越，某些企业和科学家引发的"基因编辑婴儿事件"曾惊动全球。不管企业以何种方式卷入诸如此类的伦理事件，再多的公关手段也经不起舆论的围剿。例如，互联网企业巨头百度公司，就其本意而言是不愿意涉及道德是非问题的，但是当魏则西事件发生以后，人们就不断挖出百度的黑材料，诸如"深夜推广赌博网站事件""血友病吧事件""百度云盘涉黄事件"等。淘宝刚刚成立时因为假货太多让阿里巴巴身处舆论旋涡之中，腾讯的游戏事件甚至被中央电视台点名批评。漠视社会责任的企业，终将受到法律的严惩，以及道德的谴责。过度的商业化行为留给公众极差的用户体验，造成人心背离，这让企业经营者不敢掉以轻心。

当前企业治理的伦理风险有多大？全球企业治理的未来风险有哪些可能？怎样避免出现金融风险或疫情风险等不确定影响？这些都是值得我们深思的问题。作为从事生产经营活动的主体，企业必然以追求利润和价值最大化为目标；作为伦理实体，企业则要受到一定道德意识、伦理原则的支配。企业在处理各种利益关系和利益矛盾的过程中往往会忽视企业伦理道德的建设，从而形成企业的伦理危机。因此，对我国企业如何处理企业伦理和企业利益的关系进行研究是十分必要的。多数案例发生的根本原因，在于企业主体在企业治理中丧失

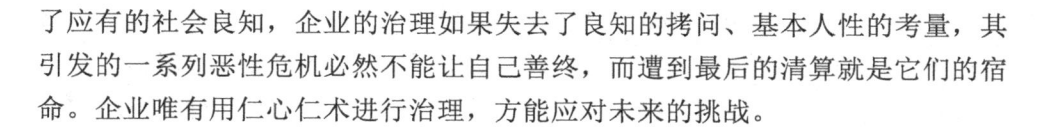

了应有的社会良知，企业的治理如果失去了良知的拷问、基本人性的考量，其引发的一系列恶性危机必然不能让自己善终，而遭到最后的清算就是它们的宿命。企业唯有用仁心仁术进行治理，方能应对未来的挑战。

二、企业伦理治理问题受到全球关注

为了谋求企业的生存和发展，管理者开始主动进行制度调整，引入伦理管理，提升企业的治理水平。学者提出用"伦理管理"（Ethical Management，EM）或者"全面伦理管理"（Total Ethical Management，TEM）来取代原来的"全面品质管理"（Total Quality Management，TQM），以应对人权问题、环保问题、劳工标准问题、反腐败问题等，取得未来的核心竞争力。[1]理论和实践都表明，企业最大的责任不是帮股东赚钱，而是在履行社会责任后实现企业的利润。2008年全球金融危机爆发以后，越来越多跨国企业认识到，企业未来的核心竞争力不是技术，也不是成本，而是"企业伦理"。2020年全球爆发的新冠肺炎疫情，更是体现了企业伦理的竞争力。企业的伦理是企业资本的一部分，或者说是一种文化资本，这种资本是企业走向成功的关键因素。重视伦理的企业得到了社会的好评，赢得了顾客的人心；此外，一旦这种伦理价值获得了社会认同，企业的产品就能赢得顾客永久的忠诚。因此，企业的伦理之治是企业的核心竞争力。回归儒家伦理治理，节制物欲，以义制利，能够实现企业的可持续发展。

三、中国崛起推动了儒家伦理治理的国际化

21世纪，中国崛起的速度令世界惊艳，中国GDP在全球比重中逐步上升（见表1），2019年GDP总额达14.36万亿美元（见图1）。中国崛起有自身体制优势、全球化的国际环境的因素，更有千年文明和一以贯之的强大治理能力的因素。在全球高度关注中国企业治理问题之际，我国也在推动本国企业社会责任的建立和发展。十三届全国人大二次会议的政府工作报告中提出企业要在经济、社会、环境三个方面承担相应的责任，实际上是对企业给社会造成环境危机、资源危机和社会危机提供的解决方案。党的十九届四中全会还提出了完善治理体系和推进治理能力现代化建设。以"道德约束"为表征的"伦理治理"作为一个向度进入企业治理的视域，确立了企业治理的新目标。

---

[1] 张培新. 企业伦理的理论与实践初探[J]. 应用伦理研究通讯，2007（44）：36–51.

从中国传统文化中寻找治理的立足点，既是中国企业治理的优势，也是中国企业成功走向国际舞台的必然选择。在几代中国人的努力下，中国制造不再是假货的代名词，中国制造不再是山寨的同义语。中国企业向世界展示的是一流的企业，是诚信的企业，一流的企业必然是实行伦理之治的企业。2016年，习近平总书记在中国社会科学工作会议上指出，中国的哲学社会科学要有主体性、原创性，能解决实际问题。因此，系统阐述总结中国企业治理理论，为世界提供中国企业发展的智慧之道，既是中国发展的战略要求，也是世界关注的热点问题。

表1　2019年主要大国GDP及其增速

排序	国家	GDP/万亿美元	实际增速/%
1	美国	21.43	2.30
2	中国	14.36	6.10
3	日本	5.09	0.70
4	德国	3.85	0.60
5	印度	2.85	5.30
6	英国	2.83	1.40
7	法国	2.70	1.30
8	意大利	2.00	0.30
9	巴西	1.84	1.10
10	加拿大	1.70	1.60
11	俄罗斯	1.70	1.30
12	韩国	1.64	2.00
13	西班牙	1.39	2.00
14	澳大利亚	1.39	1.80
15	墨西哥	1.26	−0.10
16	印度尼西亚	1.12	5.02

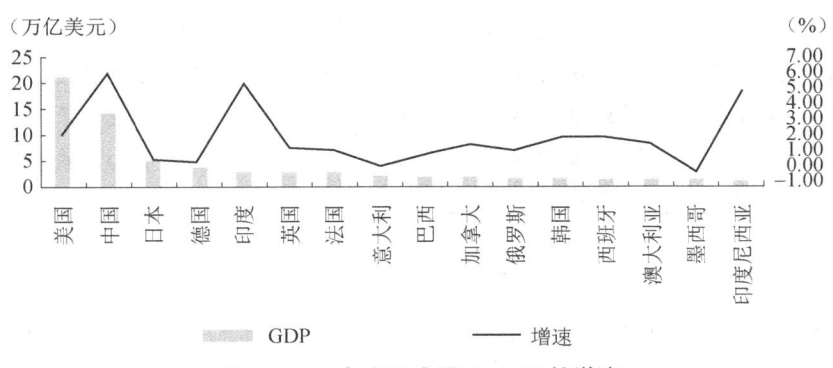

图 1　2019 年主要大国 GDP 及其增速

第二节　重新审视儒家伦理治理的意义

一、重新认识儒家伦理治理的重要性

开展"《论语》与现代企业治理关系"的研究，是要明确伦理治理对于企业和社会的重大意义。面对全球化经济、社会文化及自然环境的冲击，世界各地意识到企业应该担负起扮演社会组织重要角色的责任，提高人类价值与责任意识。2009 年，全球金融危机一周年之际，美国联邦储备委员会前主席亚伦·格林斯潘接受英国 BBC 专访时提出，金融危机的根源在于"无可遏止的人性"。金融危机从美国第 4 大投银行雷曼兄弟破产开始，席卷英、美、欧、日等各国。马克思早就分析了资本主义经济危机发生的必然性，指出解决危机的方式就是要改变"无可遏止的人性"。2021 年新冠肺炎疫情席卷全球，病毒不分国界，不分种族，也无视社会阶层。当前，疫情在美国加速扩散，大量无家可归者进退无所，穷人处境凸显美国社会的残酷。[1]改变全球范围内劳资矛盾、贫富分化，以伦理之治取代资本之治，这已经成为当代社会人们的共识。

二、总结中国企业伦理治理的方法和标准

国家治理体系和治理能力的现代化，包含了企业的治理能力的现代化。从

---

[1] 李小华. 新冠疫情下穷人处境凸显美国社会的残酷[EB/OL].（2020-03-23）[2020-05-07]. http://www.chinanews.com/gj/2020/03-23/ 9134994. shtml#zw_cyhd.

中国特色社会主义"共同富裕"思想和以人民为中心的经济伦理核心理念中明确中国特色社会主义企业伦理治理的内涵和标准，明确中国特色社会主义企业伦理治理建设的主要思路和途径，从传统文化的"仁爱"与"安人"思想中提升中国企业治理队伍道德建设水平，增强中国企业的核心竞争力，在新时代对提高社会治理能力也具有重要的意义。

三、推进儒家伦理治理的国际化

在经历亚洲金融危机、全球金融危机和新冠肺炎疫情，中国治理方案越来越受到关注。儒家伦理治理是否能解决现代企业治理问题，特别是解决大国崛起带来的价值冲突[1]和未来世界秩序重建的文明冲突问题[2]，是儒家伦理治理国际化首先面临的挑战。杜维明从跨文化角度探讨儒家伦理面对企业组织价值观的挑战问题，认为儒家文化在传承中创新，其人文精神依旧具有很大的生命力。[3]郑伯埙指出儒家伦理治理的方式是以中国为中心采同心圆模式向外放送影响亚洲其他国家和地区。[4]在世界大战、全球金融危机的影响下，儒家的王道文化是救世良药，儒家伦理是解决经济和社会衰退的良药。[5]儒家伦理为当代企业发展提供了良方，平衡了企业组织的技术面（工具理性）与人性面（价值理性）[6]，儒家伦理价值从扎根中国到波及东亚，其做法和经验具有全球意义。[7]

---

[1] Harding H. The Concept of "Greater China": Themes, Variations and Reservations[J]. The China Quarterly, 1993, 136: 660–686.

[2] Huntington S P. Clash of Civilizations and the Remaking of World Order [M]. New York: Simon & Schuster, 1997.

[3] 杜维明. 新轴心时代文明对话及儒学的精神资源[C]// 吴光. 中华文化研究集刊·当代新儒学探讨. 上海: 上海古籍出版社, 2003.

[4] 郑伯埙. 差序格局与华人组织行为[J]. 本土心理学研究, 1995, 7（3）: 142-219; 郑伯埙. 华人组织行为研究的方向与策略: 由西化到本土化[J]. 本土心理学研究, 2005（24）: 191-245.

[5] 陈立夫, 陈秀惠. 全球化时代与中国文化的再出发——陈立夫空中访谈录之三[J]. 中国文化研究, 2001（2）: 1-11.

[6] 郑伯埙, 周丽芳, 黄敏萍, 等. 家长式领导的三元模式: 中国大陆企业组织的证据[J]. 本土心理学研究, 2003（20）: 209-252; 张德胜, 金耀基, 陈海文, 等. 论中庸理性: 工具理性、价值理性和沟通理性之外[J]. 社会学研究, 2001（2）: 33-48.

[7] 杜维明. 儒家传统与文明对话/文明对话丛书[M]. 石家庄: 河北人民出版社, 2006.

第三节 关于企业伦理治理的研究现状

一、国外现有研究现状

（一）从社会责任的角度研究企业治理

自 20 世纪 70 年代开始，西方开始关注社会责任的问题，最有代表性的观点有三个。一是"三个同心圆"理论。由美国经济发展委员会提出，内圆是指企业履行经济功能的基本责任，中间圆是指企业履行经济功能、社会价值观和关注重大社会问题，外圆是企业促进社会进步的其他无形责任。❶二是"金字塔"理论。美国佐治亚大学教授卡罗尔（Carroll，1979）提出企业社会责任是指企业的经济责任、法律责任、伦理责任和自愿的慈善责任之和。❷三是"三重底线"理论。英国学者约翰·埃尔金顿（Elkington，2004）提出企业行为要满足经济底线、社会底线与环境底线。❸他们认识到，企业治理不应该只关心经济利益，更要关心企业的社会责任。企业的经济利益与社会责任是密切相关的。

（二）从利害关系人理论的角度研究企业治理

弗里曼（Freeman，1984）的利益相关者理论认为，利益相关者是"任何一个会影响组织，或受组织行动、决策、政策、行为与目标所影响的个人或团体"。❹企业社会责任就是要求企业不仅要对股东负责，还要考虑到其他的利益相关者，要从利益相关方等角度去分析企业的绩效并形成相应的评价体系。❺利益相关者理论看到了企业发展依赖于社会资源条件。在一个开放体系下，组

---

❶ Carroll, A. B. A Three-dimensional Conceptual Model of Corporate Performance[J]. Academy of Management Review, 1979（4）: 497–505.

❷ Archie B Carroll. Corporate Social Responsibility: Evolution of a Definitional Construct[J]. Business & Society, 1999, 38（3）.

❸ Elkington J. Enter the Triple Bottom Line[R]. The Triple Bottom Line: Does it all Add Up, 2004.

❹ Freeman R E, Evan W M. Corporate Governance: A Stakeholder Interpretation[J]. Journal of Behavioral Economics, 1990（4）: 337–359.

❺ Clarson M E. A Stakeholder Framework for Analyzing and Evaluating Corporate Social Performance[J]. Academy of Management Review, 1995（1）: 92–117. Turker D. Measuring Corporate Social Responsibility: A Scale Development Study[J]. Journal of Business Ethics, 2009（4）: 411–427. Harrison J S, Wicks A C. Stakeholder Theory, Value, and Firm Performance[J]. Business Ethics Quarterly, 2012（1）: 97–124.

织为了生存必须仰赖重要资源而得以永续经营，因此必须与外部资源控制者进行关联。利益相关者理论认为，组织对于本身资源配置决策的重点是加强与利益相关者的联系，解决利益冲突问题，避免与社会利益相违背。

（三）从伦理的角度来研究治理

有学者认为"伦理治理"包括"以'伦理'来治理""'伦理'即'治理'"和"对伦理进行治理"三层内涵。❶第一层和第二层的内涵是对传统伦理的解释，而第三种被赋予了新内涵。简单地讲，"对伦理进行治理"是对社会的"伦理困惑"进行评价解读的过程。这种伦理性实际上表现的就是人具有运用外在尺度、内在尺度、美的尺度的能力。❷按西方哲学家康德的解释，道德法则是人自我立法、自我守法的道德律，不是外在的"他律"，而是内在的"自律"。❸这与孔子的伦理治理方向是一致的。而有学者强调理解规则、敬畏规则和以规则为行为导向来构建伦理共同体❹，实际上与孔子所倡导的伦理治理还是不同的，这种伦理治理更偏向于外律或法律治理，对违反规则的行为主要采取惩罚措施。田海平认识到了上述的两种路径实际上表征的是"从实体出发"的伦理和"从个体出发"的伦理。❺由此，也关联着不同的治理方式。

（四）从文化的角度来研究企业治理

韦伯认为，中国未能走向西方发展的道路在于文化中缺少理性思维。西方产生资本主义是因为西方清教中的"理性精神"，而其他如儒教、道教、佛教等都无法产生理性精神。韦伯认为，中国儒家伦理无法催生真正的企业家精神。20世纪进行的东亚现代化历程主要是由儒家伦理推助发展的，"韦伯命题"无法解释这一现象。对东亚国家来说，中国传统的企业治理之说具有重要的意义。例如，日本有专门培训儒商的学校，韩国有儒教大学成均馆，里面传授的是修身哲学和沟通伦理。他们认为，未来的领导者要更加重视社会资本的文化能力，注重情商和精神价值，只有儒家思想才能提供这样的文化资源。"日本近代企业之父"涩泽荣一提出了"论语加算盘"的"利义两全论""道德经济合一论"的观点。日本管理学家伊藤肇在《东方人的经营智慧》一书中把中国儒家经典中

---

❶ 万俊人. "德治"的政治伦理视角[J]. 学术研究，2001（4）：14–19.
❷ 曹海玲. 论社会主义与人的自由发展之和谐关系[J]. 青海民族学院学报（社会科学版），2006（1）：1–5.
❸ 陶立霞. 德性与规范的统一：道德重建的现代选择[J]. 兰州学刊，2016（4）：96–101.
❹ 王立，胡月. 新时期下的伦理治理理念、内涵及路径分析[J]. 社会科学研究，2017（6）：118–123.
❺ 田海平. 伦理治理何以可能——治理什么与如何治理[J]. 哲学动态，2017（12）：5–14.

有关"管理国家、百官、人民的要谛"与企业治理中"如何管理企业、干部、员工"很好地结合起来进行分析。❶三菱重工、资生堂的高管都很重视儒家哲学。

二、国内企业治理研究

国内学术界关于企业治理的研究主要是对企业伦理与社会责任的相关研究，包括从企业负起社会责任的阐释，到企业应在社会扮演公民角色，成为企业公民以促进公民社会的发展等。国内学术机构开设了相关课程并成立了研究中心开展研究工作。例如，各高校开设的EMBA班将"企业社会责任""企业伦理"列为必修课程，中国社会科学院、清华大学、北京大学、南京大学、东北财经大学等设立公司治理研究中心（院），从事公司治理与企业伦理等相关研究，以培养未来中国企业领导人的社会责任意识。2006年北京大学、中央电视台等机构共同发起企业社会责任调查活动，发布了一系列的《中国企业社会责任调查报告》。上海证券交易所研究中心发布了《中国公司治理报告（2007）：利益相关者与公司社会责任》。深圳证券交易所发布了《深圳证券交易所上市公司社会责任指引》。这些都旨在营造中国企业的伦理导向。

国内关于企业社会责任研究论文发表情况，经2020年2月通过中国知网就国内硕博学位论文以"企业社会责任"为主题进行检索，显示共计4336篇。国内企业社会责任研究集中的学科主要在工商管理（3274个）、工业经济（563个）、数量经济（291个）、金融（288个）、法学（234个）。研究机构集中在西南财经大学（113个）、东北财经大学（79个）、湖南大学（71个）、西南交通大学（64个）、吉林大学（63个）。研究主题大致可分：（1）与社会责任相关的财务绩效；（2）探讨社会责任行业标准、监管政策等；（3）企业成长的社会责任影响因素，如政治关联、环境分析、企业竞争力与品牌价值链等；（4）探讨信息披露的社会责任；（5）探讨管理者的伦理观及实践企业社会责任的模式。

（一）关于儒家伦理治理的内涵与利弊分析

国内学者对儒家伦理治理思想进行了内涵阐述并肯定了儒家伦理治理的意义。从伦理的分类来看，成中英（1984）将企业伦理分为对内的（inward）和对外的（outward）企业伦理两部分，也可以称为内部治理和外部治理。❷前者

---

❶ 伊藤肇. 东方人的经营智慧[M]. 北京：光明日报出版社，1986.

❷ 成中英. 谈企业伦理[J]. 中国论坛，1984（3）：41–43.

所指为企业组织内的受雇员工,即劳资关系的伦理原则,而后者则指企业的社会责任,具体又可以分为企业与政府的关系、企业与环境的关系、企业与消费者的关系以及企业对其他企业的关系(见表2)。这种分类有利于我们建立治理体系的分析框架,与利益相关者理论的分类比较接近。

表2 利害关系人与企业伦理治理

分类	利害关系人	企业伦理
对内	员工	劳资关系的伦理原则
对外 (企业的社会责任)	政府	遵守国家法规
	环境	顾全社会利益
	消费者	确保消费者权益
	其他企业	建立互信关系
	自身	提升企业伦理理念

成中英认为,儒学伦理治理主要表现在为政以德、导之以德、齐之以礼,这是企业合法经营应该遵守的一种伦理规则。黄如金认为儒家伦理治理的逻辑框架在于"和合"。❶胡宁提出儒家德治模式。❷这些分析都是从儒家伦理治理的核心价值观出发建立的分析模型。

反对者认为,儒家伦理治理思想存在很多的弊端。例如,等级观念压抑了人的个性和创造性,缺乏法治精神、改革创新精神等。❸胡燕祥认为,中国儒家管理思想对科学的轻视使得它的管理不具有科学性。❹刘小芳从正反两方面分析了儒家伦理管理思想,她认为儒家伦理管理思想主要的问题在于否认个人权利和利益的正当性,权力高于制度,等等。有的学者甚至认为东方管理缺乏实践基础,没有进入世界500强的企业可以作为案例支撑。当然这是十几年前的批判,2020年中国进入世界500强的企业有40多家,遍及各个行业。也有学者认为,东方管理学只有管理思想,缺乏管理方法与工具,难以进入专业管理层次。❺儒家伦理治理理论是否能和一些管理方法和工具兼容

---

❶ 黄如金. 和合管理[M]. 北京:经济管理出版社,2006:23-327.
❷ 胡宁. 伦理管理研究[D]. 长沙:中南大学,2010.
❸ 邰良. 儒家思想文化对现实的利弊影响[J]. 中国国情国力,2010(8):47-51.
❹ 胡燕祥. 论中国儒家传统管理思想对现代企业管理的负面影响[J]. 经济师,1999(5):06-09.
❺ 李雪峰. 中国式管理向何处去[N]. 中国企业报,2005-12-01(007).

呢？如果可以，那就是儒家伦理治理现代化所需要解决的问题。

（二）研究者从文化角度分析

杜维明指出，中国文化社会的经济及道德教育，可从跨领域及跨文化角度探讨儒商的价值，从东亚经济发展来看待儒家伦理面对企业组织价值观的挑战，处理企业伦理及其利益相关者。❶他在《工业东亚与儒家伦理》《新加坡的挑战：新儒家伦理与企业精神》等一系列著作中介绍了东亚经济发展成功的经验，指出其中很多都不单纯是经济方面的问题。很显然，任何一个国家的现代化进程都离不开制度设计，更需要观念、价值的支撑。也就是说，一个好的制度设计是有文化因素影响的，"一定牵涉到人的因素、价值取向的因素、程序的因素和其他没有经过反思的习俗"。❷儒家思想能造就东方企业的人格。当代管理学大师彼得·德鲁克认为，管理理论是一种受思维方式、交往方式、生活习俗、国家政治制度等影响的文化。管理既然是一种文化，就必然存在着差异和多元，有特定时空的场域。东方国家如日本、韩国的企业受儒家文化影响很深。❸因此可以说，东方管理文化是一种以中华传统文化为核心理念的管理文化。中西方文化的差异性体现在文化渊源、政治体制、伦理道德上。钱穆先生认为，中西文化是以内敛性、平衡性为特点的农耕文化和以开放性、冒险性为特点的商业文化的不同文化渊源造成的。❹这些研究提醒我们，中西方之间文化的差异性决定了治理理论、治理模式和治理方法的不同路径。这些不同表现在人性假设、管理手段、管理目的、思维方式等存在的诸多差别。从治理的人性假设上看，东方文化强调"以人为本"，以伦理、礼法为教化手段，对人进行情感上的感化，以期实现管理的目的；而西方的人则是被工具化和物化的人，强调使用制度、法律，以严格的边界和手段在管理过程中进行行为规范。❺从思维方式上看，中国管理侧重于整体思维，维持系统和谐与平衡；西方管理侧重于局部思维，强调分工与程序，优化步骤效率。东方管理重管理的智慧、思维，西方管理重方法和手段。❻

---

❶ Harrison L E. Culture Matters: How Values Shape Human Progress[M]. Basic Books, 2002.
❷ 杜维明. 杜维明文集（第二卷）[M]. 武汉：武汉大学出版社，2002.
❸ 苏东水. 弘扬东方管理文化 建立中国管理体系[J]. 复旦学报（社会科学版），1992（3）：33-36.
❹ 钱穆. 晚学盲言[M]. 台北：东大图书股份有限公司. 1987.
❺ 王拓. 管理哲学视域下的中西方人性观比较[J]. 学习与探索，2017（6）：33-38.
❻ 章迪诚，张星伍. 人文视野下的中西方管理思想比较[J]. 管理学报，2012（10）：1422-1429.

（三）研究者从实证分析角度研究伦理治理的意义

研究者从管理模型、管理框架、运作机制、治理模式等角度进行实证分析，具体剖析了汇通、方太等具体企业伦理治理个案。汤正华对中西管理伦理进行了本质对比，构建了中西管理伦理融合模型。刘刚则构筑了集"修己""安人""谋攻"和"定邦"于一体的管理框架。胡宁认为，伦理管理是面向实践的，在实践过程中，伦理管理可能面临管理伦理概念的集合性、"伦理管理悖论""组织障碍"和"对话障碍"等困境，这就要求在实践过程中建立一套和谐导向的运作机制。北京汇通汇利公司董事长胡小林把《弟子规》中的思想运用于公司管理的方方面面。方太企业也在推行以仁治为核心的"方太儒道"儒家伦理治理模式。

三、对现有研究的评述

综观国内外对儒家伦理治理思想的研究，存在以下五个方面的问题。第一，对儒家伦理治理思想的内涵和意义有了一般性的描述，但是关于儒家伦理治理思想的深入分析研究还相对匮乏。第二，把儒家伦理管理思想应用于现代企业实践，并对其实践成果加以实证分析的研究较少。第三，从视角上看，多数的研究都是站在西方的视角分析企业社会责任制度，从传统文化角度挖掘企业治理结构和治理制度，解决儒家伦理治理具体规范，还需要进一步研究。第四，从儒家治理的时代内涵上看，很多研究把治理界定为规则之治，从而将儒家治理降格为缺乏服从法律精神的判断需要进一步推敲，如有学者的研究认为，儒家"差等"思想是对差异性的一种现实描述，平等的诉求来自差异性等。❶第五，从治理理论的关注重点来看，未来治理关注的重点已经由内部治理转向外部治理，从技术管理转向理念治理，从利益治理转向价值治理，从物质问题转向人本问题，从单一治理转向多元治理，从个体卓越转向整体均衡。

第四节 研究目标与内容

本节结合利益相关者理论、委托代理理论、社会组织理论等分析阐述《论

---

❶ 臧政. 论儒家伦理的差等与平等之统一[J]. 齐鲁学刊，2017（1）：24—29.

语》伦理治理的基本内涵，总结伦理治理的制度经验，分析我国企业伦理治理发展现状及存在的问题，最后提出完善我国伦理治理制度的政策建议。

一、研究目标

本书以《论语》为对象，以现代管理学为主题，挖掘其在企业治理上的现代意蕴，系统呈现《论语》中的企业治理理念。通过《论语》和企业治理理论相互论证，解读中国企业的成功之道，明确企业治理的本质在于重视人的作用，企业治理内容是要处理好与人相关的管理问题，在治理方法上要心系员工利益，企业治理的价值要能巩固、维护好人的价值。

二、研究的主要内容

（1）本研究在整理归纳大量国内外文献的基础上，对企业的伦理治理相关概念、发展脉络进行历史考察，力图详细阐述企业伦理治理发展过程中的一般规律、基本特征和发展前景，并探讨建立企业伦理治理的分析框架。

（2）本研究以中国著名企业为样本，分析企业伦理治理的发展历程和模式，并阐述伦理治理的类型、职能和作用，指出影响伦理治理的内、外部治理关系。参照国内学者对著名企业的分析方法，分析著名企业治理之道的侧重点。例如，研究华为的组织变革与发展战略变革，对组织运作和价值过程进行理论构建[1]，以万科王石为个案来研究本土领导应对不确定性的能力。[2]在治理模式上，提炼儒家德行治理的基本内涵，建构儒家伦理治理的分析框架。21世纪学界的主流观点认为企业的目标不再是追求股东财富最大化，而是企业价值最大化[3]，包括经济价值和社会价值两个方面的价值[4]，并关注儒家伦理治理对于企业价值最大化有什么参考价值。从分析的角度看，拓展经济学和社会学角度分析方法，从哲学、伦理学等角度阐述社会价值及其社会功能。企业伦理治理研究的问题是企业的社会责任及其影响因素与行动逻辑，研究的问题、主题与理论依

---

[1] 戴水文，符正平，祝振铎.中国新兴企业的组织模块化构建及价值创造——基于战略复杂性视角的华为公司案例研究[J].南京大学学报（哲学·人文科学·社会科学版），2018（2）：56–68.

[2] 张笑峰，席酉民，张晓军.本土领导者在应对不确定性中的作用——基于王石案例的扎根分析[J].管理学报，2015（2）：178–186.

[3] Blair M M.For whom Should Corporations be Run? An Economic Rationale for Stakeholder Management [J]. Long Range Planning，1998，31（2）：195–200.

[4] 买生，汪克夷，匡海波.企业社会价值评估研究[J].科研管理，2011，32（6）：100–107.

据详见表3。

表3 研究的问题、主题与理论依据

序号	研究的问题	研究主题	理论依据
一	企业社会责任的面向及成果	聚焦面向内部治理外部环境	企业社会责任的三重底线 儒家伦理与三元平衡 儒商精神的意蕴
二	企业社会责任的影响因素	企业核心价值观主要助力 影响阻力	企业领导人价值观 利益相关者取向、股东优先取向
三	主要的途径与行动	由上而下的途径 由内而外改变 采取哪些行动	企业伦理发展模式 企业社会责任模式相关探讨 儒家伦理的概念

（3）在分析中国企业历史发展脉络的基础上，结合我国伦理治理运行的现实问题，对企业治理结构进行实证研究，提出完善我国企业伦理治理的基本思路和发展方向。将《论语》所蕴含的企业理念分为几大领域，包括企业愿景、企业治理规则、企业学习型组织建设、企业领导力、人力资源的开发原则、企业永续发展等专题，以《论语》的智慧解读企业治理理论，分析中国企业的成功之道。

第五节 研究方法与创新

一、本研究拟采用的主要研究方法

（一）规范分析法

规范分析是指以一定的价值判断为基础，提出某些分析处理治理问题的标准，建构治理理论的前提，建立治理制度分析框架，并研究治理制度如何符合这些标准，解决治理制度"应该是什么"的问题。本书主要从治理结构、机制和作为代理人的监督、激励等方面进行了一系列逻辑判断，并在此基础上，探索现代企业社会治理理论。

（二）个案研究法

个案研究法可用于理论建构、理论测试或理论拓展，且可通过相关档案文件分析、深入访谈或问卷等方式来收集所需资料（Eisenhardt，1989）。依据殷（Yin，2003）的观点，个案研究法可运用于探索性、描述性或解释性的研究，尤其当研究者对于特定时间点的社会现象提出"是什么"（what）、"为什么"（why）及"怎么办"（how）的研究问题时，则偏向于以解释为目的的个案研究。改革开放40多年以来，我国涌现出华为、阿里巴巴、中车、腾讯、京东等大批世界领先的企业，在相关领域实现了由"跟随"到"领跑"的转变。本研究以典型个案进行分析与讨论，包括华为、阿里巴巴、腾讯、京东、海底捞等（见图2）。选择这些个案的原因包括：（1）皆为国内上市公司，可取得的相关公开资料较为丰富与精确；（2）企业社会责任状况反映在中国证券监督管理委员会《中国上市公司治理发展报告》中；（3）皆为受到关注的全球500强企业之一；（4）皆为国内的产业龙头企业。

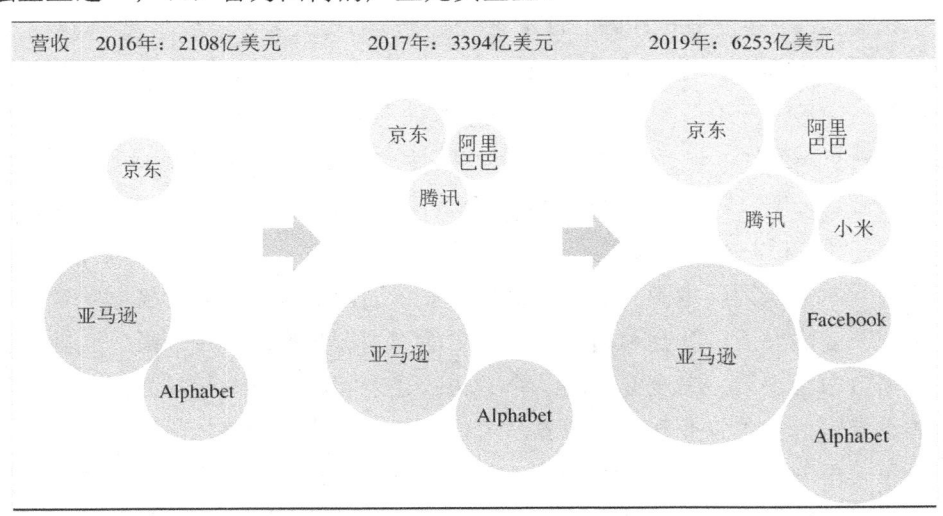

图 2　中国互联网行业迅猛发展

资料来源：恒大研究院《财富》。

（三）比较研究法

研究中西方企业社会责任的理论依据、实践路径和未来发展趋势。对中西方企业治理模式的产生背景、现实逻辑和未来趋势进行评价分析，找出企业社会责任模式的发展趋势。通过对比中西方企业治理理论和实践，发现不同文化背景下企业的组织行为和战略特征。

（四）文献研究法

通过查阅重要的国内外的企业社会责任的立法、章程和政策等大量材料，为开展研究提供了便利。本书通过公司年报、官方网站、企业网站以及大众媒体的 CSR 专题访谈报道等方式收集所需资料。

二、研究创新

（1）本书从治理和企业治理的内涵入手，分析企业社会治理制度的价值基础。儒商经营着眼于人的价值理性安顿，强调人的内在自觉而非外在束缚，以对人性普遍潜在的自信为前提，故经营上不纯用工具理性看待商业活动，而是把商业经营作为一种建构社会关系连接的结善缘活动，目标为利己并且利他，维持社会和谐。

（2）本书从利益相关者理论出发，系统地提出了企业治理制度的基本框架，确定了企业社会责任历程的组成要素，探讨了影响企业实践社会责任的因素，划分了企业实践社会责任的阶段。将企业治理制度的相关因素结合起来，构建了一个完整的治理体系。企业社会必须考量利益相关者的利益，体现责任思维。玛丽诺夫（Marinoff，2008）指出儒家思维的意义来自对全体概念的引申，整体与部分既有一致性，也互相冲突，而其完整性本身意味着组织获有良好健康的体制。换言之，儒家思想作为企业推动社会责任的价值观，有利于企业整合组织资源并对其利益相关者产生价值。

（3）本书认为，中国企业社会责任的三个面向的目标，乃由儒家伦理核心价值观在经济发展、社会和谐与环境共生的"生态圈模式"中开展。企业以自身优势资源为支点，在企业之间、企业与社会之间、企业与环境之间建立一种新的连接点，突破行业和企业边界，实现协作、共生、共赢的目标。

第一部分，从东西方不同的治理理论出发，解释企业伦理治理的内涵及其特点（见本书第二章）。与西方社会重视以公民个体为伦理单位不同，《论语》中反映的中国伦理是维持社会秩序的重要机制，企业伦理成为维持商业交易的秩序。中国企业以儒家文化价值为主体，伦理关系表现为组织与其他利害关系人的互动关系。西方组织社会网络的形成通常为目标取向，中国企业的建立却是价值取向。❶正如马滕（Matten，2008）和穆恩（Moon，2008）指出的，东方文化重视人类与自然环境的关系，强调他人与自己、自己与万物的整合性价

---

❶ Yeung I Y, Tung R L. Achieving Business Success in Confucian Societies: The Importance of Guanxi (connections)[J]. Organizational Dynamics, 1996, 25（2）: 54–65.

值观。❶企业治理的价值取向主要反映在企业愿景上。《论语》体现的是社会导向的愿景，坚持以人为本、为仁由己、仁者无敌、见利思义、敬畏自然、尊重生命、经世济民的价值原则。

第二部分，从促进企业实践社会责任的来源看，可分为企业内部治理与外部治理（见本书第三、四、六、七、八章）。如表4所示，企业社会责任的规范与行为实践，仰赖企业内部及外部影响因素的作用较为显著。《论语》以"仁"为内部核心价值，以"礼"为外部的规范。因此，企业策略的制定及履行须充分考虑企业理念，其发展阶段应充分利用内部及外部驱力的影响，从企业发展战略、企业的人力资源开发以及企业学习型组织的建设等角度，强化企业的社会责任意识，考量利害关系人需求，回应社会主要议题，检视社会责任表现，展现企业实践社会责任的发展历程。

表4 内部治理与外部治理

伦理治理	影响因素	利益相关者	相关理论	核心概念
内部治理	领导意志 员工反应 组织惯性	高层决策者 全体员工 组织文化	文化伦理 人力资源、战略管理、学习型组织	以仁为本 以礼为用
外部治理	管制要求 公众期望 同行行为	政府及其他部门、媒体、环保人员、同行竞争	制度 规范 模仿、创新	义利共生 以和为贵

第三部分，从企业的主要利益相关者分析企业的治理之道（见本书第九章）。利益相关者中最重要的是员工，第二为社会大众，第三为顾客，第四至第七依次为企业、政府、股东与社区。本章通过协调利益相关者关系的行为，来分析《论语》中相关论述的价值，具体的划分看利益相关者是否需要考虑企业与个体的互利共赢关系，企业与社会的和谐共赢关系，企业与环境的和谐共赢关系。

第四部分，从领导力来分析企业的治理之道（见本书第五章）。领导力包含领导素质、员工境界和领导能力。传统儒学思想重视伦理领导力，讲究的是"内圣外王"之道。西方领导力的研究侧重于领导的禀赋，如特质论、行为论、权变论、转型论。中国企业的领导力要适应中国"差序格局"的社会要求，要建立

---

❶ Matten D. and Moon J. "Implicit" and "Explicit" CSR: A Conceptual Framework for a Comparative Understanding of Corporate Social Responsibility[J]. Academy of Management Review, 2008, 33（2）: 404–424.

《论语》与现代企业治理

儒家伦理转化而成的信任格局。儒家君子型领导依靠个人道德品质的提升来实现。《论语》集中体现了孔子的领导力思想,为当今企业干部提供了道德滋养和领导艺术方面的借鉴意义和重要的参考价值。沙因(Schein,1992)指出,企业成功的标志在于企业的文化,而企业领导人是企业文化的来源,其经营理念对于企业价值的实现具有关键影响力,经由组织内外部因素的适应过程,重新界定组织目标及使命,形成组织的价值。❶斯旺森(Swanson,1995)从企业伦理观点提出领导促进企业社会责任的三种模式:管理工具、服从规范和正向激励。❷这些都能解释儒家领导力的功能。

第五部分,从企业追求永续发展来分析企业的治理之道(见本书第十章)。企业治理经历四个阶段:第一阶段目的是在追求经济生存,以获取利润扩展市场为主,此时的社会责任着重在守法守纪;第二阶段强调与员工共生,协调企业与员工的关系,建立组织文化,与凝聚共识,自觉改善内部人力资源发展的环境,增进员工归属感;第三阶段是与外部共生时期,企业内部实现和谐发展后开始重视与供应商、客户、同业竞争者建立和谐关系,并与社区建立伙伴关系,社会责任表现在与利益相关者建立共同规范,实现共同发展;第四阶段是与全球合作阶段,此时企业组织自身的能力及资源进行跨国运作,其社会责任表现在协助解决全球问题,提高社会生活质量。企业实践社会责任的历程,呈现由内向外,从经济、法律责任到伦理、慈善责任的层次开展。

---

❶ Schein E H. Organizational Culture and Leadership: A Dynamic View [M]. San Francisco: Jossey-Bass, 1992.

❷ Swanson, D L. Addressing a Theoretical Problem by Reorienting the Corporate Social Performance Model. [J]. Academy of Management Review, 1995, 20: 43–64.

第二章
儒家伦理治理与西方企业治理模式的比较

第一节　企业治理的相关概念
第二节　传统儒家商业伦理与现代性
第三节　企业委托代理理论与儒家伦理
第四节　利益相关者治理理论与儒家伦理治理
第五节　《论语》伦理治理的解释框架
第六节　治理理论的比较分析

东西方关于企业治理的争论首先从东方伦理治理的合法性开始,既有意识形态之争,又有科学性与非科学性之争。儒家伦理治理从早期人文主义研究向科学实证主义研究发展,其研究内容的范式和方法论的发展需要进一步总结。特别是,企业治理理论需要立足于特定的社会文化情境,在东西方企业治理情境存在重大差异的背景下,一味套用西方企业治理理论来解释中国企业的发展,在理论和实践上都难以成立。从中国文化背景去研讨企业治理的理论和企业实践规律,建构中国企业治理理论体系,需要我们做出更多的探讨和分析。本章从企业治理理论入手,探讨企业治理的内涵、研究边界、研究方法及儒家治理与西方治理理论的区别与联系,挖掘儒家伦理治理思想对现代企业经营管理的意义。主要根据总括性的要求去阐述《论语》中的伦理原则如何运用于企业治理之中。

第一节　企业治理的相关概念

企业治理是企业根据一定的价值管理公司的一套程序、惯例、政策、法律及机构。与企业治理相关的概念有企业伦理、企业社会责任、儒家伦理治理和企业公民。本节对企业伦理治理主要介绍儒家伦理治理。

一、企业伦理

企业伦理是企业经营时要遵守的道德规范,企业伦理是现代企业存在和发展的重要条件,企业伦理可解决企业内部与外部的道德规范问题。

（一）企业伦理是一种利他行为

当代经济学的肇始者亚当·斯密的《国富论》奠定了"人都是自利"的人性假设,这种自利性解释了人类行为和企业的生存发展历程,也促成了社会的发展进步。事实上,除《国富论》外,斯密的另一部著作《道德情操论》则是从人类的同情心和自律行为出发,解释人类的这些美德并对其赋予了社会意义和价值。在斯密的思想中,"同情"占据更为重要的位置,它存在着双重的"规定性":一是主观个体美德,即"将心比心""己所不欲,勿施于人";❶二是利

---

❶《论语·颜渊》。

他行为。即企业以利他的方式为顾客提供满意的产品和服务，利他行为是保障市场经济持续健康发展的商业伦理规范。

（二）企业伦理是利益相关者的互动规则

利益相关者理论是对自利性假设的挑战。利益相关者理论认为，企业是一个由利益相关者构成的契约共同体，利益相关者包括企业的股东、债权人、雇员、消费者、供应商等交易伙伴，也包括政府部门、本地居民、当地社区、媒体、环境保护主义者等压力集团，甚至还包括自然环境、人类后代、非人物种等受到企业经营活动直接或间接影响的客体。企业伦理就是对于利害关系人必须承担包括经济责任、法律责任、道德责任、慈善责任在内的多项社会责任。弗雷德里克（Frederick）[1]、叶匡时[2]、许士军[3]、杨政学提出，企业伦理就是利益相关者的互动，存在于内部的行为守则和外部的社会规范。[4]极端利己主义的假设导致了企业的价值目标缺失，欺诈蒙骗和损人利己盛行一时。利益相关者理论充分考虑到利益相关者的利益，提倡关心人、爱护人、尊重人，把企业建设成一个"道德经济人"。

（三）企业伦理是企业的社会责任

正如企业社会责任之父鲍恩（Bowen H R，1953）所言，"企业的义务是满足社会的需要，追求社会价值"。[5]企业伦理是企业对社会做出符合道德的行为。叶保强（1995）将企业伦理分为广义与狭义两部分，将企业社会责任视为广义的企业伦理，而狭义的企业伦理泛指组织内部的人际互动关系，包括劳资伦理、经营伦理等。[6]将企业伦理分为个人、企业与社会三个层面，主要是从个人的道德取向由自身扩展至对他者关系的影响力，从组织认同的行为规范形成组织文化，最后向外扩大影响到社会范围。

（四）企业伦理与企业成员的德行相关

企业高管的道德特性与企业伦理政策、组织气候及组织效能的关系（余坤东、徐木兰，1998；高淑美，2008；吴成丰，1995）受个人伦理知觉与判断对个人效能与商业行为偏差的影响（刘仲矩、罗新兴、徐木兰，2000；吴成丰，2000）。

---

[1] Frederick W C. Toward CSR3: Why Ethical Analysis is Indepensible and Unavoidable in Corporate Affairs[J]. California Management Review, 1986, 28（2）: 126–141.
[2] 叶匡时, 周德光. 企业伦理之形成与维持：回顾与探究[J]. 台大管理论丛, 1995（1）: 1–24.
[3] 许士军. 新管理典范下的企业伦理[J]. 通识教育, 1999, 6（3）: 35–46.
[4] 杨政学. 企业伦理：伦理教育与社会责任[M]. 新北：全华图股份有限公司, 2008.
[5] Bowen H R. Social Responsibilities of the Businessman [M]. New York: Harper & Brothers, 1953.
[6] 叶保强. 企业伦理[M]. 台北：五南图书出版公司, 2005.

（五）企业伦理是一种专业伦理

企业伦理与专业伦理概念的内涵与形成过程是一致的（陈昭珍，2008；叶匡时，2000）。企业伦理不只是对社会或消费者的反馈，企业伦理已经成为企业生存的合法性基础，企业治理的核心内容，企业发展的新型典范，是企业的专业伦理。

二、企业社会责任

企业社会责任（Corporate Social Responsibility，CSR），是企业面对社会应该承担的责任，主要是指企业的经营要符合可持续发展的要求，要处理好企业与社会和自然环境的关系。

（一）企业社会责任是个体的责任

鲍恩（1953）发表的《商人的社会责任》（*Social Responsibilities of the Businessman*）从个体层次阐述经营者对社会责任的态度与作为，可谓企业社会责任最早的定义。从古典经济和新古典经济理论看，在"经济人"的假设前提下，企业的社会责任并非企业的目标，而是企业所有者的个人行为。

（二）企业社会责任是利益相关者的责任

世界银行对企业社会责任的定义主要包括企业自身的价值观与主要利益相关者的关系，企业对人及法律的责任以及对所在地社区的环境责任。企业社会责任包含的范围甚广，巴特勒（Burcheu，2006）和库克（Cook，2006）指出了企业社会责任受到各界关注的理由，不外乎视企业社会责任为企业累积社会资本的工具，得以扩大利益相关者管理并且深耕地方社区关系，以减少企业面对的潜在风险等竞争优势。依据《联合国全球盟约》（UN Global Compact）、《社会责任标准》（SA8000）、《OECD 多国企业指导纲领》《全球苏利文原则》（The Global Sullivan Principles）以及"全球永续发展报告书协会"的报告书纲领（GRI）定义，有学者把企业社会责任概括为：公司治理、消费者关怀、员工关怀、股东等利益相关者责任（林宜谆，2008）。

（三）企业社会责任是对社会和环境的责任

欧盟（European Union）视企业社会责任为企业自愿对社会与环境之关注，整合其经济活动并且考量对利益相关者利益的照顾。国际性组织"世界企业永续发展委员会"（World Business Council for Sustainable Development，WBCSD）（2001）将企业社会责任定义为企业回应社会的合于道德的行为，对股东以及所有利益相关者负责。

（四）企业社会责任是企业的公民责任

张思亮、罗殿军（2004）指出，西方强调企业社会责任与企业公民观念，视企业与社会订立契约以决定企业存在的正当性，因为企业活动涉及社会相关群体的利害关系，故企业具有公民身份自发性而负起社会责任。杨百川（2007）认为，企业社会责任与企业伦理尽管用词不同，但两者在本质上，实为一体两面之关系。总之，企业社会责任的定义与范畴充满复杂性与多样性，在联合国及其他非政府组织的倡议下，已渐被国际企业接受并导入组织运作架构之中，当代企业社会责任内容具有强烈的自利性与利他性，需要更全面地进行理解。

（五）企业社会责任分为经济责任、法律责任、伦理责任和慈善责任

卡罗尔（Caroll，1991）曾用金字塔模式来说明企业社会责任的阶层性，他指出，经济责任（economic responsibility）位于金字塔的最底层，作为所有社会责任的基础，代表企业作为一个经济组织，以产品与服务满足社会的需求。上一层为法律责任（legal responsibility），代表企业活动为社会允诺取得营业正当性（legitimacy）的来源，必须尊法守法，维护社会秩序。接着为伦理责任（ethical responsibility），代表企业自我考量社会期许，回应社会的需求。最上层为慈善责任（philanthropic responsibility），也就是企业自发并非社会要求的行为，如成立基金会、捐款、发动员工参与社会公益等，相当于善尽企业公民责任（be a good corporate citizen）。罗宾（Robbins，2001）和 DeCenzo（2001）认为企业唯有达成慈善责任，以主动积极的自愿行动领先社会大众期待，才算是善尽企业社会责任。国内学者指出，卡罗尔的企业社会责任内涵之法律及经济责任，直接影响企业的生存，具有利己的意蕴。自发性伦理规范并非来自外在规范的束缚，乃是企业本身觉悟的体认，如企业对内部员工的照顾、教育训练及企业外部的社会关怀与环境保护，呈现出利他的意蕴；而法律责任及道德责任两者互补，共同构成整体企业的社会责任（萧新煌，1992；刘素芝，2002）。此外亦有学者从产业层次及企业生命周期的角度探讨个案企业发展与社会责任的关联（蔡幸颖，2007；高淑美，2007）。

（六）企业社会责任面向环境、社会和利益相关者三个主题

就企业社会责任的面向而言，伍德（Wood，1995）指出，实践企业社会责任的三种主要面向包括环境管理、议题管理及利益相关者管理。埃尔金顿（Elkington，1998）提出三重底线（Triple bottom line）的观点，以财务、环境、社会三种面向作为企业社会责任实践的范围及永续发展的论点。其中，财务底线重视财务绩效的经营效益，环境底线重视自然资本的可再生与否，社会底线则重视社会资本及文化资本的保护与开发。换言之，埃尔金顿与伍德等学者将企

业活动涉及的影响范围，划分为经济、社会及环境三大面向，有利于厘清企业社会责任关系。

三、儒家伦理治理

儒家伦理治理是运用儒家的仁爱、贵和、和谐、惠民等道德原则进行社会国家治理，对中国的企业治理产生了深刻的影响。儒家伦理重视管理者的道德管理和人的作用。

（一）儒家伦理为中国人共同遵循的价值规范

学者从不同的角度诠释儒家伦理对社会及个体的影响。黄连忠（2000）、黄光国（1993）、杨国枢（1993：66）的研究认为，体用观是中国人特有的思维方式与意识形态，现代社会的变迁主要为"体"的改变，而非"用"的改变。本研究旨在了解儒家伦理对企业治理实践的影响，从治理技术反映出政治、经济思想、社会文化的变化。

（二）中国企业多以儒家伦理为治理模式

中国企业的伦理与社会责任是以儒家思想的层次、特性与内容所揭发的精神为宗旨，儒家伦理是多数中国企业的内隐价值。儒家伦理对人、社会及自然环境的关系所隐含的"义"的价值，经由企业社会责任的实践而外显为"利"的作为，因此企业伦理为道理，强调的是态度、价值观的规范，亦为所秉持的准则，企业社会责任则是从其开展的外显作为，重点为力行实践。因此，中国企业社会责任与企业伦理是不可分割、具有整合的义利关系，是能超越股东优先或过于偏重其他利益相关者的两极关系，以避免过度或不足的失衡所带来对经济、社会或自然的伤害。透过儒家伦理建构中国企业伦理与企业社会责任的互补性以追求整合平衡，产生个人与组织间不均等责任的联系，能够有效统整东西方文化与思想并与全球社会接轨，摒弃极端以追求在世的和平幸福，实现"义利合一"整合，追求中国式的"以和为贵"的价值，创造和谐社会的可能。陈其南（1993）指出，要探讨中国人文化的伦理与社会理念，宜回到儒家思想所形塑的伦理观念与社会意识进行转化。传统文化价值对于现代企业社会责任的贡献，或可从历史面向检视受儒家文化影响的商贾研究中汲取养分。因此，儒商研究可以为中国企业提供一个实践社会责任的参考。

四、企业公民

企业公民是企业在社会上的公民形象，与社会的健康发展密切相关，企业要通过各种方式来回报社会。企业与自然人一样在社会中都是公民，都享有特定的权利，履行一定的义务或承担相应的责任。由此，企业要像公民一样承担社会责任，特别是要处理好与利益相关者的关系。

布朗（Brown，2005）以公民观点审视企业作为社会的成员，认为企业社会责任涉及个人、社会及自然等层面，他从企业伦理的三个层次审视企业行为的宏观、中观及微观层面，提出企业责任的五个层面，见表5。

表5 企业伦理的三个层次分析

企业理论	分析层次			责任概念
	个人层次	组织层次	系统层次	
古典	自我利益的个人	所有人财产	看不见的法律与规范	对雇主的承诺
契约	自我利益的个人	契约的联结	机构规范及原则	荣誉契约
利益相关者	利益相关者群体的成员	由利益相关者所组成	利益相关者利益的网络	将利益相关者主张列入决策考量
企业代理人	个人与人际关系	决策者及内部决策制定结构	系统的网络	实现社会系统的企业功能于制定决策过程中
企业公民	个人、人际关系及公民	企业决策者视为公民	公民社会	在公民社会中视企业与其他代理人为公民

第二节 传统儒家商业伦理与现代性

中国传统社会的儒家伦理治理从私人的领域推演到组织以及公共政治领域，把仁、义、礼、智等推广到治理活动中。实际上，中西方对于治理之道存在着共通之处。

一、中国传统社会的儒家伦理治理的韦伯问题

马克斯·韦伯提出了一个世纪问题：为什么众多东方文明无法诞生资本主义？他在《儒教与道教》中提出东方文明都不具备新教那样的责任伦理观。新儒家学者余英时、杜维明等试图证明儒家伦理概念与现代工商精神有天然的契

合点，儒家的入世价值观与新教伦理是一致的。杜维明甚至认为，只有儒家伦理才能解决当前的资本主义危机。中国传统商业的发展与儒家商业伦理是相统一的，符合农耕生产方式的社会形态。进入近现代之后，传统商业伦理遇到了新的问题。经济学家道格拉斯·诺斯提出的"路径依赖"概念似乎解释了中国儒家伦理对商业活动的限制。亚当·斯密在《国富论》中论证了国民财富的发生机制，在《道德情操论》中论述了现代财富与市场经济的道德基础。休谟在《人性论》中为市民社会的政治与经济秩序寻找一个人性根基。余英时曾将中国儒商的"贾道"与新教伦理的"天职"视为同等的商业伦理。儒家伦理治理中的"君子爱财，取之有道"对世界商业规则具有深刻的影响，特别是在东亚的经济发展中曾经发挥过极其重要的作用。

韦伯在《新教伦理与资本主义精神》中解释了资本主义文明发展的原因。他认为中国的儒家思想不具有理性化的思维，从而无法发展出资本主义。韦伯并没有很好地解释清楚儒家传统与商业社会之间的复杂联系，也就解释不了东亚经济腾飞的原因。儒家传统伦理精神并非韦伯所言的"市场经济之桎梏"。

对于韦伯问题，余英时与杜维明的回应或许是最好的。余英时的"新四民论"从职业伦理的层面肯定了商业劳动的社会价值，揭示儒家伦理对商业活动有促进作用。[1]杜维明认为儒家伦理比西方伦理更具有优越性，社会责任意识比个人权利更具有现实意义，承载着儒家伦理的儒商具有公共意识。现代商业伦理建立在日益全球化的市场和法治逻辑之上，儒家伦理必须应对现代商业的新发展，整合相关内容发展新的内容。

二、儒家伦理治理规范的优越性

儒家伦理的价值理念能适应现代的商业社会。尽管传统中国社会处在"差序格局"模式下，但是儒家伦理治理的价值规范对于人际关系及其社会结构仍然具有较强的解释力，并具有相应的优越性。

首先，先义后利。商业活动取财有道，道中有义。儒家企业治理强调"君子爱财，取之有道"。在对义利做出选择的时候，要先义后利、见义思利。儒家企业治理奉行在寻求利益的过程中将"义"放在第一位。孔子认为行义能够产生利，追求道德上的义能产生经济利益。先义后利是一种极高的经营谋略，不着眼个人小利，具有审时度势的大局观，能给企业带来荣誉和名声。先义后利

---

[1] 余英时. 中国近世宗教伦理与商人精神[M]. 北京：九州出版社，2014.

的理念能够考虑到多方面相关者的利益和人类与自然界的共生共荣关系，以合作共赢达到义利统一。

其次，仁爱至上。商业活动"以仁为本"，"尚中贵和"，谋求共赢。企业要获得社会美誉，就需要把仁爱之德施于大众。有德行的企业才会有高尚的企业使命，才会善待员工、顾客、投资者、利益相关者。有了"仁"心，企业就能提供更好的服务和产品，就更能满足员工和投资人等的需求。企业"以仁为本"，就会重视人才，挖掘人的潜力。在团队建设上，企业会按"以和为贵"的方式建立起高效的队伍。

最后，诚信为本。商业活动把诚信作为安身立命的根本，实现可持续的发展。建立诚信利益机制，符合绝大多数企业和广大人民的利益。在经营管理中，坚持诚信为本，不坑蒙拐骗、以次充好、欺行霸市，能建立起良好的合作关系。同时，诚信为本的理念能帮助企业建立相应的风险防范措施。

三、现代商业社会背景下的儒家商业伦理变革

西方管理理论源于泰罗的《科学管理原理》，历经行为科学管理理论、管理理论丛林等。自进入 21 世纪以来，面对全球化的现代商业社会的挑战，西方管理理论从关注物的研究转向关注人的研究，从对企业本身转向利益相关者，而这恰恰是儒家伦理的治理模式，为现代商业社会的企业治理提供了很好的范例。而实际上，在儒家治理模式的评价上，我国很多学者带着不自信的心理做出了片面的乃至错误的判断。他们认为东方管理研究的适用性较差，应以西方管理为主，东方管理为辅，向着东方回归，不可丢失管理的核心效率原则。❶正因为如此，面对新的经济危机的一个又一个"黑天鹅""灰犀牛"的到来，西方管理模式束手无策，东方管理大放异彩。社会、经济和环境在不断发展变化，但企业治理思想并未从根本上发生变化。基于本土，解释世界，这是东方管理思想的贡献。特别是当代东方社会依旧浸润着儒家文化，传承的依旧是儒家的思维方式、道德准则和行为规范。在西方意识形态影响下，企业治理理论解释不了中国企业发展的路径，以西方话语体系来解释东方语境的管理理论，是在毁坏东方的理论体系和发展前途。脱离本土文化的管理是无源之水、无本之木。只有在坚持以学为本的基础上，融合西方组织变革理论、组织文化和竞争力理论进行分析和论证，面对新的商业场景才具有说服力和解释力。

---

❶ 吴照云，余焕新. 管理的本质与管理思想的东方回归[J]. 当代财经，2008（8）：75-79.

（一）儒家伦理治理与现代法律基本原则

儒家的义利观对合理追求利益予以某种合乎社会规范的肯定。将个人利益与社会利益内统于一的价值取向，体现了儒家伦理中的"以和为贵"的社会规范。公序良俗和诚实信用是现代法律的基本原则。儒家伦理如何解释现代的法治社会？儒家伦理必须真正面对商业社会中的财产权问题，面对国家权力制约问题。在全球化的背景下，要实现中国商业模式与世界商业伦理具有同等的内在逻辑。有学者认为，儒家伦理治理只适用中国传统自给自足的小农经济和专制社会，而不适用现代市场经济社会，现代治理模式应该建立在市场经济的法治基础上，而不是依靠君子来做决定。[1]他们把君子治理等同于人治。但是他们这样的质疑解释不了现代法治社会同样需要君子来治理，也不能解释现代社会为什么需要有社会责任意识。

（二）儒家伦理治理与企业文化

儒家伦理治理是一种家文化传承，在企业大家庭的环境中，培养了员工的主人翁精神，改善了劳资关系。儒家的"仁爱""慎独""修身""忠信"等伦理思想，能使领导者注重人文关怀，代理人提升自我监督，员工重视组织承诺，这些都对企业的经营效率产生了积极的影响。[2]儒家伦理对于现代企业文化的意义在于包含着伦理规则和宗教精神的两个层面。[3]从伦理规则层次上，它们提炼了公正、不伤害、忠诚、诚实、仁爱、自我提高、感恩、自由、尊敬等元素。从宗教精神层次上，它们提炼了中庸之道、人文精神、儒商精神。

（三）儒家伦理治理与学习型组织建设

西方企业组织从彼得·圣吉提出"学习型组织"才开始重视员工的教育，而儒家伦理治理一直重视教育。孔子指出："君子之德风，小人之德草，草上之风，必偃。"[4]儒家伦理治理把管理的过程看作教育的过程。企业治理是教育员工学会做人，学会做事。这种治理模式凝聚了企业共同愿景，营造了奋发向上的企业组织文化。

（四）儒家伦理治理与绿色发展

进入科技信息时代，当代面临着科技滥用、环境危机等问题。对于科技滥

---

[1] Yang, Z. Sinology and Business Ethics[J]. Periodical of Zhuo Da, 2006, 2 (7).
[2] 古志辉. 全球化情境中的儒家伦理与代理成本[J]. 管理世界, 2015（3）：113–123.
[3] 孙丰云. 儒家伦理传统与现代企业伦理的关联——基于"如何能够"视角的一种反向阐释[J]. 安徽师范大学学报（人文社会科学版），2019（2）：128–134.
[4]《论语·颜渊》。

用问题，儒家伦理治理提出以德化之的思想。对于环境危机，儒家提出用"天人合一"理念来处理人与自然的关系。坚持儒家伦理治理的以人为本、以道驭术、天人合一的理念有利于促进科技发展和社会和谐。❶

（五）儒家伦理治理与企业发展战略

在现代市场经济中，《论语》中提出了对战略制定、人力资源管理、信息管理等多个方面行之有效的方法，提出了领导者要注重自身修养，对下属要关怀爱护，这些对企业都有很高的指导价值。

（六）儒家伦理治理与人力资源管理

儒家认为管理应以道德为起点，辅之以礼节，用以规范人们的行为。儒家讲求平衡的智慧，其天人合一、人我合一的思想为当代企业的和谐管理提供了"实用理性"的价值内涵。

（七）儒家伦理治理与信息技术

在信息化时代，诚信是信用的基础。政府和社会的数据采集、利用、保护要"主忠信"与"敬事而信"，保护好个人隐私。诚信是信息时代最基本的生存法则。儒家的道德自律方法为数据的监测分享提供了保障，儒家的伦理主张成为隐私保护的伦理准则。王强芬的研究认为，慎独法为数据的监测分享提供了操守方法，忠恕之道为数据的挖掘利用树立了伦理法则。❷信息时代"共享经济"的兴起，是儒家伦理治理"利他主义"的体现。

第三节 企业委托代理理论与儒家伦理

委托代理理论是公司治理的重要理论基石之一。委托代理理论兴起于20世纪60年代末，主要研究在信息不对称条件下，委托人如何约束和激励代理人。

一、委托代理的权力

根据杰森（Jensen）和麦克林（Mackling）对委托代理关系的定义，委托人把部分决策权授予代理人，代理人根据被代理人的要求提供相应的服务。在委托代理的过程中，风险是存在的。从公司制度的历史演变来看，所有权与经营

---

❶ 杨怀中，潘磊. 儒家科技伦理思想及其当代价值[J]. 武汉科技大学学报（社会科学版），2010（1）：23-26.

❷ 王强芬. 儒家伦理对大数据隐私伦理构建的现代价值[J]. 医学与哲学，2019，40（1）：30-34.

权不断地分离，公司治理开始从股东治理转向经理治理。在典型的委托代理结构中，公司的所有权与经营权彻底分离，所有者委托他人经营企业而自身不参与经营，经营者以此获得报酬。在这种模式下，理论上，经营者会恪尽职守，为所有者谋取最大利益。但实际上，在"理性经济人"的前提条件下，经营者必然会更倾向于自身利益。在现代公司治理中，委托代理关系包括股东与经营者之间的委托代理和大股东与小股东之间的委托代理关系。

二、治理制度的防止风险功能

巴内（Barney）[1]等最早依据委托代理理论研究创业资本与企业治理结构，提出高商业风险和代理风险使得创业投资者制定了一整套精准的治理结构对企业进行监控。萨皮恩泽尔（Sapienza）和古普塔（Gupta）[2]在巴内（Barney）的基础上，发现委托代理双方也存在着因目标、代理能力等差距而带来的问题。[3]在企业治理中要防止风险就要监控企业的商业战略评估、财务情况、运行绩效、产品市场表现。[4]赫尔曼（Hellmann T）等[5]还研究了创业投资的激励机制问题。权力制衡是法人治理结构的思想基础。西方治理模式是以权力来制约权力，防止权力滥用。从国家层面看，实行立法权、行政权和司法权的"三权分立"模式。从企业的层面看，实行企业的决策权、执行权和监督权等分权的模式。现代的法人治理制度就是通过权力制衡的方式来保证企业权力的规范化行使。

三、委托代理理论的悖论

委托代理的悖论是，一面要维护股东的利益，一面又要顾及其他群体的利益，就处于难以同时满足各方利益的窘境。从委托关系看，管理者有义务要为股东赚钱，但是在一个多元委托的关系中要保持中立不偏不倚，就会影响管理人对股东的委托关系。古德帕斯特（Goodpaster）的研究认为，这些道德责任就

---

[1] Barney J B.The Structure of Venture Capital Governance：An Organizational Economic Analysis of Relations Between Venture Capital Firms and New Ventures[J]. Academy of Management Proceedings，1989（5）：64–68.

[2] Sapienza H J，GUPTA A K.Impact of Agency Risks and Task Uncertainty on Venture Capitalist-CEO Interaction[J]. Academy of Management Journal，1994，37：1618–1632.

[3] Walsh J P，Seward J K.On the Efficiency of Internal and External Corporate Control Mechanisms[J]. Academy of Management Review，1990，15：421–458.

[4] Gabrielsson J，Huse M.The Venture Capitalist and the Board of Directors in SMEs：Roles and Processes[J]. Venture Capital，2002，4（2）：125–146.

[5] Hellmann T F.The Allocation of Control Rights in Venture Capital Contracts[J]. Rand Journal of Economics，1998，29（1）：57–76.

是对一种人的伦理和对另一种人的不伦理。❶如何解决这一困境？他的答案是：投资者不能期望代理人的道德行为超过他自己预期的那样。❷由此推出的问题是，管理阶层与董事会之间是否能权责分明从而实现制衡与监督，与公司无利害关系的外部董事是否能发挥监督者的角色和发挥权力制衡的作用。孔子十分重视管理者的道德人格，《论语》中的伦理治理被视为重要的治国之方。委托代理理论解决不了伦理的本质问题，但《论语》中的伦理治理能解决委托代理理论的基本悖论。

第四节 利益相关者治理理论与儒家伦理治理

利益相关者治理理论的产生是对传统"股东至上"治理模式的深刻反思。自20世纪60年代以来，社会经济复杂多元的格局影响了企业发展的模式，企业的发展与多个利益主体密切相关。因而，企业治理不仅事关股东的利益，也涉及各种利益相关者群体。而儒家伦理治理理论与利益相关者之间并不冲突，两者之间是互补关系。

一、利益相关者的内涵及其分类

利益相关者的含义表达的是利益诉求关系。这些利益主体在企业治理的地位和作用上不尽相同。斯坦福研究院于1963年最早提出了"利益相关者"的概念。经济学家安索夫（Ansoff H. I.）指出，"企业的目标应是平衡其不同利益相关者的矛盾诉求……企业要想实现其自身的目标就必须采取相应措施满足不同利益相关者的诉求。"❸爱德华·弗里曼将利益相关者界定为"组织的生存及成功发挥至关重要作用的群体"。❹1932年，哈佛法学院学者多德（Dodd）最早指出，公司董事不仅要代表股东的利益，更要代表利益相关者的利益。后来，美国学者唐纳森、托马斯和普利斯顿把利益相关者定义为"在公司活动中享有合法性利

---

❶ Goodpaster K. E. Business Ethics and Stakeholder Analysis[J]. Business Ethics Quarterly, 1991, 1（1）: 63.
❷ Goodpaster K. E. Business Ethics and Stakeholder Analysis[J]. Business Ethics Quarterly, 1991, 1（1）: 68.
❸ Ansoff H. I. Corporate Strategy An Analytic Approach to Business Policy For Grouth and Expantion[M]. New York: McGraw-Hill, 1965: 34.
❹ Freeman R. E. Strategic Management: A Stakeholder Approach[M]. Boston, MA: Pitman, 1984: 46.

益的对象"。❶这些活动的利益相关者有股东、雇员、顾客、供应商、债权人和社区、社会大众、政府等。❷利益相关者理论打破了委托代理理论的股东中心主义的旧框架,推动了公司治理理念和公司治理结构的新变化。❸

根据不同的标准,利益相关者可以分为很多种类。第一种分类根据重要性来划分,克拉克森(Clarkson)将利益相关者划分为首要的利益相关者(Primary Stakeholders)和次要的利益相关者(Secondary Stakeholders)。❹维勒(Wheeler)等学者将利益相关者分为首要的社会性利益相关者(Primary Social Stakeholders)、次要的社会性利益相关者(Secondary Social Stakeholders)、首要的非社会性利益相关者(Primary Non-social Stakeholders)、次要的非社会性利益相关者(Secondary Non-social Stakeholders)。❺第二种分类根据利益相关者是否确定来划分,利益相关者可以被分为确定型利益相关者(Definitive Stakeholders)、预期型利益相关者(Expectant Stakeholders)及潜在型利益相关者(Latent Stakeholders)。❻第三种分类根据与企业是否存在交易性来划分,查克汉姆(Charkham)将利益相关者分为契约型利益相关者(Contractual Stakeholders)和公众型利益相关者(Community Stakeholders)。❼总之,从利益相关者理论出发,企业的利益相关者可以分为四个层次:核心利益相关者、重要利益相关者、间接利益相关者、边缘利益相关者。为了维护各方利益相关者的利益,需要进行企业管理体制创新:重视企业利益相关者共同治理;加强企业外部利益相关者对企业的监督;强化企业内部利益相关者的权力制衡;等等。❽

---

❶ 毛刚. 我国非营利组织内部治理机制研究[D]. 成都:西南交通大学,2005:59;Smart J C, St John E P. Organizational Culture and Effectiveness in Higher Education[J]. Evaluation and Policy Analysis, 1996:87–112.

❷ 叶匡时,徐翠芬. 台湾兴业家之企业伦理观[J]. 公共政策学报,1997(18):111–132.

❸ 毛刚. 我国非营利组织内部治理机制研究[D]. 成都:西南交通大学,2005:59.

❹ Max E Clarkson. A Stakeholder Framework for Analyzing and Evaluating Corporate Social Performance[J]. Academy of Management Review, 1995, 20(1):92–18.

❺ David Wheeler, Maria Sillanp.Including the Stakeholders: The Business Case[J]. Long Range Planning, 1998(2).

❻ Ronald K Mitchell, Bradley R Agle, Donna J Wood. Toward a Theory of Stakeholder Identification and Salience: Defining the Principle of Who and What Really Counts[J]. Academy of Management Review, 1997, 22(4):853–886.

❼ Jonathan P Charkham. Corporate Governance: Lessons from Abroad[J]. European Business Journal, 1992(2).

❽ 李福华. 利益相关者理论与大学管理体制创新[J]. 教育研究,2007(7):36–39.

二、利益相关者理论与儒家伦理治理

利益相关者理论是从利益角度去分析的，没有涉及伦理判断问题。叶保强认为利益相关者理论的本质，缺乏一定的伦理倾向，因而只有与任何伦理理论相搭配，才能彰显与利益相关者的义务关系。❶采取利益相关者的立场，对各个利益相关者的利益都给予考量，既可以避免狭隘的经济视野，也可以避免企业恶性竞争或企业与员工之间紧张的关系。利益相关者理论重视利益相关者的经营策略，视野具有全局性，发展具有可持续性。但是其缺陷是无法确定利益相关者的利益权重，即便能设计出一整套权衡利益的机制，但是什么利益优先，什么利益为次，也是难以解决的问题。真正的道德考虑是超利益的，这就是儒家伦理治理的价值所在。作为企业的治理模式，不应该只有经验的描述，更应该有规范的引领。以《论语》为代表的儒家伦理理论，在中国国家治理中积累了大量的经验，其中的"仁爱""贵和""惠民""教化"等主要道德原则和规范，对当前的企业治理仍然具有启发意义。

第五节 《论语》伦理治理的解释框架

一、家族企业理论

儒家伦理对中国企业治理的影响深远久长，"家族主义"及其泛化就是这种现象的表征。20世纪80年代，"亚洲四小龙"的经济快速发展，引起人们关注儒家思想对企业的影响。很多研究表明，在企业外部实施的市场机制在企业内部是很难实现的，按西蒙的说法，在组织内部要服从于某个权威，社会关系呈现出了完善的等级秩序。❷如果一个社会能按此有效地组织共同行动，社会就更完善、更幸福和更自由。❸家族权威的动态变迁，也是治理结构的动态演变过程。西蒙强调的权威原则和自治原则正是儒家倡导的自治原则。最早探讨儒家伦理如何裨益于经济发展的是西方学者赫尔曼（Herman Kahn），他考察了家族

---

❶ 叶保强. 企业伦理[M]. 台北：五南图书出版公司，2005.

❷ Simon HA Authority, ED Arensberg, ed. Research in Industrial Human Relations[M]. New York: Harper and Brothers, 1957: 103–118.

❸ [法] 西蒙. 权威的性质与功能[M]. 北京：商务印书馆，2015: 33.

企业的发展和家庭内部权威的形成，解释儒家文化对企业组织和发展中国家社会具有正面影响。❶ 赫尔曼认为，儒家思想的特质包括：（1）家庭内的社会化过程特别强：自制，教育，学习技艺，以严肃的态度对待工作、家庭及义务；（2）协助个人所认同的团体；（3）重视阶层并视之为理所当然；（4）重视人际关系的互补性。这说明了儒家"内圣""外王"，"齐家""治国"的伦理治理具有外向扩张性。我国台湾地区学者认为华人企业的成功是与家族伦理相关的❷，华人家族企业的特点是身居家长、所有人、经营者三种角色，企业与家庭高度一致，老板是企业信息的中心、资源分配者，对企业的成败全面负责。❸

二、伦理价值体系的心理分析

维护经济秩序，提高经济运行效率需要建立企业伦理价值体系来指导人们的经济行为。儒家伦理治理模式明确了企业的权利和义务及所要坚持的行为准则。黄光国认为，儒家伦理的价值体系也是一种资源分配的模式，当"请托者"请求"资源支配者"将他掌握的资源做有利于"请托者"的分配时，"资源支配者"心中所做的第一件事是"关系判断"（见图3）。这种关系资源分为情感性关系、工具性关系和混合性关系三类，分别处理与家人、陌生人和亲戚朋友关系。在处理家人关系的时候，重视对方的发展和福祉，应用"需求法则"；在处理亲戚朋友关系时，重视维系和谐关系，应用"均等法则"；在处理陌生人关系时，强调工作效率，应用"公平法则"。黄光国认为，儒家思想主要的内容是以"仁、义、礼"三个概念为核心所建构起来的儒家伦理价值体系。儒家"本天道以立人道"的理论，赋予儒家弟子一种实践"仁道"的使命感；而其"仁、义、礼"伦理体系，则包含了一组以"仁"为基础的道德原动力，用"义"作为交换法则，用礼规约个人的行为，解决个人的心理冲突问题。这种儒家价值伦理与西方的正义理论是有差别的，前者是差序格局下的伦理，后者是程序正义与分配正义的伦理。❹

---

❶ Kahn H. World economic development：1979 and beyond[M]. New York：Routledge，2019.

❷ 张维安. 韦伯议题与东亚经济活动的另一个面向——民间文化与经济活动[M]. 台北：巨流图书公司，1995：139–186.

❸ 郑伯埙. 差序格局与华人组织行为[J]. 本土心理学研究，1995，7（3）：142–219.

❹ 黄光国. 儒家思想与东亚现代化[M]. 台北：巨流图书公司，1988.

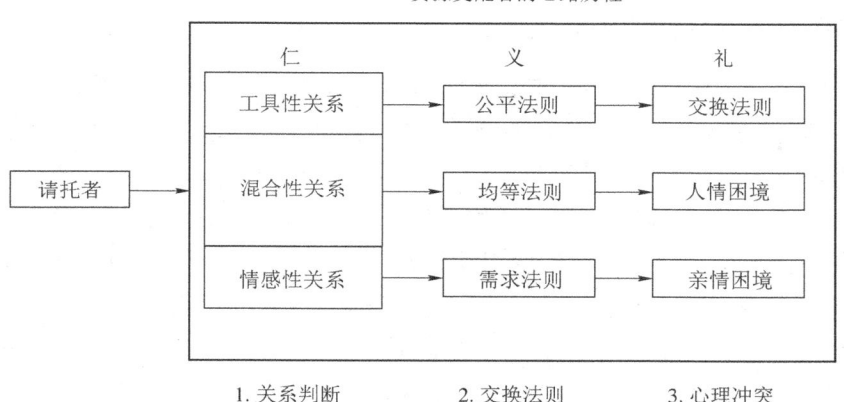

第二章 儒家伦理治理与西方企业治理模式的比较

资源支配者的心路历程

```
                    仁              义              礼
         ┌─────────────────────────────────────────────────┐
         │   工具性关系  →    公平法则   →    交换法则        │
请托者 →  │   混合性关系  →    均等法则   →    人情困境        │
         │   情感性关系  →    需求法则   →    亲情困境        │
         └─────────────────────────────────────────────────┘
          1. 关系判断     2. 交换法则      3. 心理冲突
```

图 3　儒家的心之模型

三、儒家伦理治理的垂直与水平理论

严奇峰（1991）以人际垂直（纵面）及水平（横面）的稳定关系来剖析儒家思想。他认为，儒家的核心思想基石为仁。建立垂直的人际交换关系的是忠、孝观念，建立水平人际关系的是恕与义，对个人品德要求的是诚与信，而礼是维系系统化、制度化的人际交换关系。如图4所示，这种观点的合理性在于仁与礼是统一的，这是核心的价值，是内外的统一体。水平与垂直型的人际关系的分类也具有一定的合理性。从垂直关系解释领导理论，从水平关系解释人力资源理论。但从企业治理的角度看，还缺少对外部治理关系的分析。

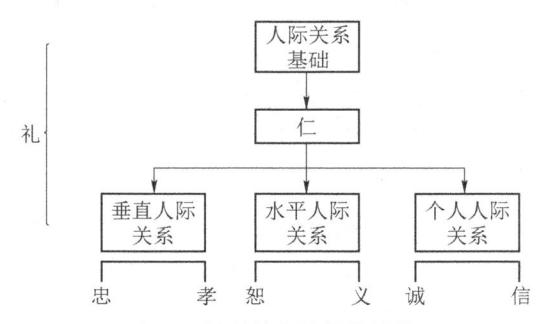

```
                    人际关系
                     基础
                       ↓
          礼 {         仁
                  ┌────┼────┐
              垂直人际  水平人际  个人人际
                关系     关系     关系
              ┌──┴──┐  ┌──┴──┐  ┌──┴──┐
              忠   孝  恕   义  诚   信
```

图 4　儒家核心思想的结构

35

四、治人与安人的理论

黎红雷（2010）认为，儒家管理哲学的最高理想是安人，管理的本质是治人。安人的模式有孔子的"大同社会"、孟子的"仁政"和荀子的"王制"等。❶蔡忠道（1998）认为，儒家思想与管理可从四个方向解释：（1）对于管理的"本质"而言，儒家思想从"治人"着手，"为政"即"治人"；（2）管理的控制手段——德治；（3）管理的组织原则——儒理；（4）管理的根本目标——安人。这种观点的合理性在于把管理的过程与儒家思想结合起来，结合水平与垂直理论，我们可以在管理过程的前后加上出发点——治人，目标——安人。中间的环节德治和儒理可以用垂直关系和水平关系来分析。而樊和平（1995）提出，儒家的管理体系从天开始，过渡到人，透过知行与德行修养，达到天人合一，从而实现管理目标，也是对这种关系的加强。

五、礼仁关系理论

黎红雷认为，管理的控制观分为内在控制和外在控制，外在控制是制度控制，内在控制是情感控制。儒家的外在控制是礼，内在控制是德。❷钟震东（1993）在《论语》组织控制之研究中认为有以下几点。（1）就《论语》的控制理念而言，《论语》管理哲学析自《论语》思想，重视德行、信赖心性，故首重德治，次言礼治。其组织观有五点：①民本思想，以此为组织控制的理论基础；②温和渐变的变革观念；③组织结构重视纵向层级及其间的人伦关系；④视组织为多元权变的有机统一体；⑤人治色彩浓厚。其组织控制观主要有两种：①以组织必须安定有秩序，它才可能存在，作为需要控制的理，故以安定与秩序为控制目标；②控制对象以主体为主，透过主体间接控制客体。（2）就《论语》组织控制作为而言，控制要素有思想、言论、行为、制度、法令等；控制程序则从思想到法令呈小故或本末关系，以控制组织行为当其目的。控制作用为：认清角色地位、言行符合角色地位，使制度法令产生控制效果；控制型态分德治与礼治。王邦雄（1991）认为，儒家在谈管理观念时，强调要有一套修养，克制人的有限性，要克己，要复礼，透过一些礼仪，相互尊重，彼此包容。"克己复礼为仁"❸，以仁心来克制我们的"物"欲，而此种克制要经过社会的管

---

❶ 黎红雷. 儒家管理哲学[M]. 广东：广东高等教育出版社，2010：16–17.

❷ 黎红雷. 儒家管理哲学[M]. 广东：广东高等教育出版社，2010：29.

❸ 《论语·颜渊》.

理——礼，让不合理的人间变得合理。仁和礼是儒家的管理观念，以仁来修养物，即中国人所谓的内圣，以合理的心来引领自己不合理的物，走向合理的人生道路，这是内圣的修养；而中国所谓的外王，就是管理，让不合理的人能在一起合理。仁礼关系怎么解释，需要学者从各种角度去阐述。

六、人的管理理论

侯家驹（1984）认为，儒家管理观念中包含对"人"与"事"管理。所谓人的管理，就是"诚""信"管理，不仅是对人，而且包含着对己。儒家对"事"的管理强调效率。他从中归纳出儒家对事求效率的法则：（1）想要做事有效率，必须先有做事准则；（2）有效率的工作方法，是专心致志；（3）效率有时并非一蹴而就的，而需自我检讨以改进之；（4）有效率的方法，是因事制宜；（5）就成本观点而言，有效率的方法，应该是舍远而求近，舍难而取易；（6）就成果观点而言，有效率的方法，应该是舍贱取贵或舍小取大；（7）有效率的方法，常防患于未然，即未雨绸缪之意。虽然看上去是对事的管理，但我们认为这只是对人的管理的延伸。

七、中国式管理哲学理论

传统中国式管理哲学重视处理人际关系。李泽厚认为，中国式管理重视自己在人际关系上的工具性的实用性能，缺少对纯粹思辨的兴趣。[1]曾仕强（1984）在"以儒家为主流的中国式管理理念"中提到，中国管理哲学的精义为：（1）管理方法为人性化管理；（2）管理的共同任务在于表现人类最高的道德；（3）管理决策的过程是：止、安、虑、得；（4）管理者的修养须合仁与知，而各得宜；（5）管理的目标是修己安人。方清辉（1986）在探讨"《论语显示之儒家管理理念之初探》"中提出，《论语》显示的儒家管理理念是一套以"人"为中心的原则，其特色是强调管理者律己功夫的"自我管理"及人先于事的"人情式管理"；此外，这些管理理念在现代的管理程序架构中有集中于"人事管理"相关职能的趋势。同时，他将《论语》显示的儒家管理观念分成八大类加以探讨，其分类如下：（1）理想的管理状态；（2）管理者的角色；（3）管理者的行为准则；（4）管理者的能力评价；（5）选任主管或干部的原则；（6）领导部属的原则；（7）主管与部属的关系发展；（8）整体组织的发展。

---

[1] 李泽厚. 实用理性与乐感文化[M]. 北京：生活·读书·新知三联书店，2005.

第六节　治理理论的比较分析

在企业治理结构争论上有倾向于以保护股东利益为重点和以保护相关者共同利益为重点，还有就是儒家伦理治理以义为先的治理模式。各种治理理论各有其优缺点。治理理论自20世纪90年代在西方国家兴起。自改革开放以来，中国企业引入治理观念，开始治道变革，对中西方企业治理理论与模式进行比较分析，建构起中国企业治理的分析框架。儒家伦理的治理模式与西方企业的治理模式有根本区别，儒家企业治理模式是要实现良好的治理。对治理理论的比较研究表明，企业治理要受到本国文化的"路径依赖"所支配。

一、逻辑假设

委托代理理论强调股东是企业所有者，企业的治理目的是股东利润的最大化，从而赋予股东单方面的监督和控制权。对股东至上的理论假说有这样三种观点。第一种观点认为企业利益最大化就是社会福利最大化。[1]第二种观点认为基于委托代理关系决定了管理者必须对股东负责，否则违背了代理人的职责，促进社会福利是政府的责任。[2]第三种观点认为，股东同意也可以从事慈善活动并为之承担风险。[3]总之，委托代理理论企业为市场提供好的产品和服务、满足人们需要和创造财富等，就是对社会最好的贡献。委托代理治理观强调股东是公司唯一的治理参与主体，他们获得的剩余索取权和剩余控制权是公司治理的回报。代理人要向公司治理的主体股东负责，股东利益最大化对整个社会经济体系的绩效都会得到提升。

利益相关者治理观强调，协作系统中的每个成员都是平等的主体，企业是为所有利益相关者服务的。弗里曼（1984）认为企业的利益相关者是指那些能影响企业目标的实现或被企业目标的实现影响的个人或群体。利益相关者的各种观点都证明了利益相关是企业生存的必要条件，利益相关者的利益必须融合到公司战略目标中去。有些观点认为，股东投入的是专用性物质资产，其他利

---

[1] Jensen M C. Value Maximization, Stakeholder Theory, and the Corporate Objective Function[J]. European Financial Management, 2002, 12（2）: 235–256.

[2] Friedman M. The Social Responsibility of Business is to Increase its Profits[J]. New York Times Magazine, 2007, 13（33）: 173–178.

[3] Frank H Easterbrook, Daniel R Fischel. The Economic Structure of Corporate Law[M]. Harvard University Press, 1991.

益相关者投入的是关系专用性资产，因此利益相关者应该参与公司治理。[1]批判者则认为利益相关者治理会影响公司的运作效率或无人担责的治理危机。

伦理治理理论强调人不只是利益的主体，还是伦理的主体。强调利益不只是经济利益，而是整体的企业利益。冯沪祥认为，在"为何要管理"（why）的述论上，孔子所表达的是"道德经济合一论"。唯有赋予事业发展以道德的意义与目标，并将高尚理想结合在事业之中，才能使现代的工商业尽量开展正面贡献，同时避免产生副作用。总之，孔子的管理首先"崇德"，之后再拓展自己的事业。企业治理唯有被赋予道德的意义，才会产生积极的影响。儒家伦理治理不仅仅考虑企业的利益，更多的是社会与企业之间的社会责任。与西方股东至上的逻辑不同的是，儒家的分析是建立在差序格局社会之上的。中西方关于人与人之间关系的解读是不一样的。差序格局下的企业治理在权力配置、业绩量度和薪酬制定上可以降低委托代理风险及治理成本，但是也可能因为公平问题而遭到质疑。

二、治理结构

委托代理关系的基本要求是，设计合理的合同激励经理或员工为股东利益服务，并以法律手段给予股东恰当的权力，赋予董事会监管经理的信托责任。在委托代理关系中，从产权的角度看，控制权掌握在股东手中；从契约角度看，这是一种决策权；从所有权角度来看，控制权是委托人选任代理人的权力。[2]也有学者认为，委托代理的权力就是一种剩余控制权，格罗斯曼（Grossman）和哈特（Hart）认为剩余控制权的本质就是产权。[3]

利益相关者的组织，每个人既是委托人又是代理人，因此，它要求社会进行共同治理。社会形态、社会结构在不断变迁，因此企业治理方案必须重构以应对时代变迁的挑战。企业治理有许多问题，包括组织内外之间的合作，企业与社会联系也呈网络结构，因此，在诸多利益相关者的治理方案中，要发挥政府、社会组织、消费者等利益主体的参与，构建合作共赢的利益相关者治理结构。利益相关者将公司权力的来源归结为契约关系，与委托代理关系不同的是，

---

[1] Blair M. Wealth Creation and Wealth Sharing: A Colloquium on Corporate Governance and Investments in Human Capital[M]. Washington: Brookings Institution Press, 2010.

[2] Berle A, Means G. The Modern Corporation and Private Property[M]. New York: Macmillan, 1933.

[3] Grossman S, Hart O. The Costs and Benefits of Ownership: A Theory of Vertical and Lateral Integration[J]. Journal of Political Economy, 1986, 94 (4): 691-719.

这种契约关系是利益相关者之间或公司与相关利益者之间所达成的契约关系。❶从企业利益相关者角度看，其权利来源有资源的控制方、企业的管理方、个人的权威、参与决策方、利益相关者集中或联合的程度。

伦理治理理论是一种自我管理或君子管理。伦理治理模式反对利益至上的价值取向，要求企业把义放在第一位，也就是企业对社会的贡献和对社会责任的履行程度。儒家伦理治理理论克服了委托代理理论和利益相关者的利益论，把企业经营权利与伦理义务结合起来。这实际上是把自我和社会有机地结合起来分析。有学者从比较的视角分析，自我意识并不完全是西方的舶来品，孔子对建构其自我意识就有独到的分析。❷黎红雷的研究认为，孔子的和谐管理思想就是一个管理者"正己正人"的过程，管理者只有先管好自己才能管好别人。❸冯沪祥认为孔子的管理本质即为"自我管理"（self-management）。❹如何保障企业把义放在第一位，儒家伦理管理理论认为，只有通过加强自身的修养，才能把个人的正当性变成企业的正当性。伦理治理适用于不同的利益体，也适用于委托代理理论。

三、治理环境

委托代理理论很少考虑外界的环境因素，只考虑企业内部经济因素。不管是内部治理还是外部治理，委托代理关系都是股权关系。

利益相关者理论关注外部利益相关者自然环境、社会环境等环境因素。利益相关者理论认为，要根据各利益相关者之间的利益关系，构建利益相关者共同治理的企业经营环境。企业的利益主体涉及企业股东、经营者、员工、债权人、政府等，要和利益主体保持好平衡关系。

伦理治理理论关注人与社会和谐相处，人与自然的和谐共生。伦理治理理论把企业和社会由原来的对立关系转变为一种部分与整体的关系，维持企业与社会的良好互动关系。伦理治理理论遵循天人合一，道法自然，走全面协调可持续发展道路。儒家伦理治理理论以义为导向，重视社会利益，坚持以义为内涵的商业伦理。在儒家伦理治理模式中，企业的行为是经济行为、政治制度与社会建构紧密相连的。舍弃经济因素的分析，难以厘清政治运作与社会的实际

---

❶ 曾小龙. 论利益相关者与公司监控权基础[J]. 教学与研究，2001（2）：19-23.
❷ 刘晓东. 论孔子的"自我"意识与"自我"管理[J]. 湖湘论坛，1990（5）：20-23.
❸ 黎红雷. 论管理的和谐[J]. 广东经济管理学院学报，2003（21）：30-37.
❹ 冯沪祥. 中国传统哲学与现代管理[M]. 济南：山东大学出版社，2000.

情况；不考虑政治、社会等因素，也很难厘清企业治理的精细分工、复杂关系、紧密互动的环境。从儒家伦理治理模式来看，政府、企业与社会是相互嵌入的关系。社会资本理论更加能解释儒家伦理治理的社会关系，通过信任、规范和网络来提高企业的运行效率。

四、治理目标

股东利益最大化观点认为，企业主要是由股东出资形成的，股东创办企业的目的是扩大财富，他们是企业的所有者，理所当然地，企业的发展应该追求股东财富最大化。在股份制经济条件下，股东财富由其所拥有的股票数量和股票市场价格两方面决定，股东财富又可以表现为股票价格最大化。有两则司法判决经常被引用作为论证股东利益最大化的法律依据，这两个案例分别是 Dodge v. Ford Motor Company❶及 eBay v. Newmark❷。前一个案例由密歇根州最高法院于 1919 年作出判决，该判例的案由是美国福特汽车公司的经营者亨利·福特主张保留公司利润以扩大生产降低汽车成本，这样也可以雇用更多员工并改善他们的生活。持股 10%的大股东道奇兄弟主张将公司利润分配给股东，因此诉诸法院。法院认为，公司的目的是实现股东利益，不应该考量非经济目的而不分配利润。法院判决福特公司分配利润给道奇兄弟及其他股东。eBay v. Newmark 案于 2010 年由德拉瓦州衡平法院作出判决，Craigslist 是一家分类广告的公司，经常为社区居民免费刊登租屋、求职等广告。eBay 意欲收购该公司。当 Craigslist 获悉 eBay 的意图后，采取措施反对收购。eBay 以 Craigslist 的董事等违反忠实义务将其诉诸法院。衡平法院于判决中指出：当选择了营利性质的公司组织形态后，公司董事要遵守忠实义务维护好股东利益。❸

利益相关者利益最大化重视了人力资本所有者对企业剩余索取权和剩余控制权的要求，以此为财务目标能从根本上有效激励人力资本所有者，有利于企业的长远发展。同时，公司财务运行目标应该是有利于公司利益相关者整体和社会整体持续发展的，而将其定位为"利益相关者财富最大化"兼顾了公司利益相关者整体和社会整体的利益，保障了经济性目标与社会性目标的均衡统一。

社会责任最大化首先考虑的是企业的社会责任，而不是经济利益。企业的自律责任，是企业内在的、自愿的选择。如果企业对这些法律义务和道德责任

---

❶ Dodge v. Ford Motor Co., 170 NW 668（Mich 1919）.
❷ eBay Domestic Holdings, Inc. v. Newmark, 16 A.3d 1（2010）.
❸ Hansmann H, Kraakman R. The End of History for Corporate Law, 89 Geo. L. J. 442（2001）.

以一种正确、积极主动的伦理立场和道德态度，切实地予以履行和担当，那么其自身的利益和权利就能得到更好的实现。儒家伦理治理没有提炼出代理成本的概念，但通过代理人遵守"忠信"的职业伦理和"义利"观，最终达到减少代理人保证支出和事后的剩余损失的目的。

五、参与方式

委托代理理论仅有股东参与。委托代理理论认为，现代企业权益层由全体股东构成，其权益的表现形式是由全体股东共同组成的公司权力机构股东大会、代表股东行使监督职能的监事会和行使公司资产的法定代表权的董事会、执行层由公司的经营管理人员（也称高级管理人员）构成。这种参与方式，也存在着控股股东对中小股东的利益侵占的问题，控股股东或大股东拥有更多的话语权和选举权。

利益相关者理论是利益相关者共同参与的治理。企业治理中涉及安全生产、环境保护、资源节约、员工权益等问题，都与不同利益相关者有直接或间接的联系。

伦理治理理论是治理要素共同的价值参与，就是孔子强调的"君子之德风，小人之德草，草上之风，必偃"❶。在"何人（who）能管理"论点上，《论语》提出了"温、良、恭、俭、让"❷，与《易经》的"元、亨、利、贞"一样是领导者应具备的要件。白大昌（1993）以《论语》为题材研究儒家思想的领导型态，归纳出儒家以修养方式为基础，培养出领导者的人格特质及领导型态，进而达到儒家之最终的政治理想。在伦理治理看来，人与社会、自然都是和谐的伙伴关系，而非主宰关系。如今面对环境危机和复杂多变的社会形势，企业家独断专行的行事方式不断地遭受到现实的挑战，让更多的利益群体参与其中，协同合作抵御企业治理的风险成了最佳的实务。在"何时（when）要管理"的论点上，孔子的精神是"入太庙，每事问"❸。"从何处（where）管理"上，有三种特色：（1）人性化管理；（2）理性化管理；（3）社教化管理。人性化管理即所谓的"道之以德，齐之以礼，有耻且格"❹。理性化管理就如孔子在"孝经"中所谓的"君有诤臣""父有诤子""士有诤友"的精神。

---

❶《论语·颜渊》。
❷《论语·学而》。
❸《论语·八佾》。
❹《论语·为政》。

他认为,所谓社教化管理就是孔子强调的"君子之德风,小人之德草,草上之风,必偃"❶。在"如何(how)管理"上,孔子的管理思想要点有:(1)忧患意识;(2)坚思自强;(3)刚柔并济;(4)谦冲为怀;(5)将心比心;(6)为人着想;(7)中庸之道。

本节从治理理论的逻辑假设、治理结构、治理环境、治理目标、治理模式和参与方式分析了不同治理理论的异同,展示了儒家文化对中国企业治理模式的产生的影响(见表6)。就短期而言,从三种治理模式出发所导致的治理机制影响是可以相似的;但是从长期绩效来讲,企业组织中的产权结构是一个相互协作的伦理治理系统。通过比较分析,我们至少可以得到以下结论。第一,企业治理模式需要建立在本土文化理论框架之上。西方企业治理理论无法解读中国特定文化问题,无法解释中国的企业治理理论所做出的特有的贡献。第二,企业治理模式需要加强理论研究,对儒家治理模式的作用机制进行深入的理论分析和理论框架的构建。第三,企业治理模式本土与国际化的问题。儒家治理模式要对优良传统进行系统的整理,为解释企业治理的世界性、普遍性的问题提供方案。儒家治理模式也要解释未来公司治理的发展问题,对未来的社会伦理价值的变化趋势和发展方向做出预判。儒家治理理论为建构企业伦理价值体系提供了"善"的原则。

表6 三大治理理论比较

治理理论	委托代理理论	利益相关者理论	伦理治理理论
逻辑假设	股东至上、理性经济人	利益相关者利益至上、社会人	德行主体(君子)、社会人
治理结构	内部治理	内部治理+外部治理	内部治理+外部治理
治理环境	很少考虑	公司控制权市场	外部利益相关者自然环境、社会环境等环境因素
治理目标	股东利益最大化	企业整体利益最大化	社会价值最大化
治理模式	单边治理	共同治理	德行治理
参与方式	仅股东参与	利益相关者共同参与	治理要素以不同地位互动参与

---

❶《论语·颜渊》。

不同的文化语境产生不同的治理理论。东西方文化有各自不同的演绎逻辑和历史发展规律（见表7），企业治理是管理者在不同企业的具体情况下、特定的文化语境中做出的决策与行为。西方管理理论诸如委托代理理论、利益相关者理论注重个体发展，重视契约，强调法治；而儒家伦理治理理论崇尚人文精神，重视伦理礼义制度。两者既有可以融通之处，也存在着根本性的差异。人类文明演进是一个资源分配的体系（见图5），市场机制解决市场中的资源配置问题，社会机制解决社会中的资源配置问题，政治机制解决公共资源配置问题，文明意识解决全部资源的配置问题。相比于西方的治理理论，儒家治理理论的研究范式和方法还需要进一步加以总结，以更好地解释不同文化情境的共同治理问题。尤其是在全球治理的框架下，儒家伦理治理更具有普适性。儒家伦理治理理论重视"人性""仁爱"的传统，即便在当代也具有很强的生命力，从经典文献中深入挖掘儒家伦理治理的内核，研究与现代实践相结合的成功范例，可以开发出有价值的儒家伦理治理理论体系。

表7　儒家伦理与新教伦理在企业治理中的差异

治理比较	新教伦理	儒家伦理
治理价值	利己主义，利润最大化	义利并重，以义节利
治理模式	美国、欧洲国家	中、日、韩
治理规则	法治	礼治
治理主体	分立	共享
治理激励机制	奖励能力	平均主义
忠诚度	合同制	终身制

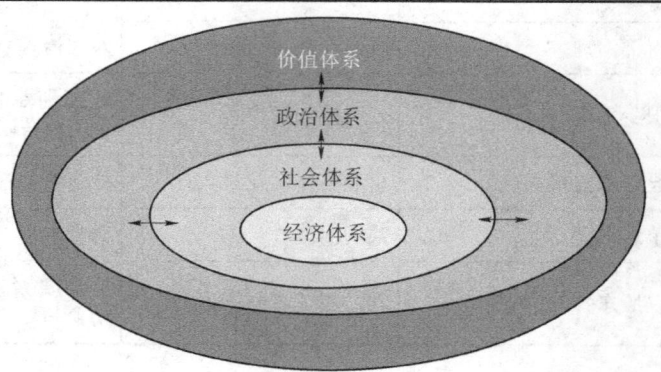

图5　人类文明演进与治理

近年来，中国经济的快速发展引发了世界对中国企业治理模式的关注，因而对于儒家治理理论的实践案例还需要进一步进行挖掘。但是儒家治理理论一直遭到不同的批判和质疑，所以儒家伦理治理理论的认可和推广，还需要学界在对话辩论中引起共鸣，并挖掘一系列成功的案例，以唤醒人们对儒家伦理治理理论价值的重新审视。

第三章

《论语》与企业愿景

第一节　企业愿景的社会导向：安之，信之，怀之
第二节　企业愿景的核心价值：以人为本
第三节　企业愿景的实现方式：为仁由己
第四节　企业愿景的行为态度：仁者无敌
第五节　企业愿景实现的行为准则：见利思义
第六节　企业愿景实现的自然条件：敬畏自然
第七节　企业愿景实现的人道基础：尊重生命
第八节　企业愿景实现的家国情怀：经世济民

每个时代都有每个时代的精神，一流的企业需要一流的发展愿景，需要传承企业一脉相承的精神追求。儒家企业治理模式，其精髓就是企业愿景，这是中国传统价值准则规范。西方现代组织管理体系是一种制度逻辑，而儒家伦理治理是一种德性的管理，更加重视人的价值，这是企业治理的道，是企业治理的内在精神。在现代市场经济的背景下，西方治理模式（科学管理、行为管理、多元管理等）对于儒家治理要达成目标依旧有效，儒家治理模式可以借鉴西方治理模式方法、制度及体系，解释中国企业组织管理整合机制类型。企业愿景要确定企业发展的目标和企业未来发展的蓝图。企业愿景可以解决企业发展战略、企业绩效考核、企业组织变革等问题。

第一节　企业愿景的社会导向：安之，信之，怀之

愿景是由核心理念和未来图景两大要素构成的。核心理念超越产品和市场的生命周期，超越技术突破，超越领导者个人。未来图景包括未来的长期目标以及美好景象。儒家伦理治理表现在企业愿景上会结合家族愿景的偏好，带有家族伦理理念特色。社会是人与人之间的关系和价值的存在，企业与社会之间的关系也是一种价值存在。企业与社会是内在统一的价值体，人类在互动中产生社会的价值与企业的价值，从而提升社会的整体价值。企业所面对的公众从经济层面上看是与企业的经济效益直接相关的，从社会层面上看是与企业的社会效益相关的。在这个意义上说，企业愿景除要面对市场外，更要面对整个社会。企业与社会是一种"镶嵌"关系[1]、伙伴关系[2]或社会资本关系[3]，市场受社会体系的支持。

---

[1] Polanyi K, Arensberg C M, Pearson H W. Trade and Market in the Early Empires: Economies in History and Theory[R]. Free Press, 1957.

[2] Evans P. Embedded Autonomy: States and Industrial Transformation [J]. Contemporary Sociology, 1995, 25（2）: 175.

[3] Putnam R. The Prosperous Community: Social Capital and Public Life[J]. American Prospect, 1993, 13.

一、企业愿景的意义

企业愿景确立了企业的目标。企业以社会愿景为基础建立自身的发展目标将有助于实现长期繁荣发展。同时，致力于成为社会的组成部分，并满足社会需求，将使企业有效战胜各种挑战和不确定性，并且把握机遇、创造价值。

企业愿景影响了企业的绩效。企业愿景影响企业资源配置、员工行为以及利益相关者管理，从而影响企业绩效。[1] 自西方工业革命发展的几百年来，科技与资本的有机结合，大大地促进了企业的发展，同时也把企业和人类引向金钱逐利的道路，唯利是图的价值观风靡全球。在这样的愿景指引下，当前的政治、经济、环保、医疗、能源等方面出现了严重问题。个人主义的过度发展，更容易导致个人我行我素，浮躁而势利，不懂得关怀生命、尊重他人。企业自我利益和社会利益的背离导致企业无法实现自身价值，从而影响了企业的绩效。

企业愿景建设了企业的文化。企业愿景是企业建立精神共同体，树立价值观和文化理念的治理之"道"。对中国企业而言，这一治理之"道"与传统文化息息相关，是儒商的内心的"信仰"。孔孟的"圣王之道"，以"仁"为核心价值，旨在追求世界大同的实现，是缔造人类福祉最好的实践之学。儒家学说的精髓就是"三才者，天地人"。通过三才的融合，才能推演出天时、地利、人和，这是企业成功的基础。通过人与自然界的和谐，以及人与自然的相融，促使人的完善和成长。

企业愿景提升了企业的原动力。现代企业经营活动越来越复杂，员工随时会遇到新问题、新情况，如果没有企业核心价值的指引，就会出现管理不规范、处理问题不专业、解决问题不及时等情况，极大地影响企业管理效率。在企业愿景的指引下，企业就会有动力去实现自己的目标。阿里巴巴的愿景是"活102年"，这个愿景确实为企业注入了发展的原动力。

二、企业愿景与使命

企业使命确立了企业的发展目标。企业使命不仅是外界了解企业愿景的途径，也是企业或员工实现自我目标的工具。每一个企业都有其独特的使命，这些使命包含着企业的愿景与其所需要承担的责任。华为、阿里巴巴、同仁堂、

---

[1] 彭涛，王凯. 企业愿景与使命陈述对企业绩效的影响[J]. 管理现代化，2014，34（3）：78-80.

全聚德、松下、三星等一大批优秀企业将《论语》思想思想作为企业文化。企业愿景首先要解决的是使命问题，这是企业的目标，也是企业存在的理由。

　　企业使命解决了企业未来的发展问题。企业使命决定了企业的定位、发展方向、发展动力等。定位股东利益最大化，定位公司利益最大化，忽视企业的社会义务与责任，企业的生存与进步就失去了应有的根基。企业使命的利益相关者有股东、员工、客户、合作伙伴以及政府等。企业的使命相关者必须明白，企业存在的价值以及存在的方式。企业的使命要解决的问题是：（1）企业的产品是什么？（2）企业的市场是什么？（3）企业如何获得利益？（4）企业主要的贡献是什么？（5）企业的核心竞争力是什么？管理大师弗雷德蒙德·马利克（Fredmund Malik）认为，真正有效的使命必须包含三个要素：需要、能力和信念。❶阿贝尔认为，企业使命要解决满足谁（客户）、满足什么（客户需要）、如何满足（竞争力）这三个问题。❷从根本上说，企业治理中遇到的这些问题，是中国传统文化中的伦理道德虚无造成的。儒家思想是中国式伦理道德的集大成者，有人说读懂半部《论语》里的伦理道德，就能唤醒企业的责任感，就能避免类似三鹿、双汇、长春长生等知名企业的沦落。儒家思想本质上有积极出世的精神，而从孔子的一生中，我们也不难发现，这种积极出世的精神也转化成了他的愿景与热情。

三、《论语》展示的愿景

　　孔子的愿景是一个大同的世界，是一个"老者安之，朋友信之，少者怀之"❸的安乐世界。这就是《论语》中展示的愿景图景：老人生活安定，朋友之间互相信任，年少的人得到关怀。孔子之所以能成为那个时代的中流砥柱，正是因为他展示的美好愿景感化了学生，并通过他们实现自己毕生追求的愿景与使命。美好的愿景塑造了企业的文化，培养了企业的人才。孔子对治理追求的目标是"天下为公"的"大同社会"，社会财富能人人共同享有，人人都有生活保障，仁爱价值代代相传。

---

　　❶ 弗雷德蒙德·马利克. 战略：应对复杂新世界的导航仪[M]. 周欣，等译. 北京：机械工业出版社，2013.

　　❷ Jeremy N，Abell，David A，et al. Maternal Glucose Tolerance During Pregnancy with Excessive Size Ingfants[J]. Obstetrics & Gynecology，1980，55（2）：184-186.

　　❸ 《论语·公冶长》。

（一）老者安之

"老者安之"是儒家的企业伦理治理价值基础，也就是"孝治"哲学。孔子说孝有"庶人之孝""士之孝""大夫之孝""诸侯之孝""天子之孝"。"庶人之孝"是尽心赡养自己的父母，"士之孝"是士做到"忠顺不失"，"大夫之孝"包括"言无怨""行无过"，"诸侯之孝"要求"在上不骄，高而不危"，"保其社稷，和其民人"，"天子之孝"是要实现"爱敬尽于事亲，而德教加于百姓，刑于四海"。儒家的孝治体现的是"仁爱"的价值，从子女对父母的孝顺到"博施于民而能济众"❶，是一种从小我到大我的格局转变，是从个人的家庭小爱、私爱到心怀天下、心念苍生的大爱、泛爱高尚境界的提升。这也是侧重于垂直关系治理的规范。

（二）朋友信之

"朋友信之"是朋友之间增益和成就彼此的德行与人格，实现道德理想、社会理想。在这个层面的伦理治理要通过交友来加强道德修养，彼此成就高尚人格。曾子云："君子以文会友，以友辅仁。"❷在孔子看来，朋友间的交往是要遵循德行的要求的。子曰："无友不如己者。"❸朋友相交是为了提升德行修养。子曰："友直，友谅，友多闻，益矣。友便辟，友善柔，友便佞，损矣。"❹交友要学会区分损益，多交益友，拒交损友。只有相互提升的交友之道，才能做到互信友爱，共同弘扬"仁爱"之道。"子路问君子。子曰：'修己以敬。'曰：'如斯而已乎？'曰：'修己以安人。'曰：'如斯而已乎？'曰：'修己以安百姓。'"❺"君子谋道不谋食。……君子忧道不忧贫。"❻

（三）少者怀之

孔子一生从事教育，致力于培养"经邦济世"的"治理"贤才。孔子向少者传播"道"，期盼他们志于道，认为"朝闻道，夕死可矣"。❼《论语·学而》中说："弟子入则孝，出则弟，谨而信，泛爱众，而亲仁，行有余力，则学文。"由此可见，孔子认为少者应先习得道德规范，完善君子人格才能提升治理能力。

---

❶《论语·雍也》。

❷《论语·颜渊》。

❸《论语·学而》。

❹《论语·季氏》。

❺《论语·宪问》。

❻《论语·卫灵公》。

❼《论语·里仁》。

四、《论语》对企业愿景制定的意义

现代企业治理除一再强调的信息透明化及独立董监事的监督功能外，还提到"伦理"与"公司治理"两者之间的关联性。《论语》以社会为导向的价值观从企业的生产经营监督、社会财富循环、社会公益维护和企业的自我约束等方面影响着企业愿景的制定。

（一）以社会为导向，降低了企业治理中企业的监督成本

在企业生产经营过程中，公司治理需要一定的监督机制，由此产生了相关的监督成本。例如，2014—2019年獐子岛公司的扇贝经常离奇死亡，2019年康美药业突然曝出300亿元货币资金"不翼而飞"。虽然科技发展能降低监督的成本，如通过北斗导航揭穿獐子岛公司的造假行为，但是这终究是治标不治本的措施。孔子指出："人而无信，不知其可也。"[1]若将孔子所辨明的"义利观点"纳入企业经营之中，使其成为一股无形的信念与价值体系，以道德自律作为公司治理的基础，如此一来，必然能够减低公司治理之监督成本，或者以其信念作为风险管理之策略，使企业能够长期且持续有效率地经营发展。外在法律规范无法替代内心的价值坚守，这就是儒家伦理治理的贡献。

（二）以社会为导向，实现了企业治理中社会财富的正循环

西方企业治理模式以牺牲劳工谋求企业增值、以牺牲他人谋求自身福利，这种治理模式正面临发展的困境。《论语·里仁》中提到："富与贵，是人之所欲也，不以其道得之，不处也。"儒家追求取之有道，不过分地强调经济利益，弘扬价值的正当性。现代儒商更用"以义导利""以利济世"的精神，发挥"己所不欲，勿施于人""计利当计天下利"，认为企业经营皆居仁由义、行事合义、靠自律非他律，才能使商业资本实现社会价值的良性循环。企业创造财富、获得利润，市场竞争优胜劣汰，把资源配置到效率最高、利润最大的企业。但在资本主义制度之下，股东至上的绝对利己主义会鼓励自利反而会有失公平。当自利无法实现公益目的时，利润就不能反映为社会贡献。

（三）以社会为导向，协调了企业治理中所有利害关系者的利益诉求

企业主动发展与外部环境和组织的联系，照顾好各方利益相关者的利益，特别要重视弱势群体的利益诉求，突出公平目标，履行好企业应该承担的社会责任。《论语》注重效率与公平，认为社会"不患寡而患不均，不患贫而患

---

[1]《论语·为政》。

不安"❶。利害关系人若得不到公平对待，就容易产生社会不稳定的情绪。

（四）以社会为导向，限制了企业治理中短期思维方式

儒家伦理治理把道义责任看作长期理性的自利，企业从事各种社会公益活动，最终必为企业本身带来利益。❷"欲速则不达，见小利则大事不成"❸就是告诫人们要有长远目光，一味求快反而达不到目的，贪图小利就做不成大事。联想和华为两家公司同属于我国电子通信领域的高技术企业，联想的短视让自己越来越弱，华为的远见则让自己越来越强。❹

以上市公司为例，重视企业社会责任的公司，会吸引到长期持有公司股票的股东，因此股价长期表现会比较好。以沪深两市的家族企业为研究样本，研究结果表明，儒家传统文化影响力越强，家族企业上市公司违规行为发生的概率越低。❺因此，企业若将公平、正义与道德作为企业经营之道，建立良好的企业形象、凝聚员工认同、提升员工忠诚度与士气、取得所在地民众尊重与认同及促进整体经营环境发展，必能结合目前非常受重视的企业社会责任，形成以义导利的理念，进而达成义利合一的最高境界（见表8）。

表8　企业愿景与儒家理念

企业名称	2019年世界500强排名	企业愿景与理念	儒家价值理念
海尔	448	人单合一	以人为本
阿里巴巴	182	活102年，让天下没有难做的生意	以人为本、创新
华为	61	构建万物互联的智能世界	创新
腾讯	237	用户为本科技向善	以人为本
国家电网	5	铸造超凡品质　打造卓越电网	创新
海康威视	—	为人类的安全和发展开拓新视界	创新
宁德时代	—	最好的锂电池和领先企业	创新
京东	139	成为全球最值得信赖的企业	诚信
联想集团	212	高科技、服务性、国际化	创新

❶《论语·季氏》。

❷ 孙震. 理当如此：企业永续经营之道[M]. 台北：天下远见出版股份有限公司，2004.

❸《论语·子路》。

❹ 刘源. 技术创新：企业长远发展的核心动力——基于联想与华为发展路径之比较[J]. 湖南行政学院学报，2019（3）：57-63.

❺ 程博，熊婷，林敏华. 儒家传统文化与公司违规行为——基于中国家族上市公司的分析[J]. 经济理论与经济管理，2018（10）：72-86.

第二节　企业愿景的核心价值：以人为本

企业愿景包括两部分：核心价值观和企业未来前景。就《论语》而言，企业的核心价值就是以人为本。《论语》中的"仁"以人的修身为基点，力求实现交往中的双方利益。"仁"就是人之为人的本质和特征，具有"仁"才能称其为人。企业文化的价值观很多，"以人为本"是其核心价值。企业愿景的核心价值是一种以人为本的文化，强调人的价值在企业治理中的作用，注重人的全面发展，人的发展和企业的发展是一致的。

一、以人为本是企业愿景的核心价值

孔子最早提出"仁爱"思想，后来孟子将仁爱与管理结合起来，提出"仁政"的治理方法。在《论语》中，孔子100多次提到"仁"。

企业治理的价值在于体现人的价值，企业治理之道在于"仁"。儒家"仁者爱人"就是要把人当作目的而不是工具。孔子把"仁"视为道，"仁也者，人也。合而言之，道也。"❶孔子解释了"仁"的内涵，把"仁"的行动法则也表述清楚了。鲁哀公曾向孔子问政。孔子答曰："为政在人，取人以身，修身以道，修道以仁。仁者人也，亲亲为大。"❷

企业治理的实效在于践行人本价值。何谓"仁"？"樊迟问仁。子曰：'爱人。'"❸"仁"的精神，就是爱人。把人放在第一位，要关心人、尊重人、待人平等。"爱人"强调人与人之间的平等，强调人的价值高于物的价值。正所谓"天地之性，人为贵"❹。当马厩失火，孔子最关心的是："'伤人乎？'不问马。"❺他说："天之所生，地之所养，人为大矣。"❻认为人是天地之间最可贵、最尊贵的。儒家还把"知"作为一种美德。"知仁勇三者，天下之达德也"❼，此处

---

❶《孟子·尽心下》。
❷《礼记·中庸》。
❸《论语·颜渊》。
❹《孝经·圣治》。
❺《论语·乡党》。
❻《礼记·曾子大孝》。
❼《礼记·中庸》。

的"知"即"智",无论指智慧还是指明智,都与人的智力活动有关。认为"仁"存在于知中。子夏说:"博学而笃志。"❶ 从《论语》一书对"仁"的相关记载中,可以看出:论"仁"之处有很多,孔子在不同的时期、不同的地点,对弟子作答的"仁"是不一样的,但孔子对"仁"的描述性阐释所表达的基本精神是一致的,即"仁"就是一种博爱思想。企业治理的实效是以人为中心和目标,重视发挥人的才能和潜力的"人本价值"。企业治理要依靠人,企业治理任务在于开发人的潜能,企业经营的宗旨在于尊重每一个人。

企业治理的规范在于建立人本标准。在孔子思想中,"仁"是一个含义很广的道德规范,"仁"的思想十分重要,与"义""礼""智""信"等其他思想相互关联,并把"仁"作为伦理规范的一个考查标准,将"仁"解释为人之所以为人的本质。企业的激励规范要注重物质与精神相结合,人力资源开发标准要符合创新型人才开发的需要,要建立和谐的人际关系,建立企业与个人共同发展的双赢原则。具体而言,可以建立情感沟通管理的标准、员工参与治理的标准、员工素质提升的人力资源开发标准,以及企业文化建设标准。

二、知仁的技术伦理是企业愿景的时代价值

技术革命是时代发展的双重利剑。技术的发展给人类社会带来很多未知的可能,网络技术、生命技术等都在多个层面改变了人类的生活面貌,同时也带来很多风险。20世纪末,生命科技的迅速发展挑战了传统的伦理观念,要从儒家伦理的人与人"仁爱"关系、人与社会"以义制利"关系以及人与自然"天人合一"关系构建生命科技伦理观。❷ 儒家的"以德化知、知德统一"的思想能保证道德与科技和谐地、有序地发展。❸ 滥用科学技术就会如孔子言:"觚不觚,觚哉!觚哉!"❹ 在开发科学技术的过程中,没有仁德之心就会给人类带来灾难。网络技术促进了人工智能的发展,同时又给人类带来很多威胁(见图6)。

---

❶《论语·子张》。

❷ 沈秀芹. 儒家伦理视野下生命科技伦理观之构建[J]. 山东大学学报(哲学社会科学版),2009(6):118-123.

❸ 杨怀中,潘磊. 儒家科技伦理思想及其当代价值[J]. 武汉科技大学学报(社会科学版),2010,12(1):23-26.

❹《论语·雍也》。

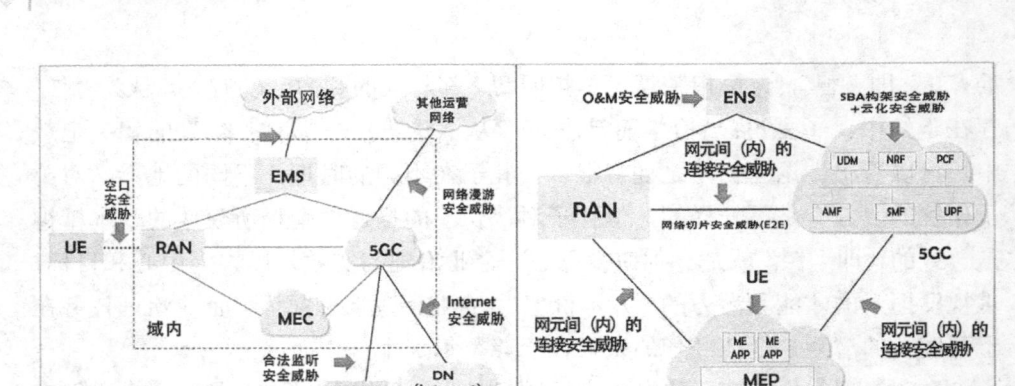

图6　5G架构威胁平面

"知者利仁"化解技术发展带来的危机。孔子对知仁的看法是"仁者安仁，知者利仁"❶。怀有仁德的常人，会很自然地实施"仁"，以"仁"为准则行事。有智慧的知者会将"仁"打造为利器，正是因为手持"仁"这把利器，所以才成为世间智者。智者是智慧的化身，"知者利仁"是指在"仁"的指导下，在"仁"的环境中，知者才能成为真正的智者，否则，就会出现"知及之，仁不能守之；虽得之，必失之"❷的后果。儒家"知仁"的伦理理念告诫现代人，科技的发展要以为人服务作为价值方向。

"知者利仁"要求企业在生命科技的研究和运用中要遵守生命伦理的相关规定。基因编辑技术、转基因技术的运用也要经过伦理的审视。"仁"是儒家人文精神的核心思想，孔子把"仁"作为判断所有人的标准，无论贵族还是平民，在"仁"面前一律平等，一切有违"仁"的言行孔子都认为是不对的。儒家"知仁"的伦理思想就是我们的判断标准。企业运用科学技术的目的要体现人文关怀。这种生命伦理首先必须保障人们的隐私权、知情权。其次要维护人的生命和尊严，坚持"知者利仁"的伦理方向，使企业的生命科学技术的开发运用保持善的状态。

---

❶《论语·里仁》。
❷《论语·卫灵公》。

三、"修己安人"是企业愿景的价值目标

修己是一种自我进步的价值提升。"人之过也，各于其党。观过，斯知仁矣。"❶孔子认为，人们所犯的错误，都有着不同的原因和不同类型。观察种种不同的错误，就知道"仁"了。"仁"的思想把人提高到了真正的高度。

仁爱是一种推己及人的价值推演。"仁者爱人""仁者，人也，亲亲为大"❷是孔子处理人际关系的总法则，这里的"仁"指的就是人际关系。前一个"亲"是动词，可以解释为亲近；后一个"亲"是名词，可以解释为亲人。人的"爱人"之心首先表现在自身要具有爱人之心及高尚的道德即仁心，然后将自己的仁爱外推，爱父母、爱周围的亲人，"不独亲其亲""不独子其子"，再推及"泛爱众"。❸孔子所谓的"爱人"是一种高于一般人的大爱，孔子推及的"爱人"并非局限于爱字面上的亲人或周围的人，其实质已经高于氏族内部的亲情。这种"爱人"其原来的意思就是要爱众人，像那种只爱一个人或部分人的爱是狭义的、片面的爱，这种爱不能被称为爱，孔子的"爱人"就是把存在于人与人之间的家族之间的爱上升到人类之爱。

"安人"是一种愿景达成的价值结果。孔子的愿景是一个大同的世界，是一个"老者安之，朋友信之，少者怀之"❹的安乐世界。这是《论语》中展现的愿景图景：老人生活安定，朋友互相信任，年少者得到关怀。"安人"也是社会责任的价值认同。子曰："为政以德，譬如北辰，居其所，而众星拱之。"从成己到成人，从修己到安人，构建了"先天下之忧而忧，后天下之乐而乐"的价值观。也正是有了这样的价值观，才成就了"大同社会"的治理目标，社会财富能人人共同享有，人人都有生活保障，仁爱价值代代相传。

---

❶《论语·里仁》。
❷《礼记·中庸》。
❸《论语·学而》。
❹《论语·公冶长》。

第三节　企业愿景的实现方式：为仁由己

一、"克己"是"为仁"的个人的修为

"克己"是对自己自然欲求的道德约束。颜渊是孔子最好的学生，他去问孔子"仁"所代表的意义。颜渊问仁。子曰"克己复礼为仁。一日克己复礼，天下归仁焉。为仁由己，而由人乎哉？"❶子曰："仁远乎哉？我欲仁，斯仁至矣。"❷在孔子看来，只要你想"为仁"，你就可以去做。这类似佛家所说的"放下屠刀立地成佛"。只要你去做了，你就有仁心。或许你会认为这样的行为"仰之弥高，钻之弥坚"，但是只要你去做了，你就在接近，你就在"亲仁"。那么，为什么"为仁"这么难呢？因为世俗之人受制于各种欲望的驱使，纵有好的想法却不能身体力行。企业治理的用人之道，应当重视人品，以道结心。孔子提出的"四非原则"对企业家的修行是有启发意义的。"非礼勿视，非礼勿听，非礼勿言，非礼勿动"，企业家有自己的行为底线，就能保护好自己的企业和个人。

"克己"是个体道德修为的自觉性。这是道德主体对自身欲求的科学判断，主动采取各种措施去限制克服自己欲望的扩张。道德修为是一种自觉自愿的追随与决定，强调人要做的自我的作用。只有这样，才能保证企业主体能够坚持自己的正道，而不至于受外在的诱惑影响。"为仁由己"❸与"君子求诸己，小人求诸人"❹说的都是这个道理。

"克己"的社会价值是"推己及人"。个体为社会道德确立了正确的判断，节制不仅对自己也对他人产生了道德的感召力，让道德主体的内心更加自信和笃定，感觉到了克制欲望的力量。企业家恪守"推己及人"社会价值，就能够聚集天下英才，将信息、资源、资金等转化成企业的发展能力。"推己及人"的社会价值正是孔子"己立立人，己达达人"的原则，只有处理好与他人的关系，才能在"达人"中，也就能成就自我。

---

❶《论语·颜渊》。
❷《论语·述而》。
❸《论语·颜渊》。
❹《论语·卫灵公》。

二、"复礼"是"为仁"的外在标杆

用"仁心"来克制物欲,需要通过外在的标杆"礼"来实现。孔子认为"复礼"是一种修养的方法。颜渊曰:"请问其目?"子曰:"非礼勿视,非礼勿听,非礼勿言,非礼勿动。"颜渊曰:"回虽不敏,请事斯语矣!"❶ "礼"就是今天所说的做人规矩、做事标准。具体而言,有对待他人的"礼节",有言行的"礼貌",有做事程序的"礼仪",有人们友好往来的"礼品"。今天企业治理存在的主要问题,很大程度上根源于人的自律性太差。人不能自律,就会做一些非法之事,就会赚黑心钱。即便有法律规范明确规定,也会铤而走险,最终损人利己。他们缺乏的是利人以利己、利己以利人的理念。社会上"非礼"的人和事,通过互联网等各种媒体传播出来,社会的"大染缸"让人与其同流合污。孔子所要"复"的"礼",是社会的道德规范,它的作用是保证社会生活秩序的正常有序,所以他才会说"兴于诗,立于礼,成于乐"❷。"礼"有教化和惩罚两种机制。教化即为示范,惩罚即为价值评价。在孔子所处的春秋晚期之前,"天命""天道"已经完全地被道德法则化了,现在的"礼"就是这种天道在人间的具体表现,孔子认为复礼的方式有三种。一是树立正确的价值评价。"克、伐、怨、欲不行焉,可以为仁矣?"子曰:"可以为难矣。仁则吾不知也。"❸孔子的学生原思问:一个人如果把好胜、自矜、忿恨、贪欲等缺点都克服了,能不能称为"仁者"?孔子说,一个人能做到这几点已经难能可贵了,但还算不上一位"仁者"。一个人对外不彰显,没有发作,但不代表他内心是"仁"的。从两者的辩证关系看,"克己"不等于"为仁","克己"与"礼"结合起来,对他人有益,从而立人达人,那才是"仁"。"礼"是"仁"的外在表现,"仁"是"礼"的内在价值。没有"仁心",再好的"礼"也是徒有虚名的"礼"。"礼"是"克己"的行为规范,决定着它的目标和方向。人异于禽兽就在于会自觉地遵守"礼"的规范,有"仁心"。二是践行复礼的自律性。子曰:"谁能出不由户?何莫由斯道也?"❹孔子用出门由户的比喻,提醒人们注意,自觉地循礼而行、循道而行。❺以礼为门,比喻贴切中肯,充分显示出"礼"在孔子的学问

---

❶《论语·颜渊》。
❷《论语·泰伯》。
❸《论语·宪问》。
❹《论语·雍也》。
❺ 冯友兰. 中国哲学史新编[M]. 北京:人民出版社,1998.

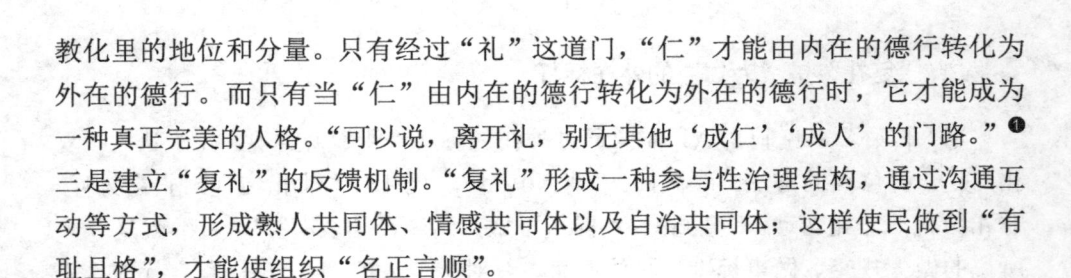

教化里的地位和分量。只有经过"礼"这道门,"仁"才能由内在的德行转化为外在的德行。而只有当"仁"由内在的德行转化为外在的德行时,它才能成为一种真正完美的人格。"可以说,离开礼,别无其他'成仁''成人'的门路。"❶三是建立"复礼"的反馈机制。"复礼"形成一种参与性治理结构,通过沟通互动等方式,形成熟人共同体、情感共同体以及自治共同体;这样使民做到"有耻且格",才能使组织"名正言顺"。

三、恭、敬、忠是修炼"成仁"的三个方面

"恭而无礼则劳,慎而无礼则葸,勇而无礼则乱,直而无礼则绞。君子笃于亲,则民兴于仁;故旧不遗,则民不偷。"❷孔子想表达的意思是,不以"礼"来指导的恭敬,是徒劳无功的行为;不以"礼"来指导的谨慎,是畏缩不前的行为;不以"礼"来指导的勇猛,就会犯上作乱;没有"礼"的直言,说话就会尖酸刻薄。君子善待自己的亲属,社会风气就好;君子不嫌弃故交,人情就不会冷淡。可见,离开"礼"的约束,原本一些可贵的品质也会走向反面,甚至会引发乱子,更不用说"成仁"了。孔子倡导的恭、慎、勇、直四个方面的优秀品德,离开合理、适度的礼仪,也会因此而劳、葸、乱、绞,走向反面而败德。究竟怎么才能做到仁呢?子曰:"居处恭,执事敬,与人忠,虽之夷狄,不可弃也。"樊迟问仁,孔子针对个人修养的仁,提出了"恭""敬""忠"三点要求。平日容貌态度端正庄严,做事尽心负责任,对任何人无不尽心诚意。虽然到了未开化的蛮夷地区,也不可背弃。这就是内圣外王的修养。修己、处事、待人本着"恭""敬""忠",就是在修心养性,做到了就是在实行仁德。修己待人、立身处世,所碰到的人事物都不是偶然的,都是有缘之人、切身之事,跟自己的修养息息相关,心性提高了,仁心仁德出来了,自己和人、事、物、环境的关系就能归正、和谐。

四、"仁心"是实现企业愿景的"天道"

"仁"作为根植于人的内心的人性和"天道",具有恒久的、绝对的性质。子曰:"富与贵,是人之所欲也;不以其道得之,不处也。贫与贱,是人之所恶也;不以其道得之,不去也。君子去仁,恶乎成名。君子无终食之间违仁,

---

❶ 杨春梅. 试论孔子的仁礼相成思想及人性观[J]. 烟台大学学报(哲学社会科学版),2000(4):379–384.
❷ 《论语·泰伯》。

造次必于是，颠沛必于是。"❶子曰："不仁者，不可以久处约，不可以长处乐，仁者安仁，知者利仁。"❷子曰："志于道，据于德，依于仁，游于艺。"❸孔子认为，"仁"的基础始于观念，继而是一种修养，再来就是实践。刚开始是要培养一种心念，即所谓"仁心"，所以孔子比喻说"仁"是不远的，只要你起了念头，就开始接近它了。

孔子的"克己复礼"就是克服自己的妄念、情欲、邪恶的思想、偏差的观念，而完全走上正思，然后那个"礼"的境界叫作"仁"。而所谓的"礼"，是内心对自己的慎重，自我诚敬的状态，表面上看起来，好像是老僧入定的样子，专心注意内心的修养。"仁心"难得，只要能有一日做到"克己复礼"达到天人合一，物我同体的境界，就是"仁心"的境界。这种"仁心"是自我修炼的结果，"为仁由己，而由人乎哉？"❹这种修养的功夫完全在于自己的一种不间断、接续的修养，一时半刻都不能松懈，"君子无终食之间违仁，造次必于是，颠沛必于是"❺。"仁心"的修养不因贫穷而怨天尤人，不因发达而得意忘形。子曰："唯仁者，能好人，能恶人。"❻子曰："苟志于仁矣，无恶也。"❼子曰："我未见好仁者，恶不仁者。好仁者，无以尚之，恶不仁者，其为仁矣，不使不仁者加乎其身，有能一日用其力于仁矣乎？我未见力不足者，盖有之矣，我未之见也！"❽孔子提出"仁"的观念与修行，对达成其愿景与使命极为重要与必需。就管理的角度而言，目标不能只是口号，要有方法与途径来达成，才有管理上的意义。面对全体员工的信念与信条，管理者本身须有一定的修为作为标杆，在"正人先正己、安人先安心"的原则下，员工才能信服，从而同心齐力地向愿景与使命迈进。

五、"恭、宽、信、敏、惠"是实行企业愿景的五个原则

孔子的愿景与使命：我们将致力于国家的治理与人民生活的改善，努力使社会上每一位老年人在物质与精神两方面都能得到满足；人与人之间能相互信

---

❶《论语·里仁》。
❷《论语·里仁》。
❸《论语·述而》。
❹《论语·颜渊》。
❺《论语·里仁》。
❻《论语·里仁》。
❼《论语·里仁》。
❽《论语·里仁》。

赖，没有仇恨；同时，年轻人也能得到完善的照顾与关怀。孔子的信念：每个人以追求"仁"的境界为最高指导原则，来达成愿景与使命。子张问"仁"于孔子。子曰："能行五者于天下，为仁矣。""请问之？"曰："恭、宽、信、敏、惠：恭则不侮，宽则得众，信则人任焉，敏则有功，惠则足以使人。"❶这五点充分说明了认知的方法与途径，即对外要恭敬、严谨，对人要宽宏大量，能信任他人，个人反应要敏捷，要顾及他人的福利，分享他人。另外，孔子告诉颜渊，依照"礼"的方式与制度来修行个人的视、听、言、行，不逾越礼制就是"仁"。

第四节　企业愿景的行为态度：仁者无敌

企业的行为态度为企业发展奠定了基础。仁者无敌是一种工作的态度、工作的方式。

一、仁者无敌是实现企业愿景的行为态度

"仁者先难而后获，可谓仁矣。"❷也就是困苦艰难在先而后获得酬报，这就可以叫"仁"。孔子在齐国时，去拜见齐景公，景公把一个叫廪丘的地方，封给孔子作为食邑，孔子表示感谢后拒绝了。孔子是一个布衣百姓，虽然在鲁国担任司寇，但有万乘军车的大国的君主都很难和他相比，三位帝王的辅佐大臣也没有他显要。大爱是现代企业制胜之道。如果一个企业的产品粗制滥造，急功近利，那么最终的结果只能是走向毁灭。

二、仁者无敌是实现企业愿景的为人之道

第一，对待上级领导，先做事再谈待遇。孔子说："事君，敬其事而后其食。"❸第二，对待同事，正己再正人。"在上位，不凌下，在下位，不援上；正己而不求与人，则无怨。"❹第三，对待财富，取之有道。无怨则无忧，无忧则不惑，不惑则不惧。君子爱财取之有道，是为正己，正如孔子所说：

---

❶《论语·阳货》。
❷《论语·雍也》。
❸《论语·卫灵公》。
❹《礼记·中庸》。

"富与贵，是人之所欲也，不以其道得之，不处也。"❶不求人，则要求君子包容豁达，"小不忍，则乱大谋"❷，同时应切忌结党营私，"君子周而不比，小人比而不周"❸。

三、仁者无敌是实现企业愿景的职场信条

要想真正通达"仁"之道，孔子提出了四个标准，即"毋意，毋必，毋固，毋我"❹。只要能在职场中坚守仁义信条，把职业当事业，视企业为家业，自然"穷则独善其身，达则兼济天下"❺，是为"仁者无敌"。在职场中，做到"周而不比"，"和而不同"。正如孔子所说的"君子周而不比，小人比而不周"，"君子求诸己，小人求诸人"，"君子和而不同，小人同而不和"。

四、仁者无敌是实现企业愿景的言语艺术

孔子认为与上司、前辈、君王及同辈沟通时，君子必须懂得说话的艺术。"侍于君子"是指部下对上级，后辈对前辈，臣子对皇帝。在孔子看来，在上级、长辈面前，应当做到长幼有序，上下有别，同时还要根据具体情况适当地调整。对于如何沟通，孔子自有一套完整的体系。第一，沟通时要"非礼勿言"❻。不同身份等级的人有不同礼制规定的权利与义务，说话要符合礼仪。第二，要"言必及义"。孔子说："群居终日，言不及义，好行小慧，难矣哉！"❼说话要诚实可信，符合道义。第三，要"言而有信"。说话要有事实根据，不能道听途说。"道听而途说，德之弃也。"❽第四，要"言行一致"。孔子反对巧言令色，主张"慎言""重诺"。"多闻阙疑，慎言其余。"❾"古者言之不出，耻躬之不逮也。"❿第五，说话要"因时而动"。"邦有道，危言危行，邦无道，危行言孙。"⓫国家"有

---

❶《论语·里仁》。
❷《论语·卫灵公》。
❸《论语·为政》。
❹《论语·子罕》。
❺《孟子·尽心上》。
❻《论语·颜渊》。
❼《论语·卫灵公》。
❽《论语·阳货》。
❾《论语·为政》。
❿《论语·里仁》。
⓫《论语·宪问》。

道",说话就直截了当;国家"无道",说话就含蓄谨慎。由上可知,由衷之言的伦理困境反映了孔子维护仁者"讲真话"的勇气和智慧。

第五节　企业愿景实现的行为准则:见利思义

一、西方唯利是图是对企业愿景的价值背离

孔子在《论语》中是很少讲"利",因为他的价值取向是社会导向的。"子罕言利,与命与仁。"❶孔子少言"利",是因为相比"仁"而言,"利"并不那么重要。在"利"与"仁""义"之间一定要做个选择,孔子是舍"利"取"义"。所以孔子说:"君子喻于义,小人喻于利。"❷这是《论语》的基调,也是其价值追求。

当代西方的股东至上主义、效益主义都是把"利益"放在第一位。君子把"义"放在第一位,小人把"利"放在第一位。子曰:"君子怀德,小人怀土;君子怀刑,小人怀惠。"❸君子以"义"为价值标准,孔子说:"先事后得;非崇德与?"❹"仁者先难而后获,可谓仁矣。"❺相比较而言,"义"是成就大事的。子夏为莒父宰问政,子曰:"无欲速,无见小利。欲速则不达,见小利,则大事不成。"❻因为"放于利而行,多怨"❼。

二、孔子的"利"是愿景实现的价值标准

"义利之辨"一直是儒家探讨的主题,孔子的"利"要从三个角度去看。第一,从"义"和"利"的辩证关系来理解"利"。孔子讲"利"时要先考虑"仁"或"义","今之成人者,何必然?见利思义,见危授命,久要不忘平生之言,亦可以为成人矣。"❽子张曰:"士见危致命,见得思义,祭思敬,丧思哀,其可

---

❶《论语·子罕》。
❷《论语·里仁》。
❸《论语·里仁》。
❹《论语·颜渊》。
❺《论语·雍也》。
❻《论语·子路》。
❼《论语·里仁》。
❽《论语·宪问》。

已矣。"❶ 第二，从协调利益与道德关系去看"利"，当"利"与"仁"发生冲突时，就要舍"利"就"仁"，子曰："志士仁人，无求生以害仁，有杀身以成仁。"❷ 在"义""利"两难选择时，强调"义"的价值，崇尚人格精神。儒家在肯定人们追求一定利欲合理性的同时，又主张以"义"制"利"、二者兼顾。第三，从取利的最终目的来看，所有的利益获得过程都是要提升人们的德行，成就理想人格。"见利思义""见得思义"，无论是"见利"还是"见得"，都得"思义"，要从"义"为其基本的准则甚至在义利关系上，主张国家利益和民众利益兼顾。

三、以"义"为上是愿景实现的行为准则

儒家处理义利关系的三种模式分别是义利并重、以义制利、见利思义。儒家义利观为协调企业的义利关系、处理义利冲突提供了可行思路。"义"和"利"二者是辩证统一的关系，以"义"为上的价值导向折射出国家之上、集体为先的道德价值。简而言之，是社会公利高于个人私利，是国家利益至上。就个人而言，追求物质利益要把握好度，要更为注重精神层面的追求，重视个体道德修养的提高。人不能为了物质利益，而失去道德底线和操守。以"义"为上是对治理主体理想人格的建构，要抑制人性的贪婪，完善个体人格。在社会提倡以"义"为上的价值，有助于维持社会的稳定和有序。儒家"以义为上"表达出因"义"生"利"、因德生功的深层意蕴，是平衡"义"与"利"冲突关系的有益探索。

第六节　企业愿景实现的自然条件：敬畏自然

一、"天人合一"是敬畏自然的逻辑起点

中国传统文化具有人与自然合一的精神，该理念有助于现代企业构建更具和谐生态的治理模式。在孔子看来，"天"不只是自然的天，如"天何言哉？四时行焉，百物生焉，天何言哉？"❸，还指人格化、神格化了的自然，如"获罪

---

❶《论语·子张》。
❷《论语·卫灵公》。
❸《论语·阳货》。

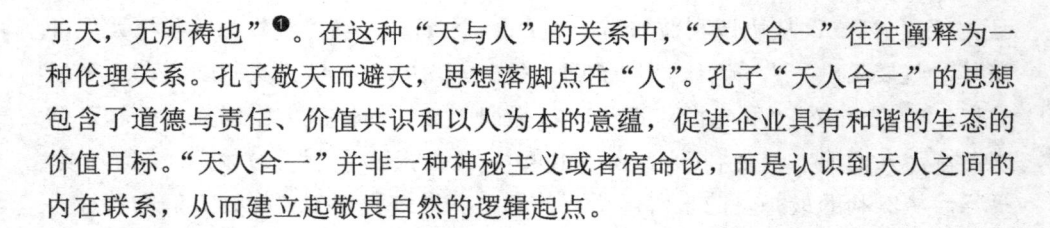

于天，无所祷也"❶。在这种"天与人"的关系中，"天人合一"往往阐释为一种伦理关系。孔子敬天而避天，思想落脚点在"人"。孔子"天人合一"的思想包含了道德与责任、价值共识和以人为本的意蕴，促进企业具有和谐的生态的价值目标。"天人合一"并非一种神秘主义或者宿命论，而是认识到天人之间的内在联系，从而建立起敬畏自然的逻辑起点。

二、和谐共生是敬畏自然的必然结果

企业是生态系统的重要组成部分，企业的生产经营需要与利益相关者共赢，需要敬畏自然、融入自然，与自然生态共生。从人对自然的依赖关系推演出人与自然和谐共处。孔子的"畏天命"表达的是对自然的敬畏。既然"天行有常"，那么"顺天者存，逆天者亡"。既然天的存在很神秘，那就不要随意去臆测自然，而要顺应自然。人在利用自然时应保持一种和谐共生的共同体意识，人与自然融为一体，"见草木之摧折而必有悯恤之心"❷，仁心成就仁德，才能因为爱万物而有节制。企业与自然的和谐共生才能提高生命质量，确立人人共享的愿景。

三、生物伦理是敬畏自然的价值导引

伦理治理对限制和减少生物技术应用带来的负面效应具有极其重要的作用。今天，合成生物学给人类社会带来某些利处，也带来了合成生物学的安全风险与伦理困境。从伦理上看，谁拥有编辑基因的权力？这种权力设计的标准是什么？基因编辑产生的风险由谁来负责？这些超越伦理的基因编辑技术，一旦控制不好将给整个人类带来毁灭性的风险。从生物演化的规律看，基因编辑技术挑战了传统的以生物进化的自然法则为基础的生命伦理。这些合成生物学的发展令人不断地反思与追问生命意义。控制不好，就会如孔子所感叹的"道之将行也与，命也；道之将废也与，命也"。孔子认为，"天命"不可违逆，我们要做的是知晓"天命"，他自己"五十而知天命"❸。

---

❶《论语·八佾》。
❷《道德经》。
❸《论语·为政》。

第七节　企业愿景实现的人道基础：尊重生命

一、尊重生命是愿景实现的人道态度

《论语》的治理智慧是教人安顿生命，彰显德行。在信息化时代，表面看来人与人之间的距离在缩短，实际上心灵距离越来越远。如何对待生命，孔子的基本看法是：（1）面对终老不知将至；（2）生死之问，生重于死；（3）仁义道德，超越生死；（4）体现仁德，操之在己；（5）面对鬼神，敬而远之；（6）祭葬之事，以礼事之。❶孔子对生命的态度是重视现实生命的安顿，孔子说："未知生，焉知死。"❷"未能事人，焉能事鬼？"❸可见，在孔子看来，"生"重于"死"，企业治理更加注重"生"。儒家伦理强调对生命的尊重。儒家认为"天生万物，唯人为贵"❹，"人者，其天地之德，阴阳之交，鬼神之会，五行之秀气也"❺。尊重生命意味着尊重自然万物，人类不能因"制造"人的生命，而遗忘了生命的价值。近年闹出的基因编辑案就说明了这一点。❻儒家思想对于人的生命权的重视与第一代人权价值对生命权的尊重保障，在价值上并无差别。

二、尊重生命是愿景实现的生死智慧

《论语》的治理智慧是教人如何看待生死问题。孔子的生死智慧体现在两个方面：一是乐生，即所谓"仁者不忧""乐以忘忧"；二是顺死，儒家常说"死生有命，富贵在天"❼，"亡之，命矣夫"❽，就是把人的生死看成一种自然的流变，是人力所无法改变的。在这种"死生有命"的生死意识之下，儒家形成

---

❶ 阙滢芬. 从《论语》中孔子的生命观论现代生命教育[J/OL]. 台湾师范大学心理与教育测验研究发展中心. 2018-3-30[2020-5-20]. http://sun.yatsen.gov.tw /learn/951229/PDF/09.pdf.

❷ 《论语·先进》。

❸ 《论语·先进》。

❹ 《列子·天瑞》。

❺ 《礼记·礼运》。

❻ 中华人民共和国科学技术部. 科学技术部关于对"基因编辑婴儿事件"调查结果的回应[EB/OL]. （2019-1-21）[2020-4-28]. http://www.xin-huanet.com/politics/2019-01/21/c_1124022435.htm.

❼ 《论语·颜渊》。

❽ 《论语·雍也》。

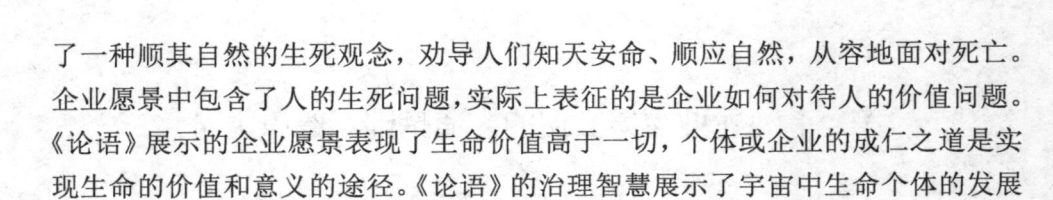

了一种顺其自然的生死观念，劝导人们知天安命、顺应自然，从容地面对死亡。企业愿景中包含了人的生死问题，实际上表征的是企业如何对待人的价值问题。《论语》展示的企业愿景表现了生命价值高于一切，个体或企业的成仁之道是实现生命的价值和意义的途径。《论语》的治理智慧展示了宇宙中生命个体的发展规律，在统一性中又具有无限的丰富性的基本特征。

三、尊重生命是愿景实现的生命伦理

儒家"乐生顺死"的伦理生死观提醒我们：现代生命科技的发展要树立重生、乐生的态度，企业愿景要树立生命伦理观。孔子曾说："未知生，焉知死。"❶表达了对生命的敬畏之情。在生殖技术研究和应用过程中，我们应当对生命怀有敬畏之情，不能将生命操控为商品或交易；现代生殖技术的发展既要重生，又不应过于强求生命，要做到安生顺死。《易经》言："原始反终，故知死生之说。"❷意谓有生必有死，有始必有终。孔子曰："君子疾没世而名不称焉。"❸面对生与死的抉择，"守死善道"❹，弘扬生命的价值存在。从伦理上看，死亡的价值会超出生命的价值。孟子曰："生，亦我所欲也；义，亦我所欲也。二者不可得兼，舍生而取义者也。"❺充分体现了对死亡价值的认可，宁可舍弃生命也要固守"义"，从道德层面上肯定了死亡是一种价值存在。这种重生命价值和意义的自然主义生死态度，有助于现代人理智清醒地认识生与死的本质，充分珍惜、重视自己宝贵的生命。

第八节　企业愿景实现的家国情怀：经世济民

优秀的企业文化要和时代相连，必须要有创新精神，要敢为人先。优秀的企业一定是充满着家国情怀的。❻经世济民是家国情怀的体现。孔子提出治理的目的就在于"博施于民而能济众"，作为一个企业家或者领导就应该像管仲一

---

❶《论语·先进》。
❷《易经·系辞上》。
❸《论语·卫灵公》。
❹《论语·泰伯》。
❺《孟子·告子上》。
❻ 徐井宏. 优秀的企业文化充满家国情怀[J]. 先锋队，2017（26）：6.

样:"桓公九合诸侯,不以兵车,管仲之力也。如其仁,如其仁。"

一、经世济民是国家宏伟愿景

家国情怀对企业而言就是要融入这个时代。例如,今天我们国家提出的民族复兴的中国梦、构建"人类命运共同体"等宏伟理想,都应该成为企业文化的一部分。董明珠曾说:"一个企业的命运一定要和国家的发展结合起来,应该敢于担当,对企业来说,首先要思考的是我能为国家做什么,然后再谈我们应该做什么。"马云被2019胡润百富榜推为中国首富,对此,其团队则向媒体表示:中国需要的是具有"家国情怀"和"世界担当"的企业家精神,但中国不需要富豪榜。在传统文化中,家国情怀中所蕴含的"忠孝一体""经邦济世"的价值理念是当今企业治理的内生动力。

二、孔子的家国愿景

孔子所憧憬的理想社会是物质生活和精神生活都得到满足的状态,天下一家,中国一人,这就是孔子的小康社会理想。孔子问子路和颜渊的理想。子路曰:"愿车马衣轻裘,与朋友共,敝之而无憾。"[1]子路希望自己能做富翁,将车子、衣服与朋友分享,用坏了也不会遗憾可惜。颜渊曰:"愿无伐善,无施劳。"[2]颜渊则希望自己的修行能做到不会夸耀,不会将劳苦的事情加诸他人身上。孔子说出了他自己的愿景:"老者安之,朋友信之,少者怀之。"[3]"老者安之",社会上所有的老年人,在精神与物质上,都有所安顿。"朋友信之",社会上朋友之间,能相互信任,没有敌意与仇恨。"少者怀之",年轻人能得到适当的照顾与关怀。孔子这是从家庭中父慈子孝、兄友弟恭推演到社会理想。孔子与弟子之间的差距在于,孔子心中有天下的概念。孔子的这三个志向,是他精心设计的"理想国"和社会理想。

三、经世济民是企业愿景与国家愿景的统一

与西方文化不同的是,中国文化追求的是家国同构,西方追求的是家国分离。从洛克的《政府论》到卢梭的《契约论》,"家"和"国"被看作两个不同的领域。在他们看来,个体为了维护自然权利,订立社会契约形成政府。而在

---

[1]《论语·公冶长》。

[2]《论语·公冶长》。

[3]《论语·公冶长》。

儒家文化情境下，是否有利于民生是历代政府关注的主题。西方则通过提高企业的效率和建设公正的政府来形成社会协调发展的制衡机制。而中国家国同构使家庭、企业、政府间一直以来处在一体化状态。按儒家的解读，企业的愿景是和国家愿景相统一的。

子路认为，他具有大政治家的气魄，假使让他来治理一个外敌环伺、财政非常困难的"千乘之国"，三年的时间他就能使这个国家富强，人民有勇有方向。冉求认为，将一个方圆六七十里或五六十里的小国交给他治理，三年的时间他可使其社会国家富强，人民丰衣足食。但对于礼制与文化的建立，他并没有把握。公西华谦虚地认为，他很愿意努力地学习国家的治理之道。曾皙认为，他的个人目标与上述三位不同，他希望过平淡无欲望的生活。孔子听了之后，对曾皙的看法感同身受。这段对谈说明了孔子在"老者安之，朋友信之，少者怀之"的安和社会下，对自己平淡生活的追寻。梁漱溟先生曾以"伦理本位的社会"来概括中国传统社会的特质，认为"家国同构"不仅是一种观念，同时也表现于现实的文化中。❶ "家国同构"体现了儒家理想的社会组织形式，旨在以统一的文化价值观构建"德风开放"的社会。

四、经世济民是企业的伟大使命

使命观影响企业的战略内容。使命、愿景、价值和价值观是目前众多企业都很关注的基本战略内容。雷军说，产品是基业长青的重要载体，也有的说客户的价值管理或者崇高的使命。美国学者詹姆斯·柯林斯认为，要实现基业长青，必须破除企业管理中的12个迷思，其中把使命当作最重要的因素来分析，因为伟大的公司靠伟大的构想起家。

使命观影响企业的成长。柯林斯曾探究无论环境怎么变化，科技怎么发展，为什么有的企业可以经历数十年的发展，而有些声名显赫的企业却被淘汰了。比如，最早发明数码相机的柯达公司为了保护自己的胶卷市场，拒绝推广数字影像技术，最终败给了自带数码相机的诺基亚手机。最早生产智能手机的诺基亚，却被苹果手机颠覆。一个伟大的公司就是要具有强烈的使命感，紧跟时代步伐，立志于为生民立命、为万世开太平。中国市场经济进步几十年，到目前为止，大大小小的企业数不胜数，国有的、民营的、外商独资的、中外合资的，纵横交错，遍布华夏。企业从小变大再变强，就像一个人的成长历程一样，小

---

❶ 梁漱溟. 中国文化要义[M]. 上海：上海人民出版社，2003：99.

第三章 《论语》与企业愿景

时候只知道吃喝玩，上学了知道要读好书，大学毕业后知道要成家立业，或有更大志向如管尽天下事之类，莫不是一程比一程想法更深、更远。企业的进步演化也大都经历创业、成熟、平稳、衰退（二次创业）这样类似人生经历的历程。

使命观影响企业的基业长青。企业和人一样希望可以长寿，希望可以基业长青，永续治理。孔子带着天赋的历史使命与责任感，来传承先王之道。每每在危难之际，就会涌现一股浩然之气，一种大无畏的理想信念与英雄豪迈的精神气概。孔子"知天命"，了解自己的使命。孔子把"知天命"的重任放在了君子的肩上。他认为"不知命，无以为君子也"❶，君子要认识到自己的使命和担当，积极入世实践。尽管很多事情并非个人能掌控结局，但是依旧能做出"知其不可而为之"的理性选择。具有使命意识的儒者，不能因为客观上的种种可能而放弃主观上尽力而为，不能让外在的力量捆绑了主体的意志。古代圣贤一生孜孜以求，"发愤忘食，乐以忘忧，不知老之将至云尔"❷。

企业愿景是不同企业治理模式文化的反映。本尼迪克特提出，每个民族都有自己的独特的文化模式。❸对治理理论而言，这种独特性就是企业治理的特殊文化场景，由此形成了特殊的治理模式。儒家伦理治理模式不外是孔子关于"礼"和"仁"的思想框架。在不同的发展阶段，或侧重行为管理，或侧重价值管理，但是都没有改变儒家治理的价值观。

---

❶《论语·尧曰》。

❷《论语·述而》。

❸ 本尼迪克特. 文化模式[M]. 杭州：浙江人民出版社，1987：45.

第四章

《论语》与礼治

欲修其身者,先正其心
欲正其心者,先诚其意

第一节　礼治思想的内涵:礼之用,和为贵

第二节　礼治是企业的制度教化:不学礼,无以立

第三节　礼治是企业自律的治理:引礼入法

第四节　礼治是适可而止的治理:过犹不及

第五节　礼治是企业相互尊重的治理:本之性情

第六节　礼治的基本原则:持经达变

第七节　礼治的企业品牌形象:以和为贵

"礼"是管理的规范，所谓"礼者，理也"。制度与规范有助于维持社会和谐秩序。孔子说："久矣吾不复梦见周公矣。"❶他一生梦想恢复周朝的典章和制度。任何组织的管理都需要有一定的制度与纪律来贯彻领导者的主张，如果制度常常更动，将造成部属无从遵守，企业的运作也将受到影响，就会造成如孔子所说的"君不君，臣不臣，父不父，子不子"，"名不正则言不顺，言不顺则事不成，事不成则礼乐不兴，礼乐不兴则刑罚不中，刑罚不中则民无所措手足"❷。

企业有了制度的规范运作，就有了明确的规则可依循。《论语》重视礼的作用，将礼看作齐家、安邦、定国、平定天下的根本。提出"道之以德，齐之以礼"❸，又说："克己复礼为仁。一日克己复礼，天下归仁焉。"❹在企业治理中，礼治是一种外在约束。修养的内在表现为"仁"，外在表现为"礼"。重视"礼"是儒家的传统和特征，希望透过"仁"与"礼"的相互制约来显示"仁"，"礼"对于一个完整的人（己）与社会（天下）之密切关联。孔子有所谓"为国以礼"，❺"礼让为国"❻。梁启超认为，儒家的礼治结合了人类的朴素的同情心，有较好的民意基础。❼本章探讨《论语》对企业"礼治"的价值，就是在熟人世界的共同体下，通过传统文化中的礼治原则，在现代企业中建构新的治理制度。

在《论语》中，"礼"字共计出现 75 次。按李泽厚的说法，孔子将外在的礼仪改造为一种"文化心理结构"。❽而这个心理结构是以"仁"为基础的，通过在各种生活的情境中处理相互关系，让自己的"行为"符合"礼"规范。❾荀子认为人的性格与行为是可以改变的，人的行为受社会文化价值观影响。❿法律是刚性管理，"礼"是柔性的管理。今天我们遇到的问题是"礼"的柔性管理

---

❶《论语·述而》。
❷《论语·子路》。
❸《论语·为政》。
❹《论语·颜渊》。
❺《论语·先进》。
❻《论语·里仁》。
❼ 梁启超. 先秦政治思想史[M]. 杭州：浙江人民出版社，1998：65.
❽ 李泽厚. 中国古代思想史论[M]. 天津：天津社会科学院出版社，2003：5.
❾ 黄光国. 儒家价值观的现代转化：理论分析与实证研究[M]. 天津：天津人民出版社，1995.
❿ 许倬云. 中国文化的发展过程[M]. 贵阳：贵州人民出版社，2009.

早已被集体遗忘。一种共同认可"礼"柔性规范的缺场，成为当代中国社会和企业治理的难题所在。

第一节 礼治思想的内涵：礼之用，和为贵

孔子创立儒家思想后，再经过历代儒学思想家的完善与发展，将"礼"明确为"仁、义、礼、智、信"五常之一。儒家的"礼"是上天确立的原则，是大地施行的正道，是百姓遵守的规则；"礼"是判定亲疏远近，解决误解，区分同异，明辨是非对错的标尺。

一、以礼和仪

儒家思想倡导的礼学，起源于当时人们的日常生活，是在祭神祀祖的过程中不断形成的，最后被历代统治者广泛用于人事的规范中。对于"礼"，可以从狭义和广义两方面进行理解，狭义的"礼"始于古代敬神、求神和祭拜祖先时需要遵循的仪式，逐渐演化为人们经过长期社会实践而确定或形成的举止行为、道德原则和社会规范，从而束缚人们的实践活动使其能遵从天地意志；而广义上的"礼"是指我国历代各朝的典章制度、政治教化和法令规章。孔子所说的"下学而上达"中的"下学"就是"仪"的层面，"上达"接近"礼"的层面。在《论语·先进》中，孔子分析了丧礼之仪和大夫之仪，前者体现为"椁"之有无，后者体现为用"车"与否。透过两仪，孔子表达了礼治的运行方式。内在的"礼"以外在"仪"的形式表现出来，才是真正的"礼"，"礼"和"仪"能够完美地结合才是真正的礼治。

二、以礼修身

"礼"是一个人为人处世的根本，也是一个人之所以为人的标准。

"仁"是"礼"的基础，没有"仁"，"礼"就失去了灵魂。孔子的论述中言及仁礼关系时说："礼云礼云，玉帛云乎哉？乐云乐云，钟鼓云乎哉？"[1]"人而不仁如礼何？人而不仁如乐何？"[2]孔子是通过内在的"仁心"建构外在的秩

---

[1] 《论语·阳货》。

[2] 《论语·八佾》。

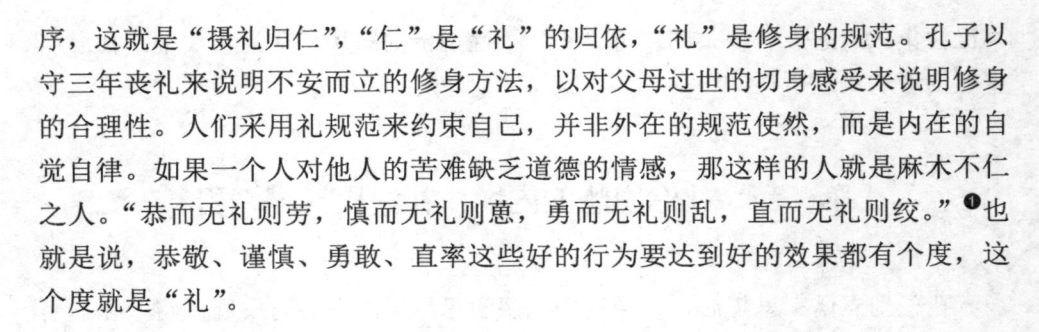

序，这就是"摄礼归仁"，"仁"是"礼"的归依，"礼"是修身的规范。孔子以守三年丧礼来说明不安而立的修身方法，以对父母过世的切身感受来说明修身的合理性。人们采用礼规范来约束自己，并非外在的规范使然，而是内在的自觉自律。如果一个人对他人的苦难缺乏道德的情感，那这样的人就是麻木不仁之人。"恭而无礼则劳，慎而无礼则葸，勇而无礼则乱，直而无礼则绞。"❶也就是说，恭敬、谨慎、勇敢、直率这些好的行为要达到好的效果都有个度，这个度就是"礼"。

三、以礼安邦

"礼"不只是立仁之本，也是立国治国的骨干，故《左传》说："礼，国之干也。""礼"是孔子教学的主要内容，西周的社会制度和管理思想集中体现在周礼上，《左传》说它是"治国家、定社稷、序民人、利后嗣"的最高法典。要以"礼"为行为规范人的思想，即"齐之以礼"。在儒家看来，这里的礼表现为"君君、臣臣、父父、子子"❷，也就是君臣都有各自需要遵守的礼，君主必须像个君主，臣子必须像个臣子，父亲必须像个父亲，儿子必须像个儿子。非礼之臣不是臣，非礼之君也不是君。要治理好国家，"君使臣以礼，臣事君以忠"❸，君臣要各在其位，各司其职。否则国将不国，政治紊乱，社会将混乱不堪。孔子认为治国违背礼制的有三种形式："居上不宽，为礼不敬，临丧不哀。"❹居于上位，对人不能宽宏大量，举行仪礼时不能恭肃诚敬，参加丧礼时不能悲戚哀痛。"上好礼，则民易使也"表现了上行下效的结果。在上位的人若遇事依礼而行，就容易使百姓听从指挥。这些都确定了"礼"对于治国安邦的重要作用。

四、以礼促和

孔子对周礼推崇备至，并用自己的思想对周礼进行了原则性的损益改革。孔子希望通过恢复周礼使社会达到和谐稳定。和气是家庭的和睦，社会的和谐。有子曰："礼之用，和为贵，斯为美；小大由之。有所不行，知和而和，不以

---

❶《论语·泰伯》。
❷《论语·颜渊》。
❸《论语·八佾》。
❹《论语·八佾》。

礼节之，亦不可行也。"❶ "礼"的作用，就是要使人与人的关系保持和谐，先王就是喜欢这样的做法，但是单纯地为了追求和谐而和谐，缺少了"礼"的约束，则是行不通的。孔子曰："恭而无礼则劳，慎而无礼则葸，勇而无礼则乱，直而无礼则绞。"❷在与人相处中恭、慎、勇、直并不是独立存在的，必须在"礼"的约束下，才能实现其真正的价值，否则会适得其反，造成混乱、不和谐。

第二节　礼治是企业的制度教化：不学礼，无以立

一、礼治沿袭的是家国一体的教化治理

企业的治理制度是国家治理制度的具体化，从国家治理制度到企业的治理制度，体现了中国传统社会以家族为中心，家国一体的观念代代相传。如所谓"为国以礼"，"夫礼，国之纪也"，"夫礼，国之干也"，"礼，经国家，定社稷，序民人，利后嗣者也"。

二、礼治表征的是"仁爱"的教化内容

"教化"一词的含义是指先知者将自身理念传授受教化者，从而转变其价值观念。有子曰："礼之用，和为贵。先王之道，斯为美，小大由之。有所不行，知和而和，不以礼节之，亦不可行也。"❸制度的创设，固然是人类社会管理规范发展的必然结果，但制度的创设不是为了限制人的发展，而是协调理顺人的活动，所以制度得以内化于心、外化于行才是制度真正的价值所在。

所谓"教化作用意义上的礼"，是指"礼"对于个人、家族、社会及自然等所具有的教育、转化及提升的作用与功能。"道之以政，齐之以刑，民免而无耻；道之以德，齐之以礼，有耻且格。"用政令来治理百姓，用刑罚来制约百姓，百姓可暂时免于罪过，但不会感到不服从统治是可耻的；如果用道德来统治百姓，用礼教来约束百姓，百姓不但有廉耻之心，而且会纠正自己的错误。儒家提倡"道之以德，齐之以礼"，"礼"具有约束作用和行为指导作用，在现今社会表现

---

❶《论语·学而》。
❷《论语·泰伯》。
❸《论语·学而》。

为制度。

三、礼治维系的是贵和的教化秩序

贵和的教化秩序是符合天理、人性的一种"至善"。引礼入法，一方面让企业伦理制度的制定贯彻儒家的基本精神；另一方面把具体的礼制规范引入企业法规制度体系，保证企业法规制度的实施过程与企业伦理实现的一致性。礼治教化是通过教育来提高民众的道德素质，而奖善惩恶是激励机制，通过教化的方式来处理协调社会矛盾，维护善治的秩序。孔子并不认为法治是最好的方式，他说："听讼，吾犹人也，必也使无讼乎！"❶他认为治理最佳的方式是教育民众不触犯规范。"子为政，焉用杀，子欲善而民善矣，君子之德风，小人之德草，草上之风必偃。"❷总之，伦理治理才能使治理有效，惩罚式的治理只能是辅助方式。

四、礼治倡导的是无违的教化进阶

对制度的内心遵守而不违背，从而实现德行层级不断上升，这是礼治的教化进阶过程。《孔子家语·五刑解》有记载，弟子冉有问孔子，古时三皇五帝不用五刑是否可信，孔子回答："圣人之设防，贵其不犯也。制五刑而不用，所以为至治也。……明丧祭之礼，所以教仁爱也。……朝聘之礼者，所以明义也。……乡饮酒之礼者，所以明长幼之序而崇敬让也。……婚礼聘享者，所以别男女、明夫妇之义也。……不豫塞其源，而辄绳之以刑，是谓为民设阱而陷之。"强调以礼约民，"导之以政"，"齐之以礼"。

孔子说的"君子之德风，小人之德草""君子喻于义，小人喻于利"都是通过严格的等级差异将受教化者分门别类，严禁任何人逾越封建的等级制度。儒家教化的受众分为不同层次和等级，教化内容分层递进。儒家的教化重点放在君子、士大夫之上。人可以通过修行成为圣贤。强调家长权威的"孝悌说"："其为人也孝弟，而好犯上者，鲜矣。不好犯上而好作乱者，未之有也。君子务本，本立而道生，孝弟也者，其为人之本与！"❸以华为为例，诞生于 1996 年的企业基本法，在不断演化中推动华为发展为世界级的领先企业。学者将其基本法

---

❶《论语·颜渊》。
❷《论语·颜渊》。
❸《论语·学而》。

的作用概括为：告别野蛮生长，转向持续成长；告别亲情，转向文化；告别个人直觉，走向组织纪律。❶

第三节　礼治是企业自律的治理：引礼入法

一、引礼入法，以礼自律

企业的礼治继承的不是传统社会人与人之间的不平等的"礼"观念，而是在尊重个体权利的背景下，提升人性化管理的价值取向，展示企业治理的人文关怀。礼治更强调礼法并用。礼治充分发挥其道德约束和行为规范的社会功能，以维护社会等级秩序和国家政治的稳定。❷"礼"是礼仪规范，从表面看为"善的形式之外在化"。儒家重视"礼"（其实也包括"乐"）并不只是因为它在人际人伦上有一时的教化意义而已，更因为其乃天道的具体表现，所以肯定了"礼"的必然性和普遍性。天道之内在于人就是人心，"礼"既然是天道的具体化，有仁义之心作为活水源头，是在"摄礼归义""摄义归仁"的自觉中逐步被证成的。具体地说，孔子先借由礼仪点出仁义，继之者如孟子更由"仁义内在"主性善，有价值的人生是由仁义行，而不是行仁义。孔子说："人而不仁如礼何？人而不仁如乐何？"❸又说："礼云礼云，玉帛云乎哉？乐云乐云，钟鼓云乎哉？"❹就是这个道理，后来朱熹注《论语》，遵此先圣后圣血脉相传的心法曰："礼者，天理之节文，人事之仪则也。"可谓纲举目张，一目了然。引礼入法，是因为礼中含有仁义之心。据礼而行，以礼自律是推行仁义的行为准则。

二、克己复礼，以礼育人

《论语》的内在逻辑是"以礼教人""以礼化人"，最终达到"仁"与"礼"的合一。古代的礼育有专门的"礼官"来掌管礼仪教化。但从一定意义上说，管理学似乎又只有一个原理，那就是"育人"。在企业治理中，育人先育心。如果员工的"心灵"和"人品"存在问题，企业就不能开发和制造出安全优质的

---

❶ 刘斌，左进波. 企业基本法五大核心问题[J]. 企业管理，2018（4）：12–14.
❷ 王启发.《礼记》的礼治主义思想[J]. 孔子研究，1990（1）：107–113，128.
❸《论语·八佾》。
❹《论语·阳货》。

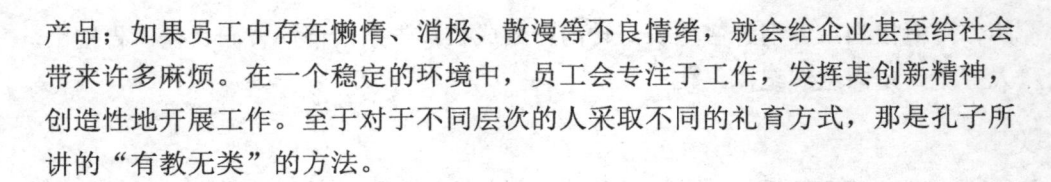

产品；如果员工中存在懒惰、消极、散漫等不良情绪，就会给企业甚至给社会带来许多麻烦。在一个稳定的环境中，员工会专注于工作，发挥其创新精神，创造性地开展工作。至于对于不同层次的人采取不同的礼育方式，那是孔子所讲的"有教无类"的方法。

三、以礼修身，以礼立企

企业治理中崇尚礼文化，建设企业的礼文化。"礼"是立身之本。唯有知礼懂礼，才能立身行事，立德行善。"有礼则安，无礼则危，故不学礼，无以立身。"孔子认为："不知礼，无以立也。"❶"君子博学于文，约之以礼，亦可以弗畔矣夫！"❷"礼"是修己立身的方法。孔子还要求其弟子做到"非礼勿视，非礼勿听，非礼勿言，非礼勿动"。❸以礼仪约束自己，才能在正常的轨道上运行。处处依礼而行，才能做到"七十而从心所欲，不逾矩"❹的境界。修身就在于要实现高尚的道德，自觉进行道德实践，人在拥有这种道德自觉的前提下，遵从"礼"所要求的规范或制度去进行社会实践，实现立身济世的使命。以"礼"立企意味着企业要有社会的责任感，要建设有"礼"的管理团队。礼仪规范的学习是修身的重要内容，它不仅是人际关系的润滑剂，所谓"敬人者，人恒敬之"，能够增进人与人之间的交往，把人际关系中的矛盾化小、化无，还能起到内强素质、外塑形象的良好作用。

第四节　礼治是适可而止的治理：过犹不及

企业治理要注意适度性。企业的治理影响因素是多元化的，企业战略、企业结构、企业制度、企业文化等，都需要注意目标与可行性等，找到最佳的尺度，既不能好高骛远，又不能因循守旧。子曰："过犹不及。"适度的含义，是指在各种场合行为合乎规范，把握分寸。"君子之于天下也，无适也，无莫也，义之与比。"❺治大国若烹小鲜，物极必反，否极泰来。在治理中把握好"适可

---

❶《论语·尧曰》。
❷《论语·雍也》。
❸《论语·颜渊》。
❹《论语·为政》。
❺《论语·里仁》。

而止"原则，是企业制胜的一大法宝。这种适可而止的原则也叫"中庸"的方法。孔子说："中庸之为德也，其至矣乎！民鲜久矣。"❶孔子认为中庸之道是践行仁德的高明手段。

一、礼治体现在行为态度的张弛有度，实施柔性管理

"信近于义，言可复也；恭近于礼，远耻辱也。"❷如果守信符合道义，那么做出的承诺可以履行。反之，如果守信不符合道义，违反了道义，做出的承诺就不应该履行。孔子在《论语》里面说："言必信，行必果，硁硁然小人哉！"❸圣人不苟于"言必信行必果"的小信，而是坚持唯道义所在的大信。对一切人事物内心的恭敬，是应该的，但是在行事应物的时候，以及工作生活中，对人的恭敬要合于"礼"，没有恭敬心当然不行，过度的恭敬也不好，不得体，让别人觉得不舒服。

二、礼治体现在员工评价的激励适度，实施公平管理

在人力资源管理中，适度的激励能促进员工的工作积极性。同时，激励也不能过度，根据公平原则要考虑激励行为是否达到了预期目的，激励的力度和预期达到的效果是否成比例，激励的覆盖面是否会引起员工的失衡感。企业通过适度的激励机制，用"惠则足以使人"的物质激励、"尊贤使能"的成就激励、"爱而用之"的情感激励以及"天下归仁"的目标激励等多种激励方式营造企业尊重人才、重视人才和培养人才的氛围。"礼"的功能是使社会财富与权力的分配与再分配达到和谐的效果。❹同时，孔子所讲的激励不是一味拉开差距，还要考虑到对弱势群体的照顾和权力的滥用等问题。

三、礼治体现在下属职权的授权适度，实施绩效管理

在企业治理中，由于组织规模大而复杂、处理的事务紧迫和成本高昂等因素，需要管理人员采取合适的授权方式。适度授权，是因为知识管理成本决定了授权程度。❺

---

❶《论语·雍也》。
❷《论语·学而》。
❸《论语·子路》。
❹ 郭齐勇. 儒家的公平正义论[N]. 光明日报，2006-02-28.
❺ 黄干，张原. 大型工程中基于知识管理的授权程度及形式分析[J]. 价值工程，2009（11）：81-84.

（一）懂得授权

子路问为政之道。孔子说："先之劳之。"也就是说，自己身体力行，百姓方会追随劳作。子路请孔子再讲一些，孔子说："无倦。"团队要懂得授权，勇于创新，才不至于对工作"倦怠"。授权的时候，要考虑到能力大小、个性特征、工作的复杂性等权衡，来提升企业的绩效。授权的时候涉及授权人员的品质，管理人员的职权行使方式，对员工实施过程中出现问题的处理，有效授权和成功授权的奖励激励，等等，仅仅靠具体的规范来约束是不够的。授权的任务、责任和权力三要素都很重要，任何一个环节出问题，都会影响授权的效果。2009年，华为进行了人力资源机制改革，实行的任务式指挥模式，让一线团队有了更大的决策权。❶这种以客户为中心充分发挥员工积极性的治理模式就彰显了儒家"以人为本"的价值理念。

（二）敢于放权

授权之后就要敢于放权，要敢于信任他人。"无为而治者，其舜也与？夫何为哉？恭己正南面而已矣。"❷孔子夸奖舜是一个敢于放权的无为而治的人，舜什么都不用做，他只是庄严端正地面向南坐在王位上。儒家治理敢于放权是有保障机制的，儒家的耻感文化对授权的责任有软约束，正如孔子所说的"道之以政，齐之以刑，民免而无耻"❸，有了员工的成功才会有企业的成功。例如，华为就采取无为而治的治理理念，因此，逐渐演变为一个职业化管理的具有一定规模的公司。

（三）善于放权

善于放权就是懂得利用能做事的人将事情做好。孔子的学生子贱担任地方官吏，他时常弹琴自娱，地方事务却治理得井井有条，民兴业旺。他的前任官吏百思不得其解，自己起早摸黑、累得半死却没有将地方事务治理好。子贱对他说："靠自己的力量去做当然很辛苦，我是借助别人的力量来做的。"

四、礼治体现在招待费用的开支适度，实施廉洁管理

运用"礼"来管理，必须坚持有利公务、杜绝浪费的原则。"礼，与其奢也，宁俭。"反对华而不实的"礼"。在企业接待上，要让接待工作处于可控制、可操作的状态，符合企业目标管理的正常状态。廉政要求为政者清廉从政，儒家

---

❶ 周抗. 华为的任务式指挥模式[J]. 中国人力资源开发，2015（18）：63–65，74.
❷《论语·卫灵公》.
❸《论语·为政》.

以礼节欲、以义制利的思想正含此意。孔子认为欲望是人的本性，只有用礼义来节制人欲，才能达到管理的目的。在义利之间的取舍上，主张以义制利，用礼的标准衡量"可"与"不可"的行为。可以说，儒家的礼治思想对克制贪欲提供了一个道德原则，为治理者提供了重义轻利的价值导向。

五、礼治体现在战略发展的变化适度，实施战略管理

企业发展战略要解决企业发展方向、发展速度与质量、发展点及发展能力。儒家的战略思维主张与时变化，顺势而为，主要表现为顺时而变、因变而变、权宜而变、时中之变、不变之变等理念。❶企业发展要面临诸多风险，把企业发展的速度和经济发展的趋势有机结合起来，把企业的长期规划与短期目标有机结合起来，推动企业内部治理的全面变革，实现企业的长期可持续发展。季文子三思而后行。子闻之，曰："再，斯可矣。"❷在这里，季文子做到了三思而后行，孔子却说还要再次考虑周详，孔子着眼于未来发展，视野开阔。

第五节 礼治是企业相互尊重的治理：本之性情

一、礼治体现情感联系

礼治的基础是血亲之爱。礼治的情感联系是"父慈子孝、兄友弟恭、君臣有义、朋友有信"❸这样的血亲之爱。既然孔子主张以血亲之爱为基础的礼治，那么他就坚信人性是善的，是可以教化的，是可以外推为"老吾老以及人之老"❹"己欲立而立人"❺等治理原则。从父母子女的血亲之爱到通过人与人之间的感情联络、沟通，实现企业的共同目标。尊重顾客，为他们创造良好的消费环境和给予他们自由选择的权利，尊重顾客收获忠诚信任。尊重员工，为员工创造和谐的环境，增强凝聚力、向心力、归属感。情先于理，情能通而后能达理。在企业治理中要给予对方充分的尊重，彼此坦诚相待，才能提升信任关

---

❶ 黎红雷. 儒家商道与当代企业儒学的开拓[J]. 齐鲁学刊，2017（6）：12-16.
❷《论语·公冶长》。
❸《礼记·礼运》。
❹《孟子·梁惠王上》。
❺《论语·雍也》。

系和协作意识。礼治也表现为不认死理、不走极端的灵活处理方法，要根据具体性、情境性和特殊性的人情来考虑。

二、礼治关注人格平等

孔子认为，"礼"在重视其外在表现形式的同时，更多地关注人们的人格平等的朴素情感。子曰："礼云礼云，玉帛云乎哉？乐云乐云，钟鼓云乎哉？"❶子曰："居上不宽，为礼不敬，临丧不哀，吾何以观之哉！"❷出于人们对礼仪人性的认识及对"礼"的人性作用与社会作用的考虑，孔子强调人们在对待"礼"的时候要有正确的心态、情感等。

从君臣关系来看礼治的人格平等。君臣之间虽然存在着等级关系，但是也要尊重对方的人格，所谓"君使臣以礼，臣事君以忠"。❸孔子强调了君主自身品行端正，率先垂范就是君主对臣属的最高尊重，"政者，正也，子帅以正，孰敢不正？"❹由此推演出上下人格平等的一致关系，"上好礼，则民莫敢不敬。"❺

从君子小人关系来看礼治的人格平等。君子小人存在着道德等级关系，两者之间品德修养不同，有着义与利、周与比、和与同、骄与泰等方面的重大区别。虽然小人在道德上低人一等，但是可以通过教育改变其心性，让小人脱离旧习，修养道德，提高层次。每个人都有完善自我的权利。

从物质与精神关系来看礼治的人格平等。孔子崇尚精神自由的人格价值，他向往的理想生活是"莫春者，春服既成，冠者五六人，童子六七人，浴乎沂，风乎舞雩，咏而归"。这样的人格境界要有远大志向，"三军可夺帅也，匹夫不可夺志也。"❻这样的人格境界要有坚强的意志，"士不可以不弘毅，任重而道远。仁以为己任，不亦重乎？死而后已，不亦远乎？"❼相比物质价值而言，心灵自由才是人格平等的基础。

---

❶《论语·阳货》。
❷《论语·八佾》。
❸《论语·八佾》。
❹《论语·颜渊》。
❺《论语·子路》。
❻《论语·子罕》。
❼《论语·泰伯》。

三、礼治给予价值礼遇

企业培养尊重人才价值的生活礼遇、荣誉礼遇和帮扶礼遇等形式，激励企业员工崇德向善、见贤思齐，形成"道之以德，齐之以礼"的价值氛围。

生活礼遇。儒家强调礼遇，怀有一颗"礼遇之心"，尊重他人，友好相待。企业对员工日常生活的礼遇得到员工的回馈，企业走向正向发展，这是善良的回馈，是人性的回馈。荣誉礼遇。今天，很多优秀的企业给予了员工荣誉礼遇。例如，微软特别重视普通员工为企业创造的价值，给他们颁发"比尔·盖茨总裁杰出贡献奖"，即便是一名优秀的普通工程师的工资都有可能超过许多副总裁。谷歌公司的管理职位强调服务意识，工程师们受到更多尊敬。华为给予优秀员工丰厚的物质待遇。帮扶礼遇。现代企业注重"传帮带"模式，在师徒之间建立一种良师益友型的帮扶礼遇关系。在现代企业中，"传帮带"等帮扶制度，有助于整合企业各种资源，形成企业良好的发展机制，使企业员工齐心协力完成共同的目标。

四、礼治展示友好礼仪

企业活动要注重礼仪。礼仪细节是企业影响力的保障。"席不正，不坐。"座席摆得不正，意味着不合礼制。"乡人饮酒，杖者出，斯出矣。"❶举行乡人饮酒礼，酒宴结束时，等老人出去之后，孔子才出去。世界旅馆业巨头希尔顿酒店非常注重细节，倡导员工提供微笑服务，每天问得最多的是："你今天对客人微笑了没有？"电话礼仪、握手礼仪、介绍礼仪等细节，都对企业的商务活动有着重大的影响。礼仪得体是企业竞争力的保障。"升车，必正立，执绥。车中，不内顾，不疾言，不亲指。"❷这是讲孔子乘车时所遵循的礼节。孔子上车时，一定站直，拉着扶手绳上车。在车上，不往后看，不大声说话，不乱指点。在商务活动中，礼仪树立了企业的良好形象，获得了客户的高度信任，奠定了双方深入合作的坚实基础。礼仪氛围是企业和谐的保障。小事上不逾矩，大事也不逾矩，尊敬长者，尊重他人，保障人际关系和谐。和谐、愉快的氛围是商务活动成功的前提。在企业的经营活动中，礼仪能使各方处在和谐、轻松的氛围中，从而促使交易活动达成。

---

❶《论语·乡党》。

❷《论语·乡党》。

第六节　礼治的基本原则：持经达变

持经达变本意指坚持不变的基本原则，依据实际情况做出变通。❶换而言之，就是要具体问题具体分析。礼治所坚持的"经"是仁爱思想，贯穿企业治理的整个过程，是企业治理必须坚持的价值原则。"变"是权变的意思。西方管理学的权变理论认为有效的管理取决于组织所处的环境和内部条件的特性。"礼"在社会经济中，宏观层面可以通过一系列的政策、法规及规章制度等表现，微观层面可以通过一系列决策、决定、决议等表现。团队领导的过程，也是团队成员收获团队决策成果的过程，即团队成员为了实现一个目标或愿景相互支持、合作、奋斗的过程。团队共同的目标就是团队决策一致性的产出，一致性的决策可以使团队成员形成一个协调一致的、正确的行为定式。在孔子看来，管理者要想让别人自觉地服从自己的管理，就要坚持一定的原则。

一、礼治的可行性高于真实性

礼治追求的是目标的可实现性，而非目标的真实性。为了实现目标，管理者必须以"正心、诚意"为基础，对治理关系的外在的内容与形式做适时、合理的调整，使对方能理解。孔子认为"知之为知之，不知为不知"❷，夏虫不可语冰。我们与其他人沟通的时候，要说一些别人能听懂的东西，不然既得罪了他人又累了自己。对不同的人，要采取不同的沟通方式。子曰："中人以上，可以语上也；中人以下，不可以语上也。"❸认识到可行性比真实性更重要，是礼治区别于法治或其他治理方式的显著特点。

二、礼治的合情性高于合理性

礼治是"齐家"向"治国"扩张的伦理治理。"礼"所体现的无非"尊尊""亲亲"两种关系。在家国一体的宗法社会中，这两种关系可合二为一。为政者首先要身体力行做到"亲亲"。《论语·为政》载："或谓孔子曰：'子奚不为政？'子曰：'《书》云：孝乎惟孝，友于兄弟。施于有政，是亦为政，奚其为政？'"

---

❶ 曾仕强. 中国式管理[M]. 北京：中国社会科学出版社，2005：6.
❷《论语·为政》。
❸《论语·雍也》。

当然，如果能够通过"正己"而"归仁"，以仁爱之心教化天下，那就是最好的方式。即孔子所谓："善人为邦百年，亦可胜残去杀矣。"❶而从"正己"到"归仁"，其根基在于人之情感，而非理性。情先于理，情重于理。

三、礼治的合理性高于合法性

合法只能解决当前的得失问题，合理性才是全面评断得失的根本标准。儒家的"礼"实际上是企业的内部"行为准则"，是企业能够正常、健康运营的有力保证。这些规则有的是显性的规章制度，有的是企业的非正式的规则，有的甚至是企业老总的内部讲话，很显然，这些正式与非正式的规则，并不完全具有法治的价值，但是在企业治理中却特别受人关注。例如，任正非在华为发展过程中关键性的时间点，都会通过内部讲话引导企业成长，排除危机。❷马云内部讲话先谈感情取得信任，利用梦想寻求共识，借助故事有效沟通。❸内部讲话是具有管理功能的。❹儒家治理并不认为规则是一成不变的，世界上唯一不变的是变化这一规律。西方治理追求合法，追求程序正义，对于礼治而言，这比遵守法律更为重要。西方法治思维注重"二分法"，礼治思维注重的是"三分法"。除合法、非法之外，还有处在交集处的"模糊"地带或"灰色"地带。

第七节 礼治的企业品牌形象：以和为贵

孔子提倡"礼之用，和为贵"❺。"礼"的应用是为了协调人与人之间关系，儒家倡导在企业治理中追求和睦、和谐、调和的伦理化关系。"礼"对于企业品牌管理和企业内部凝聚力的提升，发挥着充分且重要的力量。企业品牌包含了企业文化和形象，彰显了企业品牌的精神价值。今天的企业越来越多地注重自己的形象，"礼"的设置不同于"法"，宽则得众。礼治思想与现代企业的柔性管理思想相似。可以借鉴儒家思想的精华，探索两者之间的契合点，通过继承中国优秀传统文化来推动企业进步。

---

❶《论语·子路》。
❷ 曲智. 任正非内部讲话：关键时，任正非说了什么[M]. 北京：新世界出版社，2013.
❸ 佚名. 内部讲话的"2W+1H"[J]. 包装财智，2013（5）：36–37.
❹ 宋学增. 内部讲话的管理功能[J]. 中欧商业评论，2013（3）：67.
❺《论语·学而》。

企业的品牌形象是指企业被社会评价与认知的形象。企业品牌形象真实地反映了社会大众对企业评价，品牌形象对公司的经营有很大的影响。企业品牌形象可以从以下几个层面去分析。

一、以礼修身，建设"和而不同"的企业文化，推广企业品牌的唯一性

孔子说："君子和而不同，小人同而不和。"❶在孔子生活的时代，"和"乃与"同"相对言。宇宙万千事物的生生之德在于多因素的差异共存、对立面的冲突融合。事物的多样性促成了事物的生机勃勃、变化日新。华为崇尚的"狼性文化"就是一种很有特色的企业文化，华为总裁任正非说：企业要像狼一样具有三种特性，"一是敏锐的嗅觉；二是不屈不挠、奋不顾身的进攻精神；三是群体奋斗"。有人总结了"狼性文化"的弊端：第一，培养了员工的奴性；第二，扼杀了挑战精神；第三，导致企业唯销售论；第四，违背企业博弈的"双赢"原则。❷从企业的长远规划和与员工的关系看，"狼性文化"走不远。因此，任正非还认同另外一种文化来补充，他倡导"乌龟精神"，既要有专注的定力和坚忍的耐力，又要有强大的适应环境变化的能力。

二、以"礼"的规范修正企业的各种不良行为，不断提升企业品牌的影响力

"礼"是管理的规范，"礼者，理也"，"礼"是一种道德，也是一种理法的规范，社会有制度与规范，才会有秩序。在制度方面，西方的管理学者，如泰勒、韦伯、费尧等人都致力于制度的建立。西方的管理完全讲求制度，以制度、法律规章来治国和治理企业。西方的企业在作业程序上都讲求制度化，产品讲求标准化，以减少成本，增加效益，进而提升企业的竞争力。在用人、晋升、奖惩上也都建立对应的公平客观的标准供相关单位依循。就企业界而言，制度的设立是为了企业的长治久安，如果制度常常变更，将造成部属无从遵守，企业的运作也将受到影响。而礼治则更加重视人对制度的自觉遵守。正义是制度规范，也是伦理原则。孔子说："君不君，臣不臣，父不父，子不子"。"名不正则言不顺，言不顺则事不成，事不成则礼乐不兴，礼乐不兴则刑罚不中，刑罚不中则民无所措手足。"❸因此，任何正名的问题与法令规章等制度的建立皆需要经过反复思考与脑力激荡而后加以制定，仓促

---

❶《论语·子路》。
❷ 丁鼎. 对"狼性文化"管理思想的再思考[J]. 企业改革与管理，2018（8）：197–198.
❸《论语·子路》。

制定的法案与随性而为的制度无法长期运转，对企业将产生负面的影响。对于不好的制度当然要即刻调整修改，以符合企业运作之需求。

三、与员工建立"和"的关系，增进企业的凝聚力

企业"和"文化是现代企业员工的价值追求。国家电网秦皇岛供电公司搭建以拜师礼、承责礼、退休礼、嘉勉礼为主要内容的"四礼"活动平台，就是一个很好的典范。[1]员工将"礼"内化于心，认同"礼"文化。"礼"文化融入规章制度中，成为推广的标准。"礼"文化外化于行，成为员工的观念、心态，规范。"礼"文化美化于物，企业环境规划和宣传等彰显浓郁的礼文化氛围，以"礼仪、礼节、礼貌"三大类为主题进行企业"礼"文化建设。用《论语》"以直报怨"[2]的思想，鼓励员工通过合理渠道表达自己的诉求。开放、包容的"和"文化，加强了企业的向心力和凝聚力。对待员工以情感人、以诚待人，平等待人，激发了员工的主动性与创造性。

四、与消费者建立"和"的关系，输出品牌核心价值

与消费者进行互动沟通，可以提高消费者对品牌的认同度。如，酒公司结合酒礼的"何以解忧，唯有杜康"，茶公司结合茶礼的"以茶会友，茶礼四方"，等等。企业形象会影响消费者的消费决策。企业与消费者之间的和谐关系提高了消费者的认知度与满意度。另外，消费者忠诚度也受到企业形象与顾客满意度的影响，类似产生晕轮效应的效果。有学者专门研究企业形象与消费者满意度及忠诚度等变量之间的关系，研究结果发现企业形象起关键作用[3]，服务业能够透过沟通与效率让品牌和消费者建立情感联结，建立起消费者内心真正在乎的品牌价值。[4]

融入传统文化的"礼"的元素，可以提高品牌的核心价值传播度。由"礼"而产生的对传统文化敬畏之意，才会潜心打造出经得起历史检验的企业品牌。把企业的品牌当作人格的化身，把企业的品牌价值内化为企业的自我修炼，以

---

[1] 李天娇，郑薇，李榕榕．"四礼"活动创新职工文化建设[J]．中国电力企业管理，2017（30）：46-47．

[2]《论语·宪问》。

[3] Andreassen T W, Lindestad B. Customer Loyalty and Complex Services[J]. International Journal of Service Industry Management，1998，9（1）：7-23．

[4] Berry L L. Cultivating Service Brand Equity[J]. Journal of the Academy of Marketing Science，2000，28（1）：128-137．

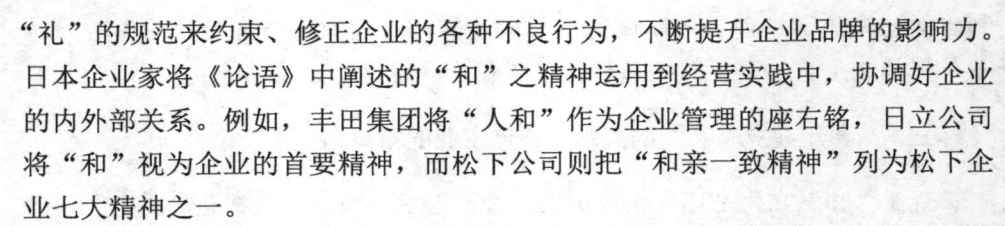

"礼"的规范来约束、修正企业的各种不良行为，不断提升企业品牌的影响力。日本企业家将《论语》中阐述的"和"之精神运用到经营实践中，协调好企业的内外部关系。例如，丰田集团将"人和"作为企业管理的座右铭，日立公司将"和"视为企业的首要精神，而松下公司则把"和亲一致精神"列为松下企业七大精神之一。

综合本章的论述，按《论语》来阐述企业的礼治思想，具体包含了制度教化、自律、适可而止、相互尊重、持经达变、以和为贵等内容。礼治是仁治的表现形式，是对现代企业治理制度的完善与补充。

第五章

企业治理的伦理领导力

第一节　领导者的素养与领导力：以德服人，以信义服人
第二节　领导者的才智与领导力：知者不惑
第三节　美德与领导力：恭、宽、信、敏、惠
第四节　领导力的效能："庶之""富之""教之"

领导力指领导所需要具备的素质、员工境界和领导能力。西方企业管理理念重视个体的主观需要，重视经济利益的最大化和企业经营的绩效。[1]与之不同的是，传统儒学思想重视伦理领导力，讲究的是"内圣外王"之道。西方关于领导力的研究，先后发展出了特质论、行为论、权变论、转型论等理论。固然，这些领导力理论有其一定的适用性，但是对于与西方迥异的中国社会，领导力的内涵及其效能的关系不具有普遍的适用性。中国的社会是费孝通先生在《乡土中国》（1948）所提出的"差序格局"[2]，中国企业的领导的重要认知与理念是儒家伦理转化而成的信任格局[3]，华人的企业组织是在差序格局下进行经营的企业。[4]这些研究有从中西方的差异性去解释的，但更多的是带着卑微的姿态去分析中国企业的领导力，这对儒家伦理治理的价值并非是真正合理的评价和审视。

从《论语》角度来看，对道德价值观的追求塑造了中国文化中独特的领导艺术。儒家君子型领导并不赞成官僚主义化的制度或外部控制的存在，而依靠个人道德品质的提升来实现，成为君子被认为是儒家领导思想的终极目标。在儒家的理想中，上位者与下位者之间存在着互惠的关系，这构成中国社会人际关系的基础。上位者对待下位者要慈爱，下位者对待上位者要尊敬。这种上下间具有道德责任的文化传统，是领导仁慈心的重要来源。简珊雅、张素玲等学者提出要从领导思想内容、领导素质、领导思想的影响机制等方面来挖掘孔子的管理思想。[5]确实，《论语》集中体现了孔子的领导力思想，其中许多篇章谈到为官之道，为当今企业干部提供了道德滋养和领导艺术方面的借鉴意义和重要的参考价值。

---

[1] NAHAVANDI A.The Art and Science of Leadership[M]. Upper Saddle River：Prentice Hall，2000.
[2] 中国社会的结构好像是一块石头丢在水面上所发生的一圈圈推出去的波纹。每个人都是他社会影响所推出去的圈子的中心，而跟圈子所推及的波纹发生联系。这个像蜘蛛网的网络，有一个中心，就是"自己"。见费孝通. 乡土中国 生育制度[M]. 北京：北京大学出版社，1998.
[3] 陈介玄，高承恕. 台湾企业运作的社会秩序：人情关系与法律[J]. 东海学报，1991（32）：219-232.
[4] 陈其南. 文化的轨迹[M]. 台北：允晨文化实业股份有限公司，1986.
[5] 简珊雅. 传统文化背景下本土化领导思想研究综述——以《论语》领导思想研究为例[J]. 兰州教育学院学报，2018，34（3）：71-72，75.

第一节　领导者的素养与领导力：以德服人，以信义服人

企业领导力的有效开发已经成为企业治理的重要议题。张素玲认为，儒家关于领导者修养问题，涉及权威合法性的问题。在确立统一的社会意识形态和统一的价值规范标准的基础上，孔子提倡以德服人、以信义服人。凌文栓等学者提出中国领导行为评价的 CPM 模式就假定中国人的领导行为除 Performance、Maintenance 的因素外，还具有独特的 C（Chacter and Moral）的因素。这个 C 的因素就是孔子所讲的领导的品德。很显然，领导具有较高的素养有利于提高企业的绩效。企业领导力表现为能激发员工的积极性和创造力，从价值引领、鼓舞士气、关怀激励及创新激发等多种角度发挥作用。有学者把领导力表现形式分为前瞻力、感召力、影响力、决断力、控制力。❶从过程看，领导力是领导者、追随者与情境三方相互作用而形成的❷，《论语》中关于领导力的内容，可以从领导素养、领导能力和领导效果等伦理内容上去挖掘其价值。从素养上看，有了良好的员工修养，才能有员工的良好行为，才能让员工先成为组织中最高效的人。从领导能力上看，要从恭、宽、信、敏、惠几个方面去培养。从领导力的效果上看，治理者要想使员工的治理卓有成效，就必须注重员工成长，从修身开始。总之，企业领导力的提升是与儒家核心价值观一致的，儒家核心价值观如图 7 所示。

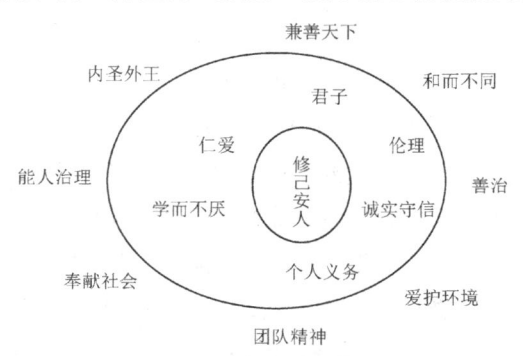

图 7　儒家核心价值观

---

❶ 中国科学院"科技领导力研究"课题组. 领导力五力模型研究[J]. 领导科学, 2006（9）：20-23.
❷ 休斯. 领导力：强化训练[C]//第五届麦格罗希尔股份有限公司研讨会会议论文集. 出版单位不详, 2006：22-26.

《论语》与现代企业治理

一、领导者的素养与人格魅力

（一）仁政的领导以"正"为示范

无论是国家治理、社会治理还是企业治理，孔子关于领导素养给我们的启发是，个人人格与美德的培养是社会的基石，在道德规范中"以身作则"美德是上位者治理国家最有效的方法。关于领导素养，《论语》中有相关的论述，例如，鲁国掌权大夫季康子就国家治理的问题向孔子请教，孔子的回答是："政者，正也。子帅以正，孰敢不正？"❶"其身正，不令而行；其身不正，虽令不从。"❷孔子这两段话都说明了领导以身作则的重要性。领导身先士卒，带头执行，其下属不敢不端正。身正民行，上感下化，才能施不言之教，对百姓带来潜移默化的影响。领导行为端正，下属会按他的意思去做；领导行为不端，即便三令五申，下属也不会服从。

（二）仁政的领导以"仁爱"为主轴

按人格特征看，"仁爱"是古代领导者最重要的内在修养与外部形象条件。人天生都具有仁爱之心，仁爱之心不断扩充，就会给相处者一个良好的环境。孔子说："与善人居，如入芝兰之室，久而不闻其香，即与之化矣；与不善人居，如入鲍鱼之肆，久而不闻其臭，亦与之化矣。"❸和品德高尚的人交往，就好像进入了散着芝兰花香气的房间，久而久之就闻不到香味了，这是因为自己和香味融为一体了；和品行低劣的人交往，就像进入了卖咸鱼的店铺，久而久之就闻不到咸鱼的臭味了。追随仁爱的领导，才会让自己有进步。在企业治理中，有了仁爱之心的领导，自然就成了精神领袖。

（三）仁政的领导以"德"为领导工作的归宿

司马光在《资治通鉴》中分析道："智伯之亡也，才胜于德也。"他说智氏家族会走向覆灭，因为其才干能力要比品德修养高得多。德才兼备是"圣人"。品德非常好，才智一般是"君子"。有才无德是"小人"。无才无德是"愚人"。最好的领导能让被领导者感恩，才会形成众望所归的趋势。正所谓良禽择木而栖，贤臣择主而事。《论语》对领导者个人的修为与应有的规范多有论述。

---

❶《论语·颜渊》。

❷《论语·子路》。

❸ 张涛. 孔子家语译注[M]. 北京：人民出版社，2017：72.

其中，对领导者皆以"士"或"君子"称之。依许倬云对春秋战国时期人物的分类，当时的领导者可分为公子集团、卿大夫集团及士集团。❶春秋末期，各方诸侯为壮大自己的实力，对于才能卓越的庶人，授予"士"的地位。"士"原本为封建时期贵族中最低的阶级，然春秋末期，封建制度解体，庶人开始有机会晋升为士。孔子认为，要成为领导者"士"之前，必先朝"君子"的目标迈进。孔子的一生可分为两个阶段。在第一阶段的大部分时间里，孔子与学生周游列国，向各国推行自己的政治理念。第二阶段，孔子回到故乡鲁国，从事教育工作，门人弟子多达 3000 人。孔子知道他的弟子日后皆有可能成为各诸侯所争取的人才，晋升为领导者，所以，孔子对于"士"与"君子"的要求非常高，孔子希望弟子们先朝着"君子"的目标迈进而后方能为"士"，也就是说成为领导者之前，必须先成为君子。这种领导观的基本看法与现代的领导理论不谋而合。

二、领导者的素养与富国利民

（一）仁政领导是学习型的领导

领导者是设计师，决定了公司的发展大局，因此领导者要善于学习。彼得·圣吉在其提出的"学习型组织"中谈道，新一代的领导者应该是设计师、仆人和教师三种角色。❷他们负责建立一种组织，能够让其他人不断增进了解事物的复杂性，厘清愿景，改善共同心智模式的能力。所谓的"设计师"是指企业领导人首要工作是发展愿景、价值观与最终目的或使命；而"仆人"是指企业领导人须长期忠于愿景，努力朝向企业目标迈进；"教师"的意思是企业领导人须指导员工充分了解公司愿景，同时教导他们如何达成。学习型的领导能知道学习的目的、进阶以及治理的目的。儒家的"修身齐家治国平天下""士不可以不弘毅"都表明了领导的使命感与责任感。

（二）仁政领导的目标是富国利民

作为领导者，其学习的目的是什么，孔子给了三个层次的答案："修己以敬""修己以安人""修己以安百姓"。❸第一层次是通过学习、修养自身来认真地对

---

❶ 许倬云. 西周史（增订本）[M]. 北京：生活·读书·新知三联书店，1994：126–158.
❷ 彼得·圣吉. 第五项修炼：学习型组织的艺术与实践[M]. 张成林，译. 北京：中信出版社，2009：334.
❸ 《论语·宪问》.

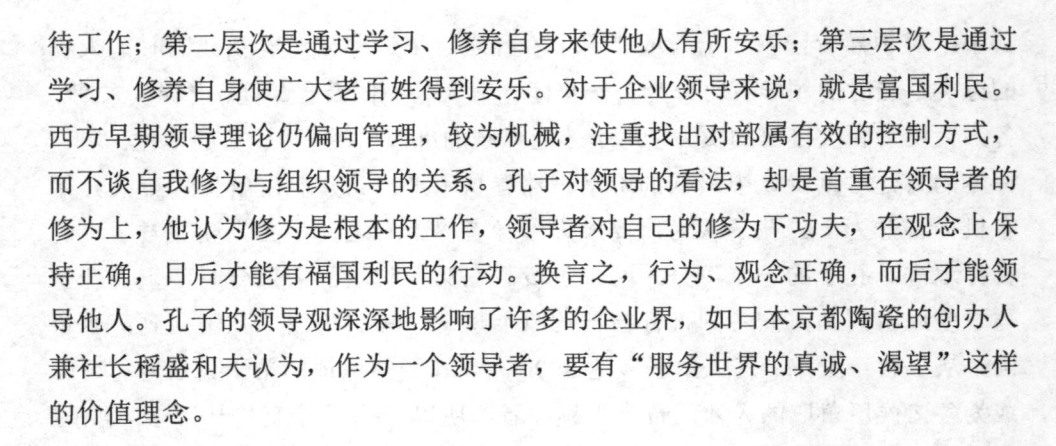

待工作；第二层次是通过学习、修养自身来使他人有所安乐；第三层次是通过学习、修养自身使广大老百姓得到安乐。对于企业领导来说，就是富国利民。西方早期领导理论仍偏向管理，较为机械，注重找出对部属有效的控制方式，而不谈自我修为与组织领导的关系。孔子对领导的看法，却是首重在领导者的修为上，他认为修为是根本的工作，领导者对自己的修为下功夫，在观念上保持正确，日后才能有福国利民的行动。换言之，行为、观念正确，而后才能领导他人。孔子的领导观深深地影响了许多的企业界，如日本京都陶瓷的创办人兼社长稻盛和夫认为，作为一个领导者，要有"服务世界的真诚、渴望"这样的价值理念。

三、领导者的素养与人力资源开发

（一）领导者要知人善任

胸襟与识才和用才有关。企业的成败止于人，在一个企业里，从股东、管理人员到员工都是人。子曰："君子周而不比，小人比而不周。"❶子曰："君子泰而不骄，小人骄而不泰。"❷这二则说明了，孔子认为领导者的心胸必须宽广，度量宽宏能包罗万象，谦虚不骄傲。松下幸之助说："路是无限的宽广。"也有人说："心有多宽，路就有多宽。"这种观念运用在领导者身上，管理者就能包容属下的错误，激励他们不要因为怕犯错而裹足不前，或少做少错影响整体组织的绩效。在现今创新导向的企业环境下，能包容部属的错误，鼓励尝试，才能有创新的行销方式或创新的产品。

（二）领导者要以德服人

"君子怀德，小人怀土；君子怀刑，小人怀惠"❸。"君子喻于义，小人喻于利"❹。"君子固穷，小人穷斯滥矣"❺。这三则为孔子基于君子与小人的分野来说明领导者心里应有的价值观。所谓"怀德"是指领导者的中心思想应以道德为首要衡量基准，不做违反道德、触犯法律的事。而一般人常因"土""惠"

---

❶《论语·为政》。
❷《论语·子路》。
❸《论语·里仁》。
❹《论语·里仁》。
❺《论语·卫灵公》。

即土地、财富，或他人的小惠而放弃了应坚持的道德理念。同样的观念，孔子更具体地以"义"与"利"来说明领导者应有的决策考量点，而对金钱、财富的诱惑，领导者心中衡量判断的那把尺，就是要自问是否合乎义理，然后再下决定。"近代日本资本主义之父"涩泽荣一将中国儒家精神与西方股份制糅合在一起，提出了日本现代企业制度。他写的《论语与算盘》一书证明了日本的商业伦理是中西结合的结果。❶松下幸之助、稻盛和夫等人的企业治理经验都建立在涩泽荣一的商业伦理基础之上。涩泽荣一强调企业必须将"义"与"利"结合，或称"义利合一论""道德与经济合一论"。企业如果将"义"与"利"分开，或将道德与经济分立，必定两败俱伤。届时，不仅经济不振，道德也必会蹈空。

（三）领导者都是时代的逆行者

孔子认为君子面对困境与挫折时尚能坚定信仰朝目标迈进，而小人则会屈服于环境，凡事只朝有利于自己的方向去做。企业面对环境与竞争对手，以及激烈的竞争，也会有挫折、困境与危机产生，然而企业领导人面对此一环境须坚定原有的信仰，燃起员工的热情，才能使企业安然渡过难关。领导者于危难之中逆流而行，用行动挑起企业的大梁，用行动展现时代的价值。

（四）领导者素养与处事能力

领导的内在素质不仅有先天心理的因素，更多地来自社会知识和经验锻炼。领导如何通过提升自我、完善自己提高自己的处事能力？子曰："君子有九思：视思明，听思聪，色思温，貌思恭，言思忠，事思敬，疑思问，忿思难，见得思义。"❷这是《论语》中孔子所说的领导者应具有的最基本的九大能力，从视听感官、面部表情、言谈举止等人的日常行为来规范君子学会做人、学会做事、学会超越自我。从这九大能力中可以看出君子需要学会的处世技巧和乐观积极的处世态度，以优雅应对世事繁杂。

1. 领导者思维力的要求是"视思明"

领导者的思维力在维度上表现为思维的深度、广度和效度，在内容上包括战略思维、创新思维、辩证思维、法治思维、底线思维等。领导者思维力的要求是"视思明"，指的是领导者的视野要宽广，能找到问题所在。"视思明"的要求包括：领导者要建立在对实际情况的了解上，不能单凭经验来做重大决策；

---

❶ 涩泽荣一.《论语》与算盘：商务圣经[M]. 北京：九州图书出版社，1994.

❷《论语·季氏》。

领导者要会过滤非决定性因素,找到决策依据的关键性因素;领导者站位要高,不追求蝇头小利;领导者观察事物的角度要多样,要透过现象看本质。

2. 领导者倾听力的要求是"听思聪"

不仅要学会倾听,学会纳谏,还要学会听以致用,听逆耳之言可以省思,听远方之言可以攻错。不论听到什么,最终要靠自己的智慧去判断,去取舍。

3. 领导者亲和力的要求是"色思温"

领导要有亲和力,易于群众接触。老师的亲和力能让学生"亲其师,信其道"❶,服务员的亲和力有利于招引顾客,能给企业带来效益。孔子对于领导者的自我要求是非常高的,这点与西方一般以管理、控制、权威为出发点的领导观截然不同。领导者以宽容与激励的方式对待部属,让他们能发挥所长,也是非常重要的。

4. 领导者影响力的要求是"貌思恭"

领导者气质高雅,彬彬有礼,文明大度,在场合上注重自身形象,在修养上注重个人品位提升,就会形成人与人之间相互尊重、领导者和下属和乐的良好氛围。

5. 领导者沟通力的要求是"言思忠"

孔子一直倡导"言必信,行必果"。❷领导者应是诚实守信的典范。言而有信是做人做事的根本。守住了信任就是守住了人品、人格和信用,进而守住事业。讲信用,就是以极其负责的态度对待别人,用极其严格的要求对待自己。真正守信者不轻易许诺。是否许诺以能否践约为唯一的衡量标准,所以一旦应允,必定要履行诺言。子曰:"君子易事而难说也;说之不以道,不说也;及其使人也,器之。小人难事而易说也;说之虽不以道,说也;及其使人也,求备焉。"❸孔子认为领导者不仅很容易与人共事,而且不会轻易接受不当途径的讨好与取悦。对于部属要非常宽容,要量才而用,尽量激励部属发挥长处。

6. 领导者工作力的要求是"事思敬"

企业生存要追求基业长存,领导者与员工要用心做事,关注最终结果,认真对待每一件工作。做事的态度是专心致志,做事要敬业。就如墨子所说的"知者必量其力所能而从事焉"❹。以此态度求学,真理可明;以此态度做事,则

---

❶《礼记·学记》。

❷《论语·子路》。

❸《论语·子路》。

❹《墨子·公孟》。

功业可就。领导者的执行力能抓住工作重点,解决工作难点,注重细节。

7. 领导者学习力的要求是"疑思问"

领导者要善于求问解疑。韩愈说:"人非生而知之者,孰能无惑?惑而不从师,其为惑也,终不解矣。"❶孔子说:"不耻下问。"❷企业治理遇到的难点痛点,在"疑思问"中可以找到解决方案。企业领导者要善于怀疑,敢于怀疑,特别是要怀疑传统,怀疑权威,怀疑规矩,怀疑定见。在寻找解决方案中推陈出新,不断有新创意。

8. 领导者情绪力的要求是"忿思难"

情绪力是指领导者发自本身的情绪能力对组织成员产生的影响❸,情绪也是领导者能否胜任的标准❹,情绪智力与领导效能存在显著的正相关关系❺。当满腔怒火即将爆发时,要思考一下情绪发作的后果。优秀的企业领导者不仅要监控自己的情绪,还要有监控他人情绪与情感的能力。

9. 领导者自制力的要求是"见得思义"

人生三不朽,曰立德、立功、立言。❻人生的最高标准不是以地位而是以道德来衡量的。面对唾手可得的利益时,领导者是否应该最先想起"义"字?义者,适不适宜,正不正当,合不合理之谓。适宜、正当、合理,得之可也。领导者的自制力在于能在得与失、利与义之间权衡得失。

总之,领导者本身的智慧要足够,才不致被表面、碎片化的信息误导,对人态度要谦虚温和、信守承诺,对事要有责任感,对种种利益要以义理衡量。

四、领导者的素养与生活方式

西方对企业家生活方式的解释有两种。第一种是清教禁欲主义,限制纵欲,反对无节制地享受人生。第二种是新教伦理的生活方式,不是苦修的禁欲主义,而是完成个人在现世的责任和义务。❼加尔文教徒认为,人们可以通过努力工

---

❶《师说》。

❷《论语·公冶长》。

❸ 彭坚,刘毅,路红,等.情绪领导力:概念、测量、发展与模型建构[J].心理科学进展,2014(11):1757-1769.

❹ 江启靖.领导者的情绪胜任力[J].企业管理,2009(12):89-91.

❺ 吴筱玫.企业领导者情绪智力与领导效能关系研究[D].开封:河南大学,2006.

❻《左传》。

❼ 马克斯·韦伯.新教伦理和资本主义精神[M].于晓,陈维刚,译.桂林:广西师范大学出版社,2007:59.

作，靠实实在在的善行获得上帝的恩宠。❶

（一）领导者的德行生活

子曰："君子道者三，我无能焉：仁者不忧；知者不惑；勇者不惧。"❷这可以说是孔子认为领导者自身修养的最高要求标准。子曰："士志于道，而耻恶衣恶食者，未足与议也！"❸子曰："士而怀居，不足以为士矣！"❹2019年7月1日，《新民晚报》在微信公众号最先发布消息，上市公司新城控股董事长王某因涉嫌猥亵9岁女童而被采取强制措施，受此消息影响，新城控股累计跌幅高达40%。❺企业领导者目无法纪背后折射的不负责任的无德生活，对资本市场和社会规则的"藐视"，必将给企业带来灾难性的影响。

（二）领导者朴实、不奢靡的生活

领导者的任务是谋求国家人民的福利，而不是志于改善自己的生活。领导者的德行生活方式所展示的人格魅力会直接影响身边的下属、企业的员工，其影响力不容小觑。如娃哈哈老总的简朴生活；又如四川企业家樊建川身价几十亿元，生活极其简朴，却耗巨资建立关于抗日战争、揭露侵华日军罪行、民俗、红色年代、抗震救灾等方面的29座博物馆，这些企业家的德行生活给企业带来了良性影响。而京东公司刘强东的奢侈生活，一堂昂贵的道德课不仅让本来蒸蒸日上的京东蒙上一道灰色，还让京东的股价创下了上市以来的新低。❻

（三）领导者回馈社会的生活方式

曾子曰："士，不可以不弘毅，任重而道远。仁以为己任，不亦重乎，死而后已，不亦远乎。"❼另外，曾子对于领导者也有很严格的要求与期许，他认为，领导者要具有"弘""毅"两种修养，所谓"弘"就是宏大、胸襟开阔、气度恢宏，所谓"毅"就是刚毅、有决断，而且要有强烈的使命感，以"仁"为最终目标，并且坚持到最后一刻。曾子的这种要求与孔子的"仁、知、勇"有异曲同工之妙，都是对领导者个人修养的最高境界的要求。

（四）领导者言行一致的生活方式

《论语》中有关领导才能的论述主要出现在"问政"中。其中最有名的一句

---

❶ 马克斯·韦伯. 新教伦理和资本主义精神[M]. 于晓, 陈维刚, 译. 桂林：广西师范大学出版社, 2007：82.
❷ 《论语·宪问》.
❸ 《论语·里仁》.
❹ 《论语·宪问》.
❺ 宋杰. 漩涡中的新城控股[J]. 中国经济周刊, 2019（13）：34-37.
❻ 杨琦琦. 刘强东在美国也"火"了 反思中企国际化的三个短板[J]. 中外管理, 2018（10）：62-63.
❼ 《论语·泰伯》.

就是季子问政于孔子。孔子对曰："政者，正也。子帅以正，孰敢不正？"❶ 这是我们中国人对"政"这个名称的解释。"政者，正也"中的"正"有两层含义。其一，领导者自身的品行要端正。其二，因为领导者的以身作则，所以人们也会跟着归向正直。《论语》中季康子第二次问政于孔子时，孔子打了一个很形象的比方："君子之德风，小人之德草。草上之风，必偃。"❷ "偃"就是伏倒的意思。这里的"君子"应该理解成领导者，而"小人"则是下属。这句话表明一名真正的领导者是通过自身的言行和道德来感化和折服人民的。孔子在《论语·子路》中也讲过："其身正，不令而行。其身不正，虽令不从。"孔子当年断定"像子路这种人，好像难以得到寿终"，就是根据子路喜欢恃力逞勇的性格特征做出的判断。子曰："禄之去公室五世矣，政逮于大夫四世矣，故夫三桓之子孙微矣。"❸ 企业要重视制度的严肃性。制度被破坏要及时弥补，不能让破坏制度带来的危害蔓延开来，更不能让它形成一种恶性循环。否则，再伟大的事业，也会最终走向败亡。

孔子的领导观如前面我们所探讨的，仍是以领导者本身的行为修养为出发点，来领导治理国家。他反对以杀止杀的领导方式，孔子坚持领导者本身能有好榜样，部属、百姓的风气自然就能跟着改善，这也是儒家领导理论中的所谓"正己而后正人"，以道德感化的方式领导人民。同时，孔子将这种关联以两种比喻来说明，一是风与草的关系，二是众星拱绕北极星所形成的群星关系。就企业管理的观点来看，领导者的行为模式与员工对领导者的认同感，是构成企业文化的两大重要因素。当领导者行为模式与领导风格广为员工接受，则形成的企业文化将变成企业竞争力的一部分，这种竞争力是企业的"隐形"资产。

第二节　领导者的才智与领导力：知者不惑

领导者的才智决定了企业的绩效和发展前景。子曰："知者不惑，仁者不忧，勇者不惧。"❹ 孔子说，聪明人不会迷惑，有仁德的人不会忧愁，勇敢的人不会畏惧。在儒家传统道德中，智、仁、勇是重要的三个范畴。《礼记·中庸》说：

---

❶《论语·颜渊》。
❷《论语·颜渊》。
❸《论语·季氏》。
❹《论语·子罕》。

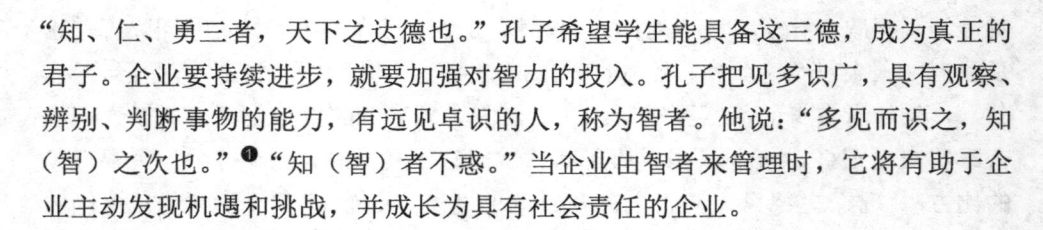

"知、仁、勇三者，天下之达德也。"孔子希望学生能具备这三德，成为真正的君子。企业要持续进步，就要加强对智力的投入。孔子把见多识广，具有观察、辨别、判断事物的能力，有远见卓识的人，称为智者。他说："多见而识之，知（智）之次也。"❶"知（智）者不惑。"当企业由智者来管理时，它将有助于企业主动发现机遇和挑战，并成长为具有社会责任的企业。

一、领导者的智政首先要决策科学

领导者的决策科学首先要选择正确的目标。樊迟问知。"务民之义，敬鬼神而远之，可谓知矣。"❷樊迟问怎样才叫智慧，孔子说，尽力做对人民适宜合理的事情，尊敬鬼神却疏远他们，这就可以叫智慧了。领导者的核心职责是做决策。能否做出正确的决策，是领导者"智政"的首要品质。领导者要运用民主决策、科学决策、依法决策等方法，优化决策绩效价值。此外，决策要谨慎，要有敬畏之心。祸福无门，唯人自招；天道无亲，唯德是辅。反之，"获罪于天，无所祷也"。

二、领导者的智政体现在"知人"善用，量才而用

孔子说君子"其使人也器之"，小人"其使人也求备焉"。❸君子用人能量才使用，小人用人则求全责备。选人的基本方法是"听其言观其行，视其所以，观其所由，察其所安"。❹"知人"的目的在于举贤才，"知人"善用"举尔所知"，提拔自己所了解的人。孔子说："举直错（措）诸枉，能使枉者直。"❺就是说，把正直能干的人重用起来，置于品行不端的人之上，可以使品行不端的人也变得好起来。为政者的智慧，在于知人善任，扶正祛邪。他认为，只有这样，民众才会信服，才会弘扬正气。

三、领导者的智政是懂得推行"仁"

"里仁为美，择不处仁，焉得知（智）？"❻就是说人的修养以处在"仁"

---

❶《论语·述而》。
❷《论语·雍也》。
❸《论语·子路》。
❹《论语·公冶长》。
❺《论语·为政》。
❻《论语·里仁》。

的境界为美，如果不懂得"仁"是人的精神安顿之所，怎么算得上有智慧呢？"仁者安仁，知（智）者利仁。"❶就是说只有达到"仁"的境界的人才能安于仁道，无论身处贫富之际，还是苦乐之间，都不可动摇；只有智慧的人才能看到仁道的好处，才会努力达到"仁"的标准并善于推行它。"好仁不好学，其弊也愚。"❷就是说喜爱仁德却不愿意学习，就容易被人愚弄，这说明获得智慧对于推行仁道的重要性。

四、领导者的智政是勇于认错

人皆有过，智政领导者善于纠正自己的过错。子贡曰："君子之过也，如日月之食焉。过也，人皆见之；更也，人皆仰之。"子贡认为，领导有过失如同日食、月食那么普遍。他的过错大家都看得见；当他改过时，大家都敬仰他。智政领导者听得进别人的意见，一旦发生错误，不会一错再错，无法收场。

第三节　美德与领导力：恭、宽、信、敏、惠

冯友兰、侯外庐等国学大师把"仁"视作孔子最高的道德标准，冯友兰认为，"仁"是可以和任何德行相结合的。❸"仁"是仁慈，是对他人的关怀、同情心、慈善、尊重、勤奋和爱心。在《论语》中，孔子指出了五种美德：恭、宽、信、敏、惠。这五种美德能使领导者向"仁"的境界进发，达到"恭则不侮，宽则得众，信则人任焉，敏则有功，惠则足以使人"❹。也就是说，具有这五种美德，保持庄重就不会遭受侮辱，宽厚就会得到众人的拥护，诚信就能得到别人的信任，勤敏就会提高工作效率，慈惠就能够使唤人。西方管理学理论关于领导者的品行与孔子所讲的"恭、宽、信、敏、惠"的含义是相通的。

一、"恭"与领导力

"恭"指的是礼仪礼貌的行为。《论语·季氏》中说，"貌思恭"，"事思敬"，把恭敬分为礼容和内心的情感两方面。

---

❶《论语·里仁》。
❷《论语·阳货》。
❸ 冯友兰. 中国哲学简史[M]. 天津：天津社会科学院出版社，2005.
❹《论语·阳货》。

（一）"恭"可以改善企业内部的人际关系

恭敬是尊人的一般要求，是人际交往的出发点。对待朋友要做到"貌似恭"，"居处恭"。同时，孔子还认为"恭"应以"礼"为准则，否则"恭而无礼则劳"。子曰："恭而无礼则劳；慎而无礼则葸；勇而无礼则乱；直而无礼则绞。君子笃于亲，则民兴于仁；故旧不遗，则民不偷。"❶孔子继续强调礼在领导上的重视性，孔子认为"恭、慎、勇、直"等良好的美德，如果不通过"礼"来做约束、控制，则就会变成"劳、葸、乱、绞"，即所谓的辛苦、无能、忙乱、过分等反效果。

（二）"恭"可以建立相互尊重的领导关系

"恭"是庄重的意思，领导者要面貌端庄郑重。"君子不重，则不威"说的就是君子要注重面貌的威仪。庄重才不会招人轻慢，所以孔子说："恭则不辱。""恭近于礼，远耻辱也。"就领导者而言，对人更加要恭敬，恭敬的程度要"近于礼"。如果恭敬却失礼，就会招致耻辱。所以恭敬人也要按照礼节，这才能够远离耻辱。对人的恭敬态度按照一定的礼度，过分的谦卑反而是一种耻辱。孔子谈制度与控制是在强调领导者个人修养与以德为领导手段之后。齐景公问政于孔子。孔子对曰："君君；臣臣；父父；子子。"公曰："善哉！信如君不君，臣不臣，父不父，子不子，虽有粟，吾得而食诸？"❷孔子告诉齐景公，领导者只有以身作则，才会有可以实施的制度规范。

二、"宽"与领导力

"宽"包含宽容、宽厚的意思。"宽容是一个人际关系方面的范畴，是德行主体在人际交往过程中对异己物（人与事、言与行等）的容忍和尊重。""宽"可以构建和谐的团队。

（一）儒家的宽容是管理者自厚薄责、勇于担当的态度

子曰："躬自厚而薄责于人，则远怨矣。"❸孔子认为，出现问题时不轻易去责备他人，就能远离怨恨。勇于担当的态度，有助于构建良好的人际关系。

（二）儒家的宽容是管理者推己及人的反省态度

"己所不欲，勿施于人"❹，告诉我们要站在别人的立场上，多从他人的角度去看待问题、思考问题，多为别人设身处地地着想，自己做不到的不要一味

---

❶《论语·泰伯》。
❷《论语·颜渊》。
❸《论语·卫灵公》。
❹《论语·卫灵公》。

地强加给别人，不能损害他人的利益和伤害他人的情感，要尽可能地顾及别人的感受、体谅别人的难处。

（三）儒家的宽容是管理者容人之错的改过态度

子曰："君子不重则不威，学则不固。主忠信，无友不如己者，过，则勿惮改。"❶孔子反对的是固执、偏执、不通透、不通达。学习多了，能改错就好了。在员工发生错误的时候，要容人改错，给员工一个改错的机会。同时还要帮助他们尽快地找出改过的应对措施，减少企业治理的不良影响。在领导团队的过程中，要以"宽容"态度处理人与人的关系，建立团队内部与其他团队成员之间和谐的人际氛围。

三、"信"与领导力

诚信是治国治企的重点。企业治理如带兵打仗。孔子认为，要获得成功，就要做到三点："足食""足兵""足信"❷。为了明白这三项哪项最为重要，弟子步步追问，迫不得已去掉一项应该怎么做。最后保留项目是"信"。可见，信任比粮草、兵力更为重要。治国如此，企业治理何尝不是如此？假定得不到别人的信任，什么事都办不成，无论大事小事都是如此。诚信能把领导者积极的心理能力与组织情境结合起来。

（一）诚信领导者要有高尚的道德人格

诚信领导者要让自己的人格、价值观、动机、情感及认知获得别人的信任，领导者的品质或行为能培养一批诚信的下属。诚信领导者能有强烈的自我意识和正确的价值判断。领导者的人格表现为尊重员工、尊重顾客、尊重创造、坚持忠信等基本要求，获得社会的信任，获得员工的信用，才能受到人们的信任。孔子的"己所不欲，勿施于人"就集中体现了对人格的高度尊重。诚信领导者能正确对待别人对自己的评价，听得进批评之语，有则改之，无则加勉，从批评中获取成长资源。

（二）诚信领导者建立透明的工作原则

诚信领导者追求透明的工作原则，沟通成本大大降低，合作者能清晰看到诚信领导者在做什么，为什么这样做，而不会产生误解。

---

❶《论语·学而》。

❷《论语·颜渊》。

（三）诚信领导者规范自己的行为

诚信领导者的行为方式与其本真一致。诚信领导者尊重原则，信守规则，坚持正义，遵守道德，内心坚守人类诚实本性，珍惜道德信誉，行动中坚守诚信道德底线。领导者言而有信，严格执行各项规章制度，就容易形成向心力，实现企业既定的目标。反之，企业领导者如果没有社会责任感，言行不一，就难以实现可持续成长。托马斯·马克的"7C"理论将企业诚信概括为以下 7 个方面的内容：承诺性（commitment）、行动性（conduct）、合意性（content）、关联性（context）、连贯性（consistency）、一致性（cohence）、持续性（continuity）。企业领导者要培育企业诚信文化，提高企业诚信水平。

四、"敏"与领导力

历代儒者对《论语》中"敏"的解释是在为学、言行、事功和仁德方面表现为迅疾，体现为向外谋求进取事功。❶

（一）"敏"是做事有创新能力

对"敏"更通泛的理解是才智、智慧，是人们将自己的思维通过一定的方式借助外在事物进行表现的独有的特性。创新能力表现在思想先行的勇气。2019 年华为专利申请量全球排名第一，共有 4411 件专利申请，投入研发费用达到 1317 亿元，为华为 5G 的领先地位奠定了基础。在前十大申请人榜单中，有 4 家中国企业，分别是华为、OPPO、京东方、平安。马云就说过，对企业来讲，成功的企业往往是由于情商很高，但是假定想立于不败之地，一定要有很强的智商。知识结构未必会帮你成功，但是会防止你失败。对员工来讲，找到一个好老板比一家好公司来得更加重要。综合来说，就是孔子所说的智、仁、勇的能力，就是做事的创新能力。

（二）"敏"是做事有效率

"敏"有做事迅疾的意思。"君子欲讷于言而敏于行。"❷"敏于行"强调行动能力，是理性的行动能力。"敏于行"强调的是抓住机遇。机遇是千载难逢的时间节点，是成败的构成要素。抢占先机就可以优先占有资源，从而获得竞争优势。"敏于行"强调速度快捷，行动果敢。正如孔子所说的："古者言之不出，

---

❶ 蔡杰.《论语》"敏德"诠释的汉宋学术差异[J]. 信阳师范学院学报（哲学社会科学版），2018（4）：21–26.

❷ 《论语·里仁》。

耻躬之不逮也。"❶"敏于行"强调的是知难但不妥协的精神。"敏于行"者敢于正视困难并克服困难，树立不与困难妥协并战胜困难的价值定力。

（三）"敏"是做事审慎

审慎做事是成功的保障。敏是审慎而行，为政或处理政事审慎，就会取得好的结果。所谓"知者不惑"❷，"仁者安仁，知者利仁"❸。审慎做事是要管控好风险。在追求发展速度与效益时也要审慎考虑风险防控，尽可能预防风险并制定相应的对策，将风险带来的损失降至最低。审慎做事是要学会反省。"见贤思齐焉，见不贤而内自省也。"❹当团队成员在团队工作中遇到不如意或矛盾时，要学会"自知自律"，反省自己。在团队互动过程中，当与团队其他成员的人际关系没有达到让自己满意的结果时，要从主观方面找原因，进行自我反省，考虑自己处世是否通达事理；关爱别人却没有得到别人相应的回应，就要反思自己的"亲任"及对人态度是否做得完善。

（四）"敏"是做事勤勉

领导者的勤勉是一种示范作用，好的榜样带来好的结果。"为政以德，譬如北辰，居其所而众星共之。"❺勤勉的人具有预见的能力，从长远的角度看待问题。"智者，见祸福远，其知利害蚤，物动而知其化，事兴而知其归，见始而知其终。"❻勤勉的人是自我德行实现的过程。"敏"是认识"仁""义""礼""信"的工具，是人类主动认识道德的前提。

五、"惠"与领导力

利能诱人，惠能使人。人是逐利的，但是孔子希望人不是自私的。"以惠使人"并不纯粹是物质利益，还有伟大的理想之类的精神利益。君子思考的是德行，小人思考的是利益。孔子坚持利义不分家，有义才有利。企业有道义才能获得利益。正所谓："君子喻于义，小人喻于利。"❼只有确立"先义后利"的正当利益观，才能解决当前企业治理中的不良问题。前些年发生的"三鹿毒奶粉事件""双汇事件""疫苗事件""基因编辑"等事件证明，这些企业没有守住

---

❶《论语·里仁》。
❷《论语·子罕》。
❸《论语·里仁》。
❹《论语·里仁》。
❺《论语·为政》。
❻《春秋繁露》。
❼《论语·里仁》。

应有的道德底线和履行应尽的社会责任,企业治理的"义"是缺失的。具体而言,可以从利益的来源、获取途径、利益的协调、利益获取的时间和分量来实现企业的良好治理。

(一)从利益的来源看,利生于义

孔子说:"政者,正也。子帅以正,孰敢不正?"[1]在企业治理中,企业所提供的产品和服务是正当的,是社会需要的,才能获得利益。孔子明确指出:"唯器与名,不可以假人,君之所司也。名以出信,信以守器,器以致礼,礼以行义,义以生利,利以平民,政之大节也。"[2]孔子"义以生利"的治理观,从道德中获取利益的思想,把道德作为利益的基础,是企业治理的一种新思路。"夫义者,利之足也。"[3]把利益当作纯粹的利益,看不到利益背后的国家民族大义,看不到人类和社会的进步,这样的利益是肤浅的,也是不可持续的。"要捐就捐一个亿,要喝就喝王老吉。"一次捐赠,让加多宝公司及"王老吉"一夜成名。2008年5月18日晚,在中央电视台《爱的奉献》大型赈灾晚会上,加多宝集团宣布向四川灾区捐款1亿元。加多宝公司的捐款行动,此后演变成了全国范围的王老吉消费热。[4]儒家思想所说的义利统一的思想在这里得到了很好的说明,尽了社会责任,获得社会的认可,所得到的社会回报远远超过预期。重义得利,弃义失誉失利。

(二)从利益的获取途径上看,取之有义

企业的利益来之于义,每一个利益的来源都与义有关。这就要求在企业获取利益的过程中,也要遵循这样的规则。所谓"见利思义,见危授命,久而不忘乎平生之言,亦可以为成人矣"。[5]孔子说:"君子有九思:视思明,听思聪,色思温,貌思恭,言思忠,事思敬,疑思问,忿思难,见得思义。"[6]在企业治理中,企业使命和企业价值,要有高尚的企业伦理价值。在商品和服务的交易过程,也要考虑获利的过程是否符合全社会公众的道德准则。企业获得利益后要履行更多企业的社会责任,从而获得更大的社会效益,回报社会。企业的"价值利润"才是企业赖以持久进步的根基所在,这种义利的正向循环会实现企业

---

[1] 《论语·颜渊》。

[2] 《左传·成公二年》。

[3] 《国语·晋语四》。

[4] 康清莲. 网络舆论传播中的中国传统文化心理——以王老吉、万科捐款个案为例[J]. 新闻爱好者, 2009(4):39–40.

[5] 《论语·宪问》。

[6] 《论语·季氏》。

真正的利益，为社会效益做出贡献。这才是企业的治理之道。

（三）从利益的协调看，以义制利

人的欲望是无穷的，利益驱动有时是难以控制的，《论语》倡导"以义制利"。荀子说："义与利者，人之所两有也。虽尧、舜不能去民之欲利，然而能使其欲利不克其好义也。虽桀、纣亦不能去民之好义，然而能使其好义不胜其欲利也。"❶一个是物质需要，另一个是精神追寻，"义"与"利"有融合的一面，也有矛盾的一面。但当"义"与"利"发生冲突时，就要考虑谁制约谁，谁战胜谁的问题。这时候，只有"以义制利"，使人人有向善的方向，才能使企业获得真正的利益。假定一个企业没有"义"的约束，一切向钱看，不择手段地牟取暴利，唯利是图、见利忘义、为富不仁、损人利己、坑蒙拐骗、伤天害理、非法致富，其结果必然是"放于利而行，多怨"❷，最后天怒人怨，自取灭亡。像轰动一时的南京冠生园事件，企业只顾一己私利，无视公众利益，用陈年馅料做新饼，一经曝光，名誉迅速扫地，最终这个具有80多年历史的老字号企业以倒闭收场。

（四）从利益获取的时间上看，先义后利

孟子说："苟为后义而先利，不夺不餍，未有仁而遗其亲者也，未有义而后其君者也。王亦曰仁义而已矣，何必曰利？"❸孟子所谓"王何必曰利"，并非真的不要利，而是在利益的价值序列中，保持"义"与"利"谁先谁后的关系，这种关系反映了统治者的荣辱和国家强弱。他说："先义而后利者荣，先利而后义者辱。"❹又说："国者，巨用之则大，小用之则小。"❺"巨用之者，先义而后利。""小用之者，先利而后义。"所谓"巨用之"，就是立足于大处，也就是"先义而后利"；所谓"小用之"，就是立足于小处，也就是"先利而后义"。做法上有差别，取得的治国效果就大不一样。

（五）从利益获取的分量上看，重义轻利

孔子的"先义后利"的思想运用于企业治理范围，有人把"义"比喻成一个勺子，把"利"比喻成大江大河中奔流不息的水，因此，我们只有用好"义"

---

❶《荀子·大略》。
❷《论语·里仁》。
❸《孟子·梁惠王上》。
❹《荀子·荣辱》。
❺《荀子·王霸》。

这个大"勺",才能舀起"利"之"水"。孔子指出:"君子义以为上。"❶孟子更进一步指出:"舍生取义。"在道义面前,生命都可以牺牲。从利益的轻重看,孔子主张"罕言利",儒家思想在权衡"义"与"利"的轻重时,都把"利"放在比较次要的地位。北京同仁堂是我国中药行业闻名遐迩的一家老字号,创建于清康熙八年(1669)。300多年来,其始终保持"以义为上,义利共生"的治理价值。2003年"非典"肆虐期间,不哄抬要价,保持平价供应,保质保量。这种以义为上的精神,为同仁堂赢得了商誉,是同仁堂300多年金字招牌得以延续的原因。在2020年新冠肺炎疫情防控期间,许多非口罩企业上马口罩生产线,都是以义为上精神的体现。试看那些高耗能、高污染的企业,那些制造假冒伪劣产品的企业,那些在食品中添加有毒有害物质的企业,它们虽然暂时获得了较大的利润,但是最终能存活下来吗?三鹿奶粉事件之后,其企业还能存活吗?双汇企业,还能得到百姓的认可吗?谁保持了重义轻利的标准,谁把公众的利益放在首位,谁就能获得好的评价和好的收益;谁把人民的利益当儿戏,谁终将被人民所抛弃。

时至今日,虽然孔子在其生活的时代所推崇"义"已经成为历史,但是随着社会的发展进步,"义"的博大精深在人们的个体行为和群体行为中都扮演着举足轻重的角色,而其价值所在也在持续引发我们对当今社会的思考。"是故君子先慎乎德,有德此有人,有人此有土,有土此有财,有财此有用。"❷其中所说的"人"和"土",拿到现在的企业中来说,可以将其形象地比喻为企业中的人才(员工)和企业面对的行业市场;再从团队出发具体地说,就是团队成员和企业领导力。这句话用有序的、整体性的语言阐释了德、人、土、利、用的关系,再次说明义和利之间的统一性。因为"德者本也,财者末也,外本内末,争民施夺,是故财聚则民散,财散则民聚"❸,"货悖而入者,亦悖而出"❹。这句话告诫我们,只有以得当的、合理的方式取得的财富或地位,才是可以守住的;如果取得的财富或地位以非正常的手段使用,或者用到非正常的地方上,即不能以合理的方式或路径用到合规的地方,就会一步步地失去人的感情、企业领导力甚至一切,最终的结果是财富散尽、地位不保。

---

❶《论语·阳货》。
❷《大学》。
❸《大学》。
❹《大学》。

"以义去恶""以义为先""以义导利"引导企业领导力的相关影响要素趋向有利正向的方面发展。

总之，将恭、宽、信、敏、惠等思想道德模式与企业领导力相结合，就能形成正面、积极的能量，从而推动企业领导力建设，促进企业发展。

第四节　领导力的效能："庶之""富之""教之"

随着企业发展到一定阶段和规模，企业治理模式的弊端就会影响领导力的发挥。影响企业领导力发挥效能的根本原因在于企业治理模式的缺陷。企业治理结构和领导力构建完全背弃伦理规范，脱离人的情感和信任关系，注定会限制企业领导力效能的发挥。儒家治理模式的领导力效能首先是安民，其次是富民，最后是教民以礼义的内容，也就是孔子所说的"庶之""富之""教之"。

一、领导力效能是安民

"庶之"的目的就是能让人来，能让人安心。其一，孔子的"庶之"的安民之道首先是重视亲人之爱。儒家倡导"孝弟也者，其为仁之本与！"❶就是要让员工感到企业如同一个家庭。企业员工无论职位之高低，其行为皆可以在"安"的遇见下实现"安己""安人"，努力工作实现自我，成就自我，安顿家庭，安养父母。仁慈型领导者确实能提升员工对领导者及组织的信任。领导者的仁慈形象与风格，可以得到员工的持续信任，也能达到安人的效果。其二，将安己之仁推之于他人。由孝悌而始，推己及人，知礼节，乐仁义，才会安心做事。其三，孔子倡导惠民方法，使民足食。"百姓足，君孰与不足？百姓不足，君孰与足？"❷其四，孔子的安民之道在于公平对待。孔子说："丘也闻：'有国有家者，不患寡而患不均，不患贫而患不安。盖均无贫，和无寡，安无倾。夫如是，故远人不服，则修文德以来之。既来之，则安之。'"❸孔子认为，人是否安心不在于财富多寡，而在于分配均否。在当代，企业安人之术不限于企业内部，而是要服务地方，让利于民，从"安人"走向"安百姓"。

---

❶《论语·学而》。
❷《论语·颜渊》。
❸《论语·季氏》。

二、领导力效能是富民

"富之"就是使为政对象富有。孔子说:"政之急者,莫大乎使民富且寿也。"❶理政要使治理对象富有且长寿。"富之"就是为政对象取财有道。儒家思想并不单纯地反对获利,而且把人民富有作为为政目标。"富而可求也,虽执鞭之士,吾亦为之;如不可求,则从吾所好。"❷人民追求财富并不是错,错在用不"义"的方法取得。"富之"就是为政对象通过内在修为的方式实现。Howell(1988)等认为领导者的职权之一便是控制着资源与信息,故领导者可以借由操控员工的期望(如薪资或升迁)以交换员工的顺从。这与孔子所说的"富民"是一致的。不过,孔子并不带有控制意识,更加强调的是自律的效果。"富之"就是为政者与为政对象推己及人的价值趋同。富民的目标与孔子强调"己欲立而立人,己欲达而达人"的主张也是一致的,自己想要有所作为,也要尽量让别人有所作为。对企业家而言,要实现企业持续稳定的发展,就需要以孔子的富民思想作为支撑,"惠则足以使人",企业员工在企业发展中分享了发展的成果,员工与企业构建成一个命运共同体,企业价值就能得以实现。

三、领导力效能是教民

"教之"就是以礼义教化为政对象。孔子说:"道之以政,齐之以刑,民免而无耻;道之以德,齐之以礼,有耻且格。"以礼义规范引导人民,才会达到内心拥护的效果。"不教而杀,谓之虐。""教之"就是提升治理的精神价值。孔子认为,"庶之""富之""教之"是为政的结果与功效。简而言之,"先富后教",就是从人的物质与精神需求阐述领导力的理想结果。这种结果也就是儒家所倡导的修身之后达到"齐家、治国、平天下"的理想。"教之"就是实现企业的信用。子曰:"人而无信,不知其可也。"❸孔子说:"人如果不讲信誉,那怎么可以呢?"在《论语》中,"信"有两层含义:一是受人信任,二是对人讲信用。从孔子的这句话中,我们可以充分看出他对"信"的重视。人生活在群体中,与人相处,受到别人的信任十分重要。《论语》中,子张请教孔子自己的主张如何才能被人接受,孔子对子张说:"言忠信,行笃敬,虽蛮貊之邦,行矣。言不

---

❶《孔子家语·贤君》。
❷《论语·述而》。
❸《论语·为政》。

忠信，行不笃敬，虽州里，行乎哉？"❶言语忠实诚信，行为笃厚恭敬，即便到了蛮荒落后的国家也能行得通。言语不忠实诚信，行为不笃厚恭敬，即使是在本乡本土，也未必可行。

总之，面对全球化激烈的竞争环境，以及技术快速变革的挑战，领导力是一个不容忽视的课题，可以从《论语》中找到企业领导力研究的支点，探讨在不断变迁的时代中，如何寻找出符合企业组织需求的领导方式，以发挥领导效能，提升组织绩效。儒家领导力与企业社会责任的概念类似，逻辑体系一致。领导的基础与起点在于领导者本身的修养，自我修炼成君子人格，而领导者修养的最高目标是能达到"仁、知、勇"的境界。领导者的手段是以德服人，以礼设规。领导者的最终目标，在于安人，在于近悦远来。而要达到最终的目标，须基于优秀的领导者提出愿景与策略方法。总而言之，根据儒家的思想理论，企业领导者需要从自身的修养做起，成为"至善"之人后，他就建立起了自己的信用，然后他的修养提升了，人人照此而行，企业就建立起了自己的信用。

---

❶《论语·卫灵公》。

第六章

《论语》与学习型组织建设

第一节 学习型组织创建的意义：学而时习之，不亦说乎

第二节 学习型组织跨层转化机制：可以兴，可以观，可以群，可以怨

第三节 学习型组织沟通的开放性：君子坦荡荡

第四节 学习型组织的变革意愿：尽人事以听天命

第五节 学习型组织的学习方式：德之能修，学之能讲，闻义能徙，不善能改

第六节 学习型组织的学习宗旨：文、行、忠、信

20世纪90年代以来，彼得·圣吉在《第五项修炼》中提出的"学习型组织"获得了广泛的关注。在知识经济时代，新知识更新的速度都在加快，知识成为企业创造财富的关键要素，成功的企业要能够不断学习，不断自我创造，成为"学习型组织"。早在2500年前，至圣先师孔子及其弟子的言论集《论语》，就已经蕴含了许多关于学习的思想，这对企业建立学习型组织大有裨益。《论语·学而》中记载，孔子说："学而时习之。"《礼记·月令》中说："鹰乃学习。"这是学习一词的来源。随着时代的发展，学习的内涵不断拓展。学习型组织的创建模式能够使组织不断因环境的变化而调整，从而顺利地实现组织目标。

第一节 学习型组织创建的意义：学而时习之，不亦说乎

在创建学习型组织过程中，要明确建设学习型组织的目的在于"行"。通过创建学习型组织来实现企业的发展目标。

一、学习型组织有助于促进企业员工突破个人能力上限

学习型组织可以创造员工真正向往的目标，培养员工系统性前瞻性的思考方式，通过不断学习实现自己的抱负。[1]学习型企业是促使企业中的每一个成员都努力学习，并不断完善自身的组织。企业组织要保持动员状态，就要具有开放的学习精神。

《论语》的第一篇《学而》，其开篇就是关于学习的圣人之言："子曰：学而时习之，不亦说乎？有朋自远方来，不亦乐乎？人不知，而不愠，不亦君子乎？"[2]这是《论语》中有关学习的规定。实际上，和学习精神相互伴随的，是一种自我批判精神和开放坦诚的态度，即对自己现状的不尽满意甚至对自己的否定，所以才会有曾子说的"吾日三省吾身"。员工的能力是员工具备的能够实施企业战略、打造所需组织能力的知识、技能和素质。应对知识经济时代的挑战，对于企业员工的认识应该有个新的定位（见图8）。未来多数的重复性的机械劳动将被技术化手段取代，产品中知识含量越来越大，企业员工通过学习、自主创

---

[1] 彼得·圣吉. 第五项修炼：学习型组织的艺术和实践[M]. 北京：中信出版社，2009.
[2] 《论语·学而》.

新，顺应时代发展趋势，不断地突破个人能力的限度，成为公司核心竞争力的关键要素。在"互联网+"时代，学习模式发生了很大的改变，翻转课堂、慕课等使得员工自我能力的提升有了很好的保障。

图 8　揭秘未来竞争的战略

二、学习型组织有助于使企业员工获得安全感

学习型组织让企业员工有成长的安全感。学习型组织能够保持企业员工的安全性，无论是物质财富还是精神财富。学习能力是建立安全感的基础。就如孔子所说的"学则不固"❶，好好学习，就不会特别固执，就具备了明辨是非的能力，这是人建立真正的自尊、自信，获得充分安全感的保证。学习型组织让员工与领导、员工与员工之间形成互惠的安全感。学习型组织有助于员工处理好自己和他人、自己和自己的关系。学习型组织的员工在深度理解与谅解中达成共识与共情，"员工—领导"以及"员工—员工"之间形成良性互动、互惠关系，组织内部关系和谐融洽。学习型组织让员工具有社会价值的安全感。如果企业缺乏学习能力，就很难找准自己在行业里的位置，变得盲目或者茫然，对待客户和员工的态度也会随之失去必要的谦虚谨慎；而且，不学习的企业组织，其内部成员之间除了工作联系，会逐渐失去其他重要的交往通道，日渐缺乏感情融合，因此也将逐渐发展成为没有凝聚力的团队。

三、学习型组织有助于组织的开放和知识更新

孔子强调"行有余力，则以学文"❷。一方面，外部学习提供的第三方视

---

❶《论语·学而》。

❷《论语·学而》。

角有助于企业更准确地进行自我认识、自我批判，从而清晰地了解自身在行业、在客户和市场环境中的位置，这是打造企业灵活性的前提之一；另一方面，外部学习更具专业性和仪式感，能够促进企业成员端正学习态度，并且通过这一过程能够促进内部沟通，这是保证企业稳定性的重要手段。也就是说，推动学习型组织的完善，不仅能帮助企业获得学习内容带来的知识和技能，还能加强企业的文化建设，即把学习作为一种文化仪式和文化网络来看待，其实施的程度如何，表明公司倡导了怎样的态度。从《论语》中我们可以了解到学习型组织如何建立。这是一个知识经济的时代，企业治理面临新的挑战和机遇，现代人的价值转型、终身教育、可持续发展战略、企业创新、员工培训和教育、人力资源开发等，无不需要通过"学习"这个过程来实现。

四、学习型组织有助于实现企业的战略目标

在学习的过程中，企业成员共同创造了企业愿景，明确了前进的方向。组织的愿景通过学习的方式深深嵌入每个员工心中，学习型组织能保证实现企业发展目标。在古代，《诗经》包含了天文地理、政治经济、祭祀典礼、战争徭役、定都建国、狩猎耕耘、采摘渔牧等社会生活面貌的内容，反映了当时的社会价值追求和理想目标。子曰："诵《诗》三百，授之以政，不达；使于四方，不能专对；虽多，亦奚以为？"❶学习《诗经》的内容，也就是熟悉了当时社会发展的战略定位。如果不能学以致用，说明这样的学习并没有什么意义。所以孔子非常强调学习的目的，这对学习型组织战略目标的制定是一大启示。

第二节 学习型组织跨层转化机制：
可以兴，可以观，可以群，可以怨

在企业治理中，组织内部形成系统有效的相互学习和转化机制，才能形成学习型组织。

一、学习首先是个人学习的经验过程

个人学习和组织学习是不同的。个人学习是通过教育、研究等方式来获取

---

❶《论语·子路》。

知识，进而转化成能力的过程。组织学习是由组织成员个体组成的有机体，组织学习首先有个人的学习，个人学习形成系统的整体就是组织学习。因此，个人学习是组织学习的必要和先决条件。

（一）个人学习是一个思考的过程

子曰："学而不思则罔，思而不学则殆。"❶不思考只学习或不学习只思考都不能理解其中的道理，难以明辨是非，无所收获。学习的要领是能够举一反三，明白其中的道理。也只有这样，才会进入"不固"的状态中。

（二）个人学习是一个向经典学习的过程

孔子推荐学习《诗经》，"诗，可以兴，可以观，可以群，可以怨。迩之事父，远之事君；多识于鸟兽草木之名。"❷学习《诗经》可以培养联想力和观察力，可以培养人际交往能力，可以批判社会不良现象，可以齐家、治国、平天下，还可以增长自然知识。

二、学习是一个自我修炼的过程

爱好仁、知、信、直、勇、刚等修养，只有加上爱好学习，才能长智慧。这样，爱好仁德就不会遭受愚弄，爱好智慧就不会放荡不羁，爱好诚实就不会受到伤害，爱好正直就不会尖酸刻薄，爱好勇敢就不会惹是生非，爱好刚强就不会胆大妄为。"好仁不好学，其蔽也愚；好知不好学，其蔽也荡；好信不好学，其蔽也贼；好直不好学，其蔽也绞；好勇不好学，其蔽也乱；好刚不好学，其蔽也狂。"❸自我修炼使人树立远大理想，不断提升自我。这种修炼是螺旋式不断攀升的过程，不受时空的限制。自我修炼促成的生命自觉使自我的发展具有主动性。

三、个人学习与组织学习相互转化的形式

孔子认为，"诗可以群"，也就是人们通过"诗"互相切磋，从而增进人与人之间的交流，从而实现个人学习与组织学习的相互转化。Simon 认为，个人学习要影响组织的话，个人知识就必须向团队和组织传播。❹ Kolb 认为组织学

---

❶《论语·为政》。

❷《论语·阳货》。

❸《论语·阳货》。

❹ H Simon. The Architecture of Complexity[M]. Cambridge：MIT Press，1979：467–482.

习是通过个人学习并进行概念转化的过程。[1]

个人是最小的组织学习单位，个人、团队与组织的三个层面学习之间的互动和转化是如何发生的呢？孔子认为，"以文会友"是个体与团体学习转化的方式，学习的内容不仅包括"诗"，还包括"书""礼""乐"。学者们侧重于从转化的方法进行研究。克罗斯（Crossan）认为，组织学习包含直觉（intuiting）、解释（interpreting）、整合（integrating）和制度化（institutionalization）四个过程，它们连接着三个层面。默拉里（Murray）认为这三个层面中，团队学习处于中心位置。陈国权等研究了相关的转化案例与机制，提出了个体学习是组织学习的基础，组织学习依赖于个体学习的推动；团队学习则是涉及组织中学习个体群体互动，是团队成员通过各自信息、知识的交互，依靠团队动力学机制形成群体共识的过程。[2]陈国权提出的转化机制是：人际交流、编码化和组织流程化。人际交流是人与人之间的沟通、对话过程。编码化是指将知识和经验编码一并存储于组织知识库中。流程化是指产生于某一层面的知识和经验通过深植于组织的日常运行、常规活动或规章制度中而成为约束各层面行为的力量。潘培培等人从知识传播的方式出发分析转化的媒介。他们把传播方式分为正式和非正式两种。非正式知识传播指的是成员间的沟通交流，正式知识传播是报告会、工作轮换、在职培训等显性知识。[3]与西方学者观点相比，孔子的学习转化侧重于内容，也就是说"诗""书""礼""乐"均是表现孔子的治理理念的内容。

第三节　学习型组织沟通的开放性：君子坦荡荡

一、沟通开放性内涵

西方学者对学习型组织沟通开放性的研究主要从组织内外部成员沟通的不受阻碍程度去分析沟通的意义。首先，沟通开放性体现的是渠道的开放性。

---

[1] D A Kolb. Management and the Learning Process[J]. California Management Review. 1996, Vol.18（3）：21.

[2] 陈国权，孙锐，赵慧群. 个人、团队与组织的跨层级学习转化机制模型与案例研究[J]. 管理工程学报，2013（2）：23–31.

[3] 潘培培，吴价宝，贺永正. 基于协同机制的个人、团队与组织的跨纵向边界学习转化机制研究[J]. 中国管理科学，2015（1）：310–315.

波威（Bavelas）和巴雷特（Barrett）首次将沟通开放性定义为组织沟通渠道的函数，重视渠道的作用。[1]其次，沟通开放性体现的是内容的开放性。《论语》经常出现的是"生问师听并解释"的场景，孔子的倾听是为更好地推行自己的治国理念。雷丁（Redding）（1972）将沟通开放性描述为管理者给予下属表达意志的自由[2]，体现的是沟通的自由性。罗格斯（Rogers）认为沟通开放性是指倾听、诚实、坦白、信任、支持等概念[3]，他表达的是沟通的内容。最后，沟通开放性体现的是认同的开放性。孔子曾经对他的学生讲："二三子以我为隐乎？吾无隐乎尔！吾无行而不与二三子者，是丘也。"孔子生平重大事务的决策均有学生参与，他不对弟子隐藏什么，这样他与弟子的沟通就比较有成效。艾约克（Ayoko）提出，沟通开放性是指组织内外成员轻松自由地交流以避免矛盾冲突的状态。[4]张正堂等人的研究表明，组织沟通的开放性对员工互动沟通的便捷度、轻松度和深度与行为具有重要影响。[5]严文华的研究指出，组织内部的有效沟通能够彰显对员工价值的认可，能够提高组织的绩效和满意度。[6]根据上述沟通开放性的内涵，本节结合《论语》沟通的方式，分析组织开放性沟通的表现形式。

二、沟通的便捷度

组织内部成员之间的便捷沟通，有助于形成组织共同的价值目标，从而促使成员积极参与组织学习活动。组织内部成员的不安全感被认为是一种压力源，一是员工对组织的归属感，二是员工对工作的控制感和对工作前景的预估。[7]组织通过便捷沟通的方式，提高组织成员的认同感和忠诚度。《论语》中没有直接说明沟通的方式，但子张学干禄时，孔子对他所说的"多闻阙疑，慎言其

---

[1] Bavelas A, Barrett D, American Management Association. An Experimental Approach to Organizational Communication. Publications（Massachusetts Institute of Technology. Dept. of Economics and Social Science）[J]. Industrial Relations. American Management Association，1951.

[2] C R W. Communication within the Organization: an Interpretive Review of Theory and Research[M]. New York: Industrial Communication Council，1972.

[3] Rogers D P.The Development of a Measure of Perceived Communication Openness[J]. Journal of Business Communication，1987（24）：53–61.

[4] Ayoko O B. Communication Openness，Conflict Events and Reactions to Conflict in Culturally Diverse Workgroups[J]. Cross Cultural Management: An International Journal，2007，14（2）：105–124.

[5] 张正堂,刘宁,丁明智. 领导非权变惩罚行为对员工组织认同影响的实证研究[J]. 管理世界,2018(1): 127–138，192.

[6] 严文华.20 世纪 80 年代以来国外组织沟通研究评价[J]. 外国经济与管理，2001（2）：15–20.

[7] 王永跃,段锦云. 政治技能如何影响员工建言：关系及绩效的作用[J]. 管理世界,2015（3）：102–112.

余"[1]这句话中含有要注意倾听他人意见的意思。而那句著名的"三人行，必有我师焉"[2]，更是具有这样的意思，因为能够以他人为师，善于倾听别人的建议是不可或缺的。这说明了在沟通中要随时接收反馈信息。"孔子于乡党，恂恂如也，似不能言者。其在宗庙、朝廷，便便言，唯谨尔。"[3]"朝，与下大夫言，侃侃如也；与上大夫言，訚訚如也。君在，踧踖如也，与与如也。"[4]善于在不同场合采取不同的沟通方式也会使得沟通更加便捷，获得信息与反馈信息的效果更加突出。

三、沟通的轻松度

"知之为知之，不知为不知，是知也。"[5]组织沟通是学习时需要有诚信态度，这样的沟通方式才轻松。沟通时，知道的你就说知道，不知道的你就说不知道，而不能不懂装懂、糊弄人，要有承认自己不知道的诚实勇气和客观精神，即便犯错误了也要诚实说出所知所为。研究学问、技术更是来不得半点马虎，更不能弄虚作假。"是知也"，意思就是说这样才能勇于客观面对现实，承认自己的错误、缺点、不足，勇气可嘉，才有不断上进的底质和面对现状的态度以及解决问题的本心，坦然有为，从容处理，这样是对自己有益的，是有智慧的表现！"是知也"，这个"知也"，也是"智也"的意思，就是智慧。

四、沟通的深入度

组织沟通是通过学习来提高的。子曰："学而时习之，不亦说乎？有朋自远方来，不亦乐乎？人不知而不愠，不亦君子乎？"[6]开篇便讲"学而时习之"，其中，"习"就是实习践行的意思，"时"就是适时的意思，是说我们学过的知识要适时地运用于实际当中。《论语·公冶长篇第五》中说："子路有闻，未之能行，惟恐有闻。"子路所担心的，就是怕实践跟不上学习的进度。《论语·宪问篇第十四》中讲道："君子耻其言而过其行。"言过其行，实际上就是因为没有处理好实践与学习的关系。学习是学与行相结合的过程，学习而不实践，是

---

[1]《论语·为政》。
[2]《论语·述而》。
[3]《论语·乡党》。
[4]《论语·乡党》。
[5]《论语·为政》。
[6]《论语·学而》。

没有任何意义的。这就好像一个人知道做人要诚实而老是去撒谎骗人一样。另外，学习本身也是一个实践过程。

五、沟通的长久度

组织沟通是一个长久的学习过程。在《论语·为政篇第二》中孔子概述了他一生坚持学习，不断进步的过程："吾十有五而志于学，三十而立，四十而不惑，五十而知天命，六十而耳顺，七十而从心所欲，不逾矩。"意思是说学习不是一蹴而就的，而是需要一个坚持努力的过程。《论语·泰伯篇第八》中孔子说了这样一句话："学如不及，犹恐失之。"意思是说不断地学习，好像永远达不到，又害怕丢掉自己已经学得的。其实，学习一方面要"知新"；另一方面，"温故"也很重要，正如《论语·子张篇第十九》中子夏所说的："日知其所亡，月无忘其所能，可谓好学也已矣。"除此之外，学习要与实践相结合，须有坚定的信心，所谓"朝闻道，夕死可矣"❶说的正是一种坚定性。另外学习本身也是一个实践的过程，重在"温故"和"知新"的坚持不懈。

第四节 学习型组织的变革意愿：尽人事以听天命

学习型组织的所有组织成员都积极参与问题的解决，也就具有了变革的意愿和能力。在学习型组织中，组织成员通过学习参与组织的知识管理，并由此做出决策。1993年，美国学者Armenakis等人在《形成组织变革的意愿》中把变革意愿归结为组织成员的信念、态度与想法。❷而学习型组织更容易达成信念一致，更加有利于变革的成功。中国台湾学者吴鸿钦通过实证研究指出，变革意愿是组织成员积极接受改变的信念，进而配合组织自愿参与变革的行为。❸学习型组织的变革意愿体现在愿景认同度、利益同向度、学习诚恳度和变革认同度上。

---

❶《论语·里仁》。

❷ Achilles A. Armenakis, Stanley G. Harris, Kevin W. Mossholder. Creating Readiness for Organizational Change[J]. Human Relations，1993，6（46）：681-703.

❸ 吴鸿钦. 组织动能对组织成员变革意愿之影响研究[D]. 台中：朝阳科技大学，2002.

一、愿景认同度

学习型组织通过开放沟通，让组织成员了解组织愿景，提高其对组织愿景的认同度。愿景的道德最高境界是思想和言行的融合。认同的达成不是一朝一夕就能完成的，这与人的道德修养过程是一致的，有一个循序渐进的过程。子曰："吾十有五而志于学，三十而立，四十而不惑，五十而知天命，六十而耳顺，七十而从心所欲，不逾矩。"❶ 愿景的认同更像是"知天命"的过程。企业的愿景有国家愿景的外在的"命"，有企业发展的内在的"命"。企业的愿景应顺应国家的命运、时代的趋势。跟着时代的趋势走，或者引领时代的趋势，这也是知命。企业身处某个时代、某个国家中，所以企业的命运会随着时代的命运跌宕起伏。企业愿景对内就是自己对企业发展的趋势的认知和理解。这个"命"包括员工对企业未来的信心和希望，在企业遇到困境时所表现出的淡定和从容。对愿景的认同，就是让员工树立战胜困难的信心，在各种"黑天鹅""灰犀牛"来临的时候，不至于惊慌失措，乱了手脚。企业发展的顺与逆既对立又统一，只是企业发展的不同阶段而已。认同趋势，认同发展，"尽人事以听天命"❷才能让企业立于不败之地。

二、利益同向度

在组织学习的过程中让员工感受到自身利益与企业利益的一致性，认识到组织变革对组织发展是有益的，广大组织成员根本利益是不冲突的，才能使企业与员工形成利益共同体。组织学习是企业获取知识、信息共享的重要途径，是企业创新的来源。企业创新又受经济、法律、伦理因素的影响，在学习中要让企业员工认识到企业社会责任与企业利益的一致性，企业发展与企业员工利益的一致性。孔子认为，追求物质利益必须在"义""道"的指导下才能进行。如果不能取之有道，这样的利益不要也罢。孔子说："如不可求，从吾所好。"❸如果富贵不合于道，我们就按自己的爱好去做。

三、学习诚恳度

树立终身学习理念，改变员工的学习态度。最好的学习态度是乐于学习，

---

❶《论语·为政》。
❷《镜花缘》。
❸《论语·述而》。

为了"知"而学则不是最好的学习状态。子曰："默而识之，学而不厌，诲人不倦，何有于我哉？"❶子曰："知之者不如好之者，好之者不如乐之者。"❷孔子非常重视学习兴趣的培养，甚至为自己好学而自豪不已。比如，孔子在《论语·公冶长篇第五》中说："十室之邑，必有忠信如丘者焉，不如丘之好学也。"《论语·述而篇第七》中有一个故事，叶公向子路打探孔子的学习情况。子路没有回答。孔子就对子路说："女奚不曰：其为人也，发愤忘食，乐以忘忧，不知老之将至云尔。"孔子自夸说，我学到痴迷，忘了吃饭，忘了烦忧，忘了衰老的到来，可谓"乐之者"了。他还多次称赞颜回好学的品质，如在《论语·雍也篇第六》中，他对哀公说："有颜回者好学，不迁怒，不贰过，不幸短命死矣，今也则亡，未闻好学者也。"在《论语·先进篇第十一》中，他对季康子说："有颜回者好学，不幸短命死也，今也则亡。" 在孔子看来，颜回的好学是其最重要的品质，是可贵之处。我们在学习过程中也要培养好学的品质，利用兴趣或其他手段从厌恶转为喜好，也许知识的获取就不是大伤脑筋的事情，而变成了快乐的事情。致用，就是学以致用，是说学习的知识要运用于实践之中，要达到修己安人这样一个目的。兴趣和功利性是学习的两个重要动力，因而运用这两个动力使自己能够勤奋好学，学以致用，我们的学习便会更有乐趣，更有意义和价值。学习是一个长期的修炼的过程，没有年龄的限制。在学习中，我们要养成良好的学习习惯和学习态度，那就是"默而识之，学而不厌"❸。学习是一个不断积累的过程，做学问要平心静气，默默去领会，永远不能满足。

四、变革认同度

学习型组织中的员工通过组织学习、信息经验分享和应用等方法，深度介入变革方案的制订、修改过程，可以消除对变革的恐惧感，提高自身的"变革认可度"。子曰："敏而好学，不耻下问，是以谓之文也。"❹《论语·述而篇第七》中孔子说："三人行，必有我师焉。择其善者而从之，其不善者而改之。"我们每个个体都处于一定的群体当中，经验分享信息传递，可以相互借鉴。选取优秀典型来学习，看出弊端缺陷便反省改正，所谓"见贤思齐"❺"益者

---

❶《论语·述而》。
❷《论语·雍也》。
❸《论语·述而》。
❹《论语·公冶长》。
❺《论语·里仁》。

三友"❶都是这个道理。需要指出的是,向"他人学习"的这个"他人"既指我们身边的人,也指前辈先哲,同时我们自己所经历的事情也是我们吸取经验总结不足的极好资源。认同变革,就会达到孔子说的"不怨天,不尤人"❷的效果。怨天尤人是企业管理中常常遇见的问题,通过组织学习,让员工认同组织变革,就是实现了"仁者不忧,知者不惑,勇者不惧"❸。

第五节 学习型组织的学习方式:德之能修,学之能讲,闻义能徙,不善能改

1958 年,March 和 Simon 首次提出组织学习概念,学者们对组织学习的方式做了进一步探索。从学习的类型上看,组织学习可以分为知识获取、信息分配、信息诠释与组织记忆四个部分;❹从学习的功能上看,组织学习可以分为学习的承诺(commitment to learning)、分享愿景(shared vision)和开放心智(open-mindedness);❺从时间上看,组织学习过程分为知识获取、知识分享、知识应用三个阶段。❻本书认为组织学习是知识获取、分享和应用而开展的学习改进过程。

一、组织学习是知识获取的过程

学习是互相联系的,学习经典能快速进步。

"温故而知新"❼,"故",不是旧知识,而是诸如"四书""五经"这样的经典著作。通过学习前人的经典著作,可以从中体会出新的知识来。学习是一个思考过程,我们需要了解内容背后的基本原理。子曰:"学而不思则罔,思而

---

❶ 《论语·季氏》。

❷ 《论语·宪问》。

❸ 《论语·宪问》。

❹ Huber G P. Organizational Learning: The Contributing Processes and the Literatures[J]. Organization Science, 1991, 1(2): 88–115.

❺ Sinkula J M, Baker W E, Noordewier T. A Framework for Market-based Organizational Learning: Linking Values, Knowledge, and Behavior[J]. Journal of the Academy of Marketing Science, 1997, 25(4): 305–318.

❻ Nevis E C, Dibella A J, Gould J M. Understanding Organizations as Learning Systems[J]. Sloan Management Review, 1995, 36(2): 73–85.

❼ 《论语·为政》。

不学则殆。"❶在思考的过程中可以洞悉万事万物的基本规律,突破知识的局限,获得真正的认知。获取知识的方法还有思考。孔子于求学、敬事都强调"敏则有功"❷。如《论语·学而》篇中的"敏于事而慎于言"及《论语·公冶长》中的"敏而好学,不耻下问"。孔子说:"我非生而知之者,好古,敏以求之者也。"❸"君子欲讷于言而敏于行。"❹"敏"是学习的思考能力,是学习的效率。"敏于事""敏于行",是说做事行动要反应迅捷;"敏而好学""敏以求之",是说求知治学要勤于思考。

二、组织学习是知识分享的过程

《论语》中对于知识分享的论述表现在君子学习与工匠制器类比这段论述上。"子夏曰:百工居肆以成其事,君子学以致其道。"❺百工在作坊里埋头苦干制成自己的器具,君子通过知识分享践行仁道。所以子夏强调"博学而笃志,切问而近思"。❻像百工一样有坚定的志向,广博地学习,带着问题去思考,就知道"道"在哪里,如何去实现"道"。知识分享的过程也是修德的过程,是提升功力成圣成贤的最好的方法。子曰:"德之不修,学之不讲,闻义不能徙,不善不能改,是吾忧也。"❼孔子第一个担心是德之不修,这是学习的目的,目的不明确,方向出错,这是学习的大忌。孔子第二个担心是不分享知识。修德就要把知识分享出去,启发自己,也启发大众,教导大家共同来明明德。孔子第三个担心是不能落实教义。"闻义不能徙"❽,听到了知识分享的教义,之后要去落实,否则等于是听而不闻。学习了知识成果要内化为自己的价值观。孔子第四个担忧是不善不能改。"人非圣贤,孰能无过"❾,有错不可怕,怕的是知错不改。孔子说:"主忠信,无友不如己者。过则勿惮改。"❿"过而不改,是

---

❶《论语·为政》。
❷《论语·尧曰》。
❸《论语·述而》。
❹《论语·里仁》。
❺《论语·子张》。
❻《论语·子张》。
❼《论语·述而》。
❽《论语·述而》。
❾《左传·宣公二年》。
❿《论语·子罕》。

谓过矣。"❶人通过反省自我，改过自新还是能获得他人的尊重和认可的。孔子认为改过自省分为两步，"见贤思齐焉，见不贤而内自省也"。❷通过找差距，找过错，缩短与圣贤的距离，走在正道上，还有什么可以担忧的呢？

三、组织学习是知识应用的过程

（一）知识应用的致用条件

子贡曰："有美玉于斯，韫椟而藏诸？求善贾而沽诸？"子曰："沽之哉！沽之哉！我待贾者也。"❸这里的美玉就是学有成就的人，经过学习才能成为美玉般的人才，能把国家治理得完善美好。至于孔子说的"求善贾"和"待贾"是认为要等待最好的致用条件。

（二）知识应用的情操陶冶

孔子十分重视音乐对陶冶情操的作用，他说："兴于《诗》，立于礼，成于乐。"❹《诗经》催人奋进，礼义教人立足，音乐陶冶情操。这是把音乐当成自我修养、培养情操的一种途径。"子之武城，闻弦歌之声。夫子莞尔而笑，曰：'割鸡焉用牛刀？'子游对曰：'昔者偃也闻诸夫子曰：君子学道则爱人，小人学道则易使也。'子曰：'二三子！偃之言是也。前言戏之耳。'"❺孔子优秀的学生子游20多岁担任武城宰，他以孔子的礼乐为教。当孔子来到武城时，他听到满城都是弦歌之声，就十分欣赏其弟子的做法。虽然礼乐之教是陶冶情操，但是也是治理的表现。"名不正，则言不顺；言不顺，则事不成；事不成，则礼乐不兴；礼乐不兴，则刑罚不中；刑罚不中，则民无所措手足。"❻当治理不佳时，就会出现一系列的不和谐，如名分不正、言语不顺、事情不成、礼乐不通、刑罚失当，百姓不安。

（三）知识运用的真理追求

"人能弘道，非道弘人。"❼人是求道的学习者，人掌握了真理之后，要向社会弘扬这样的"道"。

---

❶《论语·卫灵公》。
❷《论语·里仁》。
❸《论语·子罕》。
❹《论语·泰伯》。
❺《论语·阳货》。
❻《论语·子路》。
❼《论语·卫灵公》。

（四）知识应用的才能增长

子曰："《诗》，可以兴，可以观，可以群，可以怨。迩之事父，远之事君；多识于鸟兽草木之名。"❶意思是：学习《诗经》可以陶冶情操，参悟宇宙人生智慧，与人和睦相处，合理疏泄情感。以学习《诗经》为例，通过学习就可以增长自己的才能，包括语言能力、交际能力、沟通能力等。所以孔子强调说："诵《诗》三百，授之以政，不达；使于四方，不能专对。虽多，亦奚以为？"❷

第六节　学习型组织的学习宗旨：文、行、忠、信

学习型组织或系统是一个扁平的、持续发展的组织。学习型企业以增强企业的学习力为核心，提升组织成员的学习技能和素质素养。《论语》中关于学习的宗旨主要有四个方面的要点，分别是文化素养、思想修为、忠实诚信、信守约定，也就是"文，行，忠，信"❸。

这四项内容是有很重要的现实意义的。同时，孔子还认为他自己的"多学"是相对的，在这一基础之上，他用一个观点来贯穿始终，这一观点就是学习要抓住根本。只有抓住了学习的本质，才能在学习的内容上有所取舍，这就是学习内容最本质的部分。企业能否在市场竞争中清楚自己在所处行业中的位置是十分重要的，了解一个行业的竞争的根本就是既要从宏观上把握行业的竞争格局，又要从微观上观察竞争对手的特点，其中也有"一以贯之"❹的学习内容，即问题的本质。

一、博学于文

在《论语》中，"文"的意思有多种解释。按照杨伯峻先生的总结，《论语》中"文"出现了24次，分别出现在6种语境当中。❺与博学于文更加接近的意思有4种：（1）文献知识；（2）文采；（3）言辞；（4）文饰。如当子贡问孔子

---

❶《论语·阳货》。
❷《论语·子路》。
❸《论语·述而》。
❹《论语·里仁》。
❺ 杨伯峻. 论语译注[M]. 北京：中华书局，2009：222–223.

何以得"文"的谥号时，孔子回答说，"敏而好学，不耻下问，是以谓之'文'也"❶。就今天而言，孔子所说的"文"更加接近文化修养。我们可以从不学文与学文的差异来分析博学于文的好处。"好仁不好学，其蔽也愚；好知不好学，其蔽也荡；好信不好学，其蔽也贼；好直不好学，其蔽也绞；好勇不好学，其蔽也乱；好刚不好学，其蔽也狂。"❷即不同性格的人不学文的弊端有受人愚弄、行为放荡、危害亲人、言语尖刻、犯上作乱、狂妄自大。从"文"与"质"的关系看，"质胜文则野，文胜质则史。文质彬彬，然后君子"❸。人的天性与教养相匹配才能成为君子。

二、知行合一

《论语》中关于知行合一的论述有很多。第一，知行合一要合乎行道的目的性。人之所以为人是因为"人能弘道"❹，"知行合一"是为了恰当地行"道"。第二，知行合一要态度端正，表里如一。《卫灵公》篇"子张问行"时，孔子回答："言忠信，行笃敬。"忠信与笃敬就是态度问题。身心合一去求仁，"我欲仁，斯仁至矣"❺。身心合一去祭祀，坚持"祭如在，祭神如神在"，"吾不与祭，如不祭"❻。第三，知行合一的关键是自律。他强调"为仁由己""克己复礼"❼，强调"行己有耻"❽。第四，知行合一还要锲而不舍。躬行仁义之道，锲而不舍才能达到道德的自由境界。第五，知行合一要把握好适当的尺度。如"小不忍，则乱大谋"❾，而"以约失之者鲜矣"❿。行为尺度要"约之以礼"⓫，指出"恭而无礼则劳，慎而无礼则葸，勇而无礼则乱，直而无礼则绞"⓬。第六，知行合一也是积极进取的表现。君子应当"食无求饱，居无求安，敏于事而慎

---

❶《论语·公冶长》。
❷《论语·阳货》。
❸《论语·雍也》。
❹《论语·卫灵公》。
❺《论语·述而》。
❻《论语·八佾》。
❼《论语·颜渊》。
❽《论语·子路》。
❾《论语·卫灵公》。
❿《论语·里仁》。
⓫《论语·雍也》。
⓬《论语·泰伯》。

于言，就有道而正焉"❶。

三、尽职尽忠

杨伯峻先生对"忠"的解释是"对别人，尤其是对上级竭心尽力"❷。在《论语》中，孔子的"忠"主要表现为诚心诚意、至公无私、唯精唯一三个层面。第一，诚心诚意。在儒家看来，忠与诚是连用的，《中庸》说："诚者，天之道也；诚之者，人之道也。"在孔子看来，诚是职业的操守，"忠"表现为诚心诚意的投入。孔子的学生子张问孔子，担任公职要怎么做？孔子回答："居之无倦，行之以忠。"❸无论你做学问、做企业或者从政，都要"居之无倦"，投入精力才能做好。第二，至公无私。儒家的"忠"始终强调道德主体中正的态度，不为个人谋私利。清·龚自珍《论私》：秉公办事，不偏袒某一方。《左传》说："无私，忠也。"《论语·公冶长》第十九章子张问曰："令尹子文三仕为令尹，无喜色；三已之，无愠色。旧令尹之政，必以告新令尹。何如？"子曰："忠矣。"子张问孔子，楚国尹子文多次上台担任令尹，并未脸露喜色。多次被罢免，也未心生怨恨，交接工作清清楚楚。这种"三仕不喜""三已不愠"表现出其能泰然处之，坦然接受，不愠不火。孔子认为子文是因为心无偏私，所以能不为外物所动。第三，唯精唯一。儒家要求做事要恪尽职守、鞠躬尽瘁地完成工作。要做到"精"，要做到"一"，要做到专注，要做到"一念"。人容易受到社会环境、外界物质诱惑的影响，容易走入邪门歪道。儒家强调把仁义礼智根于心，个人修养把"修己"的功夫做到极致，达到"内圣"。

四、言而有信

言而有信，意思是说话靠得住。有信义，言出必果，这是信；万事合宜，这是义。在过去，孔子的教育宗旨，就是文、行、忠、信，首先要道德上合乎标准，然后要学习知识、学问，成家立业。"信"首先是语言层次的认可。孔子认为不"信"之人，无可救药，"获罪于天，无所祷也"❹。上天所扶助的，是顺乎正道的事；人们所帮助的，是笃实守信的人，也就是"天之所助者顺

---

❶《论语·学而》。
❷ 杨伯峻. 论语译注[M]. 北京：中华书局，2009：249.
❸《论语·颜渊》。
❹《论语·八佾》。

也，人之所助者信也"❶。"信则人任焉"❷。在"信"的问题上，孔子认为君子履信乃是顺大义所在，义则信，不义则不必信。孔子认为践小诺、行小谅并不是"信"的做法，履信要以义为则。以此，建立起相互信任的人与人之间的和谐关系。

综合上述分析可知，企业的发展、创新、战略、核心竞争力等，都需要通过学习来提高。学习型的组织出现了华为、阿里巴巴、腾讯、京东等一批走在世界最前沿的企业。它们的贡献不仅仅是带动了整个行业的发展，更通过改变人们的生活方式，促进了人类社会的发展。

---

❶《易经·系辞上》。
❷《论语·阳货》。

第七章

《论语》中的人力资源观

第一节　《论语》中的人才观：仁爱为本

第二节　《论语》中的人才培养观：君子人格

第三节　人才培养的内容：学而不厌、有教无类、教学相长、君子不器

第四节　人才培养的方式：因材施教

第五节　人才的使用方式：选贤任能

第六节　企业的留人之术：节用爱人

孔子不仅是我国伟大的思想家、政治家，也是著名的教育家以及人才学家。孔子作为人才学家，创办私学、杏坛讲学、广纳门生，一生诲人不倦，他的三千高足中卓有成就的有七十二人。孔子提出人才不仅要有才学，更重要的是要有高尚的品行。他还提出选拔正直之士、量才而用、唯贤是举等人才培养与选拔的理论，为我国人才思想留下了一笔宝贵的文化财产。《论语》的人才思想观点，对企业治理中的人才选拔、培养、任用等也有着很重要的借鉴意义。

企业竞争力的来源不外乎产品、销售、资金、技术等方面，但最主要的竞争力来源是企业内部的人才。当我们看到 21 世纪的世界级大企业致力于培养内部人才以增加竞争力时，回看孔子的观念与做法，就管理学的角度而言，我们说孔子是"管理大师"一点也不为过。日本著名企业家松下幸之助，为了培训公司内部人才而于 1946 年成立的 PHP 研究所，及其日后为了培训日本国内人才而成立的"松下政经塾"，也都秉持着相同的理念，"松下政经塾"成了日本 21 世纪维持国家竞争力的人才培育场所。通用电气（GE）前最高执行长杰克·韦尔奇在通用电气任职近二十年，其大刀阔斧地重整通用电气，使通用电气的竞争力与利润率大幅提升。华为、阿里巴巴、腾讯、京东能有今天的成就，都在于会从全球招募一流人才。华为的成功就在于有数以千计的国内外科学家为华为工作。正是因为如此，即便遭受美国疯狂打压，华为依旧逆势发展。

孔子是从观察人的行为来得知人才基本的人格特质的，并以基本的人格特质为衡量标准来考量人才是否为合适人选。对于选才、用人、激励等，儒家都有一套自己的做法。对于《论语》的人力资源管理的价值，学者已经从多重角度加以总结。例如，赵喜霞所提出的德才并重选人之术、因材施教的育人之术、量才适位的用人之术和以人为本的留人之术；❶孙振兴所提出的招聘以德为先、培训君子不器、绩效必察焉、薪酬管理不患寡而患不均。❷在中国企业的实践中，海底捞的人力资源管理方法就是按照儒家伦理治理的方法建立了一套系统的涵盖选人、育人、用人、评估、留人与配置的人力资源政策与制度体系（武亚军和张莹莹，2015）。海底捞推行亲情化管理，给员工信任与授权、利润分享、员工子女福利等，增强了其对企业的认同感和忠诚感。本章将以《论语》的人力

---

❶ 赵喜霞.《论语》中的管理思想对企业人力资源管理的启示[J]. 莆田学院学报，2016，23（6）：48–53.
❷ 孙振兴.《论语》思想在现代企业人力资源管理中的启示[J]. 东方企业文化，2010（2）：141，143.

资源观为探索主轴，阐述《论语》的人才观、人才培养观、人才培养的内容、人才培养的方式、人才的使用方式、企业的留人之术。

第一节 《论语》中的人才观：仁爱为本

孔子所处的时代正是动荡的春秋末期，礼崩乐坏、列国争雄。当时的社会正处于变革中，孔子站在历史发展需要的高度上，为适应社会变革的要求，不但提出了改革社会的政治主张，而且提出了德才兼备的人才标准，并且要求人才要具备高度的社会责任感等。

一、仁爱为本

（一）要有仁爱之志

以培养完善的人格作为道德教育的根本目标和塑造理想型人格的目的，这一伟大的思想对企业治理有很大的影响。孔子说："志士仁人，无求生以害仁，有杀身以成仁。"❶"仁"应当成为君子的价值追求，在必要的时候要以放弃自己生命的方式来保持正义、成就仁德。例如，孔子对管仲品行的评价就体现了这一点。子路问，齐桓公杀了公子纠，召忽为公子纠自杀殉死，管仲却未赴死反而辅佐齐桓公执政，他这样的行为算是不仁不义吧？孔子认为，没有管仲，中华文明可能都断绝了。孔子的关切重点，是老百姓能否安居乐业、幸福美满，至于个人德行修为，最终目的也是实现社会安康。故孔子不赞成子路、子贡对管仲的批评，他认为管仲襄助齐桓公，不用武力将当时混乱的社会安定下来，这种贡献对社会、人民来说是非常巨大的，应受到尊敬。若管仲以匹夫之勇的见解为公子纠自杀，那对于国家的大义有什么作用呢？我们不应以"小过失"或严苛礼节来批评管仲，应该赞扬他对社会、人民的贡献。只要你有仁爱之志，个人的小污点是可以被容忍的。"子谓公冶长，'可妻也。虽在缧绁之中，非其罪也'。以其子妻之。"❷孔子说冉雍（仲弓）可以被任用来作为治国人才，虽然仲弓的父亲坐过牢，但是用人不查三代，而要看每个人本身的德才。因此，孔子把能为民众百姓谋福祉的人，视为真正的人才。其对人才的出身和个人的

---

❶《论语·卫灵公》。

❷《论语·公冶长》。

某些小缺点还是可以包容的。

（二）要有仁爱之心

在孔子的眼里，一个具有高尚品德的人应具备博爱的胸怀。孔子眼中的"仁"就是"爱人"。人才应该拥有恭、宽、信、敏、惠五种优秀的品格，即一个人要怀有一颗待人恭敬之心、为人宽宏大量、做事要诚实守信、学习做事时做到勤敏好学、对他人给予恩惠的心，这样才能够广泛地亲近民众，做到爱众人。孔子将自己的女儿嫁给他的学生公冶长，公冶长曾坐过牢，孔子的做法，证明了孔子不注重家世背景，而非常重视一个人是否有德行。反过来，这也证明了孔子具有仁爱之心。

（三）要坚守"仁爱"之道

《礼记·中庸》载："诚之者，择善而固执之者也。""择善"首先要学会"明善"，通过反省来"明善"。在企业的实务运作中，不少知名企业也有相同的做法，用以留住人才，并激励他们努力工作。如奇美集团董事长许文龙曾说，奇美是一家简单而人性化的公司。奇美对员工只要求"找答案"，"不找检讨"；"找对"，"不找责任"。在这种企业文化之下，员工不会急着推诿责任，会尽力去找出对的、能解决问题的答案。这种"赦小过"的观念，让企业的内部改革不会遇到层层的阻力。其次，要有刚强的意志来坚守"仁爱"之道。在孔子眼里，"和而不流""中立而不倚"才算刚强。君子与人和谐共处，但也绝不随波逐流。对企业管理者而言，"和"是积累人脉的基础，"不流"是防止堕落的手段。

二、学识广博

《论语·为政》记载，孔子感叹道："殷因于夏礼，所损益，可知也；周因于殷礼，所损益，可知也。其或继周者，虽百世，可知也。"[1]他认为，知识有着可以鉴往知来的重要作用。他认为人才应该广博地学习各种知识拥有才能，而不能像器皿一样，只具有一种用途。于是，他在课程方面把"六经"作为教学的主要教材。教学的内容为礼、乐、射、御、书、数等科目，对学生教授《诗》《书》《礼》《乐》《易》《春秋》等传统文化典籍。其中，"礼"是可以用来维护社会的伦理、秩序以及道德规范；"乐"是用音乐、诗歌等艺术的方式提高学生的道德情操以及艺术文化修养，礼与乐相辅相成，共同提高学生的道德修养；"射"是培养学生射箭的技术；"御"即驾车，指的是驾驭战车的军事技术，这

---

[1]《论语·为政》。

是培养学生军事方面的技能;"书"包括了各种历史文化知识,即识字和自然科学方面的内容;"数"指数学方面的知识,也包括记日、记月、记年的历法甚至八卦等方面的知识。总体来说,孔子教授的内容包括道德教育、科学文化、技能训练三部分。但孔子对每一方面都有着侧重点,把"学会做人"即德育放在首位加以强调,其要求弟子为人儿女在家要孝顺父母,在外要尊敬兄长,要认真诚信,广泛地爱众人,亲近具有仁德之心的人。在做到以上几点之后,如果还有余力,再从事理论研究。这里的"乐"相当于现在的美育,"射""御"这种军事方面的才能相当于现在的军事体育;"书""数"相当于现在的科学文化知识,即智育方面的内容。由此可见,孔子在当时就已经率先提出要培养学生各方面的技能,使之全面和谐地发展,并强调把德放在第一位,这种思想在今天也有着重要的现实意义。在此基础上,孔子进一步强调,学生应该广博地学习文化知识,并明确了君子所应该学习的内容,要求学生努力学习掌握技能成为知识渊博的人才。孔子也强调学生在学习知识时,不仅要做到博学,更要做到举一反三、灵活运用。同时明确规定,学习的过程应该有学、思、习以及行四个阶段。其中,学与思是学习知识的过程,习与行是躬身实践的过程,即把知识外化、转为实践能力的过程。孔子作为第一位提出在学习过程中,应当学思结合、知行统一的教育家,在这一领域具有首创性。他的这一思想被后代的儒学大家继承,并且将它发扬光大,总结出了"博学之,审问之,慎思之,明辨之,笃行之"❶。在孔子看来,一个人就算饱读诗书,而如果没有工作能力,也是无用之才。对于人才,孔子把德推置首位,不仅重视知识,更注重能力,形成了富有特色的人才观,闪烁着唯物主义的实践检验真理的火花。

三、孝悌忠恕

孔子基于一种强烈的社会忧患意识,系统而全面地论述了人在社会中的个人责任感。即:对待自身,要有着积极奋斗的精神、实现自我价值的责任感;对待家庭,要尽到尽慈孝悌的责任,有维护家庭友爱和睦的责任感;对待国家,要做到恪守忠恕之道,要有把国家以及民族的兴旺作为自身奋斗目标的责任感;等等。具体包括三方面。首先,对自身的责任感。强调君子要勤奋好学,以德立身,怀有仁爱之心,具有忠恕的品格,拥有广博的学识,关心国家大事,积

---

❶《中庸》。

极入世，即"学而优则仕"❶，一展宏图抱负，为国家做出贡献，从而使得自己的责任感得以实现，成为一位优秀的君子人才。其次，对家庭的责任感。孔子曾对弟子说，一个人如果孝顺父母并且尊敬兄长，那么喜好冒犯长辈、冲撞上级的现象就很少见。君子做人的根本原则"孝悌"确立了，那么其做人、治国的原则也就随之确立了，也就是说一个人对家庭有责任感才会对社会有责任感。再次，对国家的责任感。为政者向来强调德治，《论语·为政》中对统治者的行为做了明确的要求，"为政以德，譬如北辰，居其所而众星共之"❷。也就是说，统治者必须身体力行，做好表率，要像天空中的北斗星一样，永远是那么从容、淡然。而民众就像星星一样紧紧围绕着他，他的作用是为老百姓指明前行的方向和道路。从仕人的角度来看，孔子认为作为仕人，必须怀有这样一种政治理想，那就是"其人存，则其政举；其人亡，则其政息"❸。

孔子知道人才的重要性，也知道人才难得。《论语》中写道："舜有臣五人，而天下治，武王曰：'予有乱臣十人。'孔子曰：'才难，不其然乎，唐虞之际，于斯为盛，有妇人焉，九人而已。三分天下有其二，以服事殷，周之德，其可谓至德也已矣。'"❹这段话的意思是说，舜有五位贤臣而使天下得到治理。周武王击败纣王，平定天下，真正的人才也才十人，而这十人当中一位是妇女，男子只有九位。所以孔子不禁感叹"才难"。

第二节 《论语》中的人才培养观：君子人格

一、培养目标：君子人格

孔子十分重视培养塑造君子型人格的人才，培养目标集中体现在"君子"的人格上。"君子"一词在《论语》中出现了106次，原是西周、春秋时期士大夫以上当权世袭贵族的统称。孔子将其含义扩大，来表示德才兼备且具有社会责任感的理想人才。这一观念影响至深，是两千年来中国古代人孜孜追求的理

---

❶《论语·子张》。

❷《论语·为政》。

❸《礼记·中庸》。

❹《论语·泰伯》。

想人格。企业的人才培养目标之一是加强对员工的道德教育，培养君子类型的人才，培养员工良好的心理素质和坚韧不拔的意志力，以及能够适应环境变化的应变能力。孔子对年轻人充满期待，尊重人才。"后生可畏，焉知来者之不如今也？"企业员工既要自重也要尊重他人，成为值得企业及客户信赖的人。

二、君子人格的待人处世观："九思"

子曰："君子有九思：视思明，听思聪，色思温，貌思恭，言思忠，事思敬，疑思问，忿思难，见得思义。"❶为人处世，有很多事情要特别注意。"君子九思"，是企业人才培养的处世观。李炳南先生在《论语讲要》中将"九思"分为对境、表态、出动、防非四个层次。❷

「动作次第」─对境─┬视┬>表态─┬色（颜）┬>出动─┬言（语）┬>防非─┬疑（痴）
　　　　　　　　└听┘　　　　└貌（容）┘　　　　└事（行）┘　　　　├忿（嗔）
　　　　　　　　　　　　　　　　　　　　　　　　　　　　　　　　　└得（贪）

君子待人接物要了解对象的情况，也就是"对境"。通过视听知道对方的形象和声音。接着是表明自己的态度，也就是"表态"，通过面部和容貌表达自己的态度。然后是"出动"，通过言语和行为来做事。最后，事情办完之后，要防止出错，叫"防非"。君子待人处世要有"九思"，在看待一件事情时，应看得明确；听事情时要听得清晰明确，面色要温和一些；待人时容貌要表现得谦虚恭敬；说话时，言语要中肯有礼貌；做事时要认真负责，做事有疑问时应去请教他人；生气时不可冲动，要想到后果灾难，遇到想取得的利益，想想是否合乎礼义。

三、君子人格的善治观："五美"

"善治"指的是君子治理时要改善社会民生，在追求经济利润时，也要对其他诸如社会、环境、社区等利益相关者负责任。子曰："君子惠而不费，劳而不怨，欲而不贪，泰而不骄，威而不猛。"❸即君子在做事时要使得百姓得到好处，自己却没有耗费；在给百姓安排劳动任务时，百姓却不会有怨恨之心；有所欲望时，却不贪图财力；安心舒适时，不骄傲不放肆；庄重且威严时，而不凶猛。"善治"强调君子治理企业要符合道德规则。

---

❶《论语·季氏》。
❷ 李炳南,徐醒民. 论语讲要[M]. 武汉：长江文艺出版社，2011.
❸《论语·尧曰》。

（一）惠而不费

1. 施惠于民

企业在追求自身利益时要兼顾员工的利益，平衡好企业发展与员工利益的关系。善治者要为员工创造条件、搭建平台，帮助他们成长，让他们实现自我，这就是给下属恩惠，在不浪费的情况下同时也实现了企业的目标。创建利益平台的公司中比较典型的有海尔公司。海尔赋予了"员工"新的身份——创客，其"员工"可通过依附海尔的资源独立开展经营活动。创客与海尔之间构建成了互利共赢的合作伙伴关系，"在线"与"在册"员工成为创新创业平台组件，员工和社会资源、合作伙伴、用户等共同构建了海尔的创新创业平台——海创汇（见图9）。企业的高效益源于员工的高福利、高工资。华为的 TUP 股权激励体系帮助华为在高绩效中寻找有使命感的人。华为的股权结构中，公司员工持股比例为 98.6%。❶

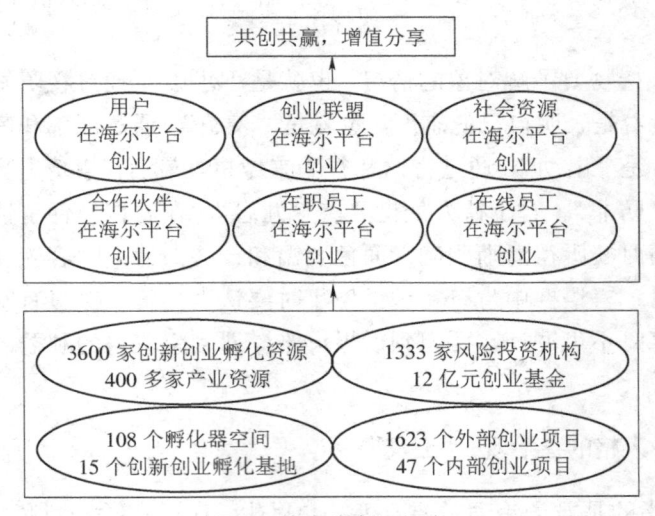

图9　海尔海创汇平台

2. 节用爱人

企业治理时要对治理参与对象的关注点有清醒的认识，要顺应他们对利益的关注点，发挥他们的主观能动性，才能事半功倍。孔子说："因民之所利而利之，斯不亦惠而不费乎？"❷意思是：顺着人们所愿获取利益，无为而治就能达

---

❶ 许庆瑞，李杨，吴画斌. 全面创新如何驱动组织平台化转型——基于海尔集团三大平台的案例分析[J]. 浙江大学学报（人文社会科学版），2019（6）：78—91.

❷《论语·尧曰》。

到管理目的。明朝内阁首辅张居正说，凡施惠于人，未免有所破费，但君子并未捐钱却能让人们获得利益。有了这个驱动力，才能做到"惠而不费"。转变观念，提高认识，激发其创新的内生动力，才能真正解决问题。2010 年，富士康企业接连出现"十三跳"自杀事件，超时加班严重影响了员工的身心健康。2019 年国内关于"996"工作制的讨论，实际上也是这个问题发酵的结果。马云刚开始因为支持"996"工作制而备受争议，反对者认为"996"工作制既不符合劳动法的规定，更不符合节用爱人的道德要求。后马云致歉，表示这种工作制既不人道也不健康，更难以持久，员工、家人、法律都不允许。[1]今天，企业治理完全可以通过走正道，节用而爱人获得财富。技术革新与商业模式的改变都是很好的途径，而将员工视为"花生米"来压榨的道路是走不久的。

（二）劳而不怨

1. 使民以时

孔子所讲的是不要耽误农民的农时。在农业社会，农业处于国民经济的核心地位，在农耕忙碌的时节，国家不征发农民去服兵役和徭役，保证农民有足够的时间和精力从事农业生产。政府治理的事务再重要，也要为农时让道。在企业管理的过程中，管理者同样要做好时间管理。第一，企业治理要重视时间资源，需要在特定时间里统筹一切以应对挑战和竞争。德鲁克在《卓有成效的管理者》一书中对时间管理作了很高的评价，他说，管理者能进行有效管理的原因在于其对自己的时间十分爱惜。[2] 时间管理学家彼德·杜拉克就说，时间是人生最高贵而有限的资源，企业的时间管理要将时间用在"生产性工作"上，减少非生产性的时间浪费，集中有效的时间，不浪费别人的时间等。与之类似，孔子也非常重视时间管理，把时间看作生命，他发出了"逝者如斯夫，不舍昼夜"[3] "日月逝矣，岁不我与"[4]的感叹。第二，集中时间和精力去做一件事。孔子说："君子安其身而后动，易其心而后语，定其交而后求。君子修此三者，故全也。"[5]由此可见，孔子对集中时间、精力做事的看法是，要安定自身再考虑进一步的行动，发言时要学会换位思考才能发好言，先处理好自己与人

---

[1] 马云再发声：不为 996 辩护，任何公司不应该也不能强制员工 996[EB/OL].（2019-04-13）[2019-04-28]. http://M.guancha.cn.

[2] 彼得·德鲁克.卓有成效的管理者[M]. 北京：机械工业出版社，2005.

[3] 《论语·子罕》。

[4] 《论语·阳货》。

[5] 《易经·系辞下》。

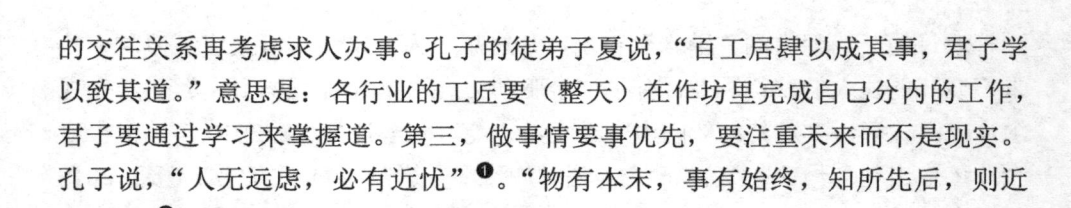

的交往关系再考虑求人办事。孔子的徒弟子夏说,"百工居肆以成其事,君子学以致其道。"意思是：各行业的工匠要(整天)在作坊里完成自己分内的工作,君子要通过学习来掌握道。第三,做事情要事优先,要注重未来而不是现实。孔子说,"人无远虑,必有近忧"❶。"物有本末,事有始终,知所先后,则近道矣。"❷这样才能抓住机遇,规避祸患。

2. 人尽其才

在安排下属工作的时候,要量其力而行,而不是强人所难。柳传志曾经说,管理的真谛就是给猴子一棵树,给老虎一座山。这个比喻很好地解释了不同员工的特长和创造施展才能的舞台,给不同的人不同的舞台,发挥其优势,这是企业管理的用人艺术。

(三)欲而不贪

1. 爱人利物

孔子认为,饮食男女,人之大欲存焉。人的自然需求属于正常的一种欲望,不应该拒绝。他的治理方法是先富之后教之。简而言之,就是在教人追求人格完善的时候,首先应该满足他们的物质欲望。管理者以仁为本,追求远大的理想,有爱他利他的境界,就不会为满足私欲而把国家或他人的财物贪为己有。

2. 去私慎独

如何克服贪念,儒家奉行慎独法。慎独是一种道德修为的情操,一种自我修炼的担当。能够慎独的人,在私底下、无人时能抵抗住诱惑,守住做人做事的底线。"慎独"不只是内求的学问,而是"知"与"行"的内外统合。《论语》记载孔子对待祭礼的态度和要求：祭如在,祭神如神在。子曰："吾不与祭,如不祭。"❸修己和治人都是围绕"君子"型的理想人格展开的。慎独修己是为了成为"君子",成为"君子"才能去治人。慎独法培养君子之德与独立人格,重视身心合一。

(四)泰而不骄

1. 心有定力

"无众寡,无小大,无敢慢"❹,意思是：无论对方是大是小,是多是少,

---

❶《论语·卫灵公》。
❷《大学》。
❸《论语·八佾》。
❹《论语·尧曰》。

142

都不敢怠慢。君子胸有大志，心有定力，与人面对，可以不卑不亢，坦然自若；而品质低下的小人外在表现往往会盛气凌人。

2. 忧患意识

君子谦恭自律，仁者爱人，故不"骄"；小人骄横跋扈，矜己傲物，故曰"骄"。君子型领导，谦逊有礼，善心善行，能够认识到目前的成就与未来的风险。孔子认为，"夫忧者所以为昌也，喜者所以为亡也。"❶由此可见，有忧患意识就有前途。傲慢自大，自以为是，会将个人和企业引入歧途。正是如此，"贤主以此持胜，故其福及后世"❷，即有忧患意识的贤明的领导人才会把他的福祉延续到后世。管理学的"温水效应"告诉我们，只满足于眼前的既得利益，对现有的成就沾沾自喜，最后会在安逸中死去。早在 2000 年时，华为总裁任正非在华为大发展时期就在企业内刊上发表《华为的冬天》一文，提醒企业和员工要保持忧患意识，他指出泰坦尼克号也是在一片欢呼声中出的海。阿里巴巴前总裁马云发出"要时刻保持忧患意识，担心掉队夜夜难睡"这样的警示。

（五）威而不猛

1. 不重不威

"重"与"威"之间存在着如孔子所说的文与质的关系，"重"是人的质的内在规定性，而"威"作为人的文的外在表现。就《论语》的内容来分析，君子之"重"主要表现为学而君子、君子孝悌、君子不巧言令色、君子忠信、敬事而信、谨而信等。❸领导建立自己的威信是通过这些表征德行修养的"重"来实现的，否则就会闻圣贤之道，必以为迂腐。纵使满口仁义道德，亦是暴虐荒淫之主。

2. 以德服人

在领导的威信上，孔子更加强调的是以高尚的人格去感化下属，是以德服人的"德服"和以才智引导下属服从自己意志的"才服"，而不是以权力强迫下属服从的"力服"。猛一般指的是气势大、力量大，"力服"就是属于那种"猛"的状态。

---

❶《吕氏春秋》。

❷《吕氏春秋》。

❸ 唐根希.子夏的反讽与孔子的批评——《论语》"贤贤易色""君子不重则不威"两章解诂[J].南京邮电大学学报（社会科学版），2016（4）：79-88.

《论语》与现代企业治理

四、君子人格的恶治观："四恶"

孔子认为的四种恶治是："不教而杀谓之虐；不戒视成谓之暴；慢令致期谓之贼；犹之与人也，出纳之吝，谓之有司。"❶意思是说，为政不先教民，没有教导人们伦理道德因果，结果人们不知道自己在伦理关系中的责任和本分，就犯了罪，犯了罪就被杀掉，这叫"虐政"；事先不去告诫却要求马上就要出成绩，叫作"暴"；很晚才给下属下达命令，这样不容易使下属在有效时间内完成任务，叫作"贼害"；给人财物时，出手却很吝啬，这叫"有司"。

1. 一恶"不教而杀"

管理者要对员工培训管理，尽量避免让员工犯各种错误。那种只会用规章制度惩处员工的治理方法，会让企业失去凝聚力。

2. 二恶"不戒视成"

管理者要注意过程管理，不要事先、事中没有监督和指导而直接看结果。

3. 三恶"慢令致期"

管理者要注意常态管理。不要朝令夕改，平时对员工要求不严格，又突然要求人家如期完成任务。

4. 四恶"出纳之吝"

管理者要注意战略管理。在制定企业战略时一定要高屋建瓴，不要像个小管家管账一样，小气吝啬。

五、君子人格的自律观："三戒"

"君子有三戒：少之时，血气未定，戒之在色；及其壮也，血气方刚，戒之在斗；及其老也，血气既衰，戒之在得。"❷孔子将人生大体分为少、壮、老三个阶段，重在告诉人们在自然生命成长的不同阶段如何提升自己的道德生命。在年少时，血气未定，要警戒过分贪恋女色；等到壮年时，血气方刚，容易逞强斗勇，冲动误事，要戒争斗；到老年之时，血气已衰，而贪婪之心的范围很广，好货物、好富贵、好美色，这时候要注意戒掉贪得无厌。

---

❶《论语·尧曰》。
❷《论语·季氏》。

六、君子人格的忧患观："三患"

君子有三患："未之闻，患弗得闻也；既闻之，患弗得学也；既学之，患弗能行也。"❶意思是：自己没有听说的道理，担心没有听到；已经听说过的，害怕没有学好；已经学习好的，又怕不能运用。能否听到、学到、做到，这才是君子所担忧的事情。

1. 一患未闻道

孔子施行仁义之道，对学生真是不厌其烦地教诲，更是把这个仁义之道提升到最高的层面来理解，这个仁义之道是我们不能离开的，哪怕是吃一顿饭的时间，哪怕是在仓促之间，哪怕是在遭受困顿挫折的时候，都不能一刻违背和离开仁义之道，然而不能听闻和不能认识到这个道理的人有很多，所以孔子不无感慨地说："朝闻道，夕死可矣。"❷

2. 二患未学好

孔子拜古人为师，"好古，敏以求之者也"❸。孔子拜常人为师，"三人行，必有我师焉，择其善者而从之，其不善者而改之"❹。孔子拜实际为师，"入太庙，每事问"❺，"察言而观色"❻。

3. 三患未做到

从致力于道的学问上，实践的方法是："见贤思齐焉，见不贤而内自省也。"见到别人的优秀之处要向人家看齐，见到别人有了缺点要自我反省有没有类似的问题。

七、君子人格的耻辱观："五耻"

本尼迪克特把世界文化划分为耻感的东方文化和罪感的西方文化。❼《论语》中谈到"耻"字 16 次，儒家思想把知耻、有耻、远耻视为德行修养的一部分，并在此基础上构建了"五耻"耻辱观。

---

❶《礼记·杂记》。
❷《论语·里仁》。
❸《论语·述而》。
❹《论语·述而》。
❺《论语·八佾》。
❻《论语·颜渊》。
❼ 鲁思·本尼迪克特. 菊与刀[M]. 吕万和，熊达云，王智新，译. 北京：商务印书馆，2012.

1. 身居其位，不谋其政

"居其位，无其言，君子耻之。"[1]这种耻辱是因为没有谋略，而真正的谋略，一定要以人心向背为依归。大谋，就是君子之谋，就是孔子的"信"。

2. 言过其实，夸夸其谈

"有其言，无其行，君子耻之。"[2]古代的贤人不轻易说话，他们以不能践行自己的话为耻。君子之言，不得已而出口，并非难以说话，而是难于实践。因此，孔子强调实践的功夫，要求言行一致，是以"君子耻其言而过其行"[3]，要做到"先行其言而后从之"[4]，要"讷于言而敏于行"[5]。

3. 得而复失，家业难守

"既得之而又失之，君子耻之。"[6]行动中半途而废，学到东西又失去，这是羞耻的事。孔子说："好比堆土成山，只要再加一筐土便成山了，如果懒得做下去，这是我自己停止的。又好比在平地上堆土成山，纵使刚刚倒下一筐土，如果决心努力前进，还是要自己坚持呵！"孔子告诫人们，"学而时习之""知之""好之"并"乐之"才是正确的态度。

4. 人心向背，信用尽失

"地有余而民不足，君子耻之。"[7]土地富裕，百姓却背井离乡，这是君子应该感到羞耻的。土地和人民是古代为政者的核心所在，土地多而民众少，反映的是统治者不得人心。为仁就是要爱护百姓，"博施于民而能济众"[8]。

5. 贪污腐化，取财无道

"众寡而已倍，君子耻之。"[9]利用权力，多吃多占，这是君子应该感到羞耻的。孔子说："不义而富且贵，于我如浮云。"[10] 也就是干不正当的事而得来的富贵，在他看来好像浮云。"君子义以为上。"[11] "君子之于天下也，

---

[1] 《礼记·杂记》。
[2] 《礼记·杂记》。
[3] 《论语·宪问》。
[4] 《论语·为政》。
[5] 《论语·里仁》。
[6] 《礼记·杂记》。
[7] 《礼记·杂记》。
[8] 《论语·雍也》。
[9] 《礼记·杂记》。
[10] 《论语·述而》。
[11] 《论语·阳货》。

无适也，无莫也，义之与比。"❶

第三节 人才培养的内容：学而不厌、有教无类、教学相长、君子不器

一、人才培养的敬业精神：学而不厌，诲人不倦

随着时代的发展，企业管理的事务越来越复杂，过去的老经验遇到了现在的新问题，企业经营者都面临着一个比过去任何时候都更为紧迫的学习任务。孔子对人才敬业精神的培养有相关论述。他十五岁开始立志学习，到七十岁才能行随心动，不逾矩。他在学习的时候"好古以求"，为学习经常"忘食、忘忧"；"温故知新"，以"学思并重"的方法获取新知。

二、人才培养的平等态度：一视同仁，无私无隐

在教育对象上，孔子提出"有教无类"的口号，认为人人都可以受教育。孔子招收学生既不分贵贱，又不分天分。孔子对待弟子无私无隐，推心置腹。孔子说："二三子以我为隐乎？吾无隐乎尔！吾无行而不与二三子者，是丘也。"❷弟子担心老师是否会留一手，孔子主张公平对待，不分亲疏，不分好恶。孔子认为应该要促成别人的进步，而非赞成别人退步。以"有教无类"的平等态度去进行企业培训，是把员工教育培训作为一种员工的福利，而不是一项对于员工的要求，所以员工教育培训应该覆盖到全体成员，这才是真正的有教无类的原则。

三、人才培养的创新动力：教学相长，当仁不让

教学是双向的，不能照本宣科。现代信息技术日新月异，企业培养的人才不只是自己学习，也要跟同事、领导等进行学习，还要通过海量信息、云计算、大数据对知识进行整合。孔子认为，教的过程即学习的过程，教学互促共进。"学然后知不足，教然后知困。知不足，然后能自反也；知困，然后能自强也；

---

❶《论语·里仁》。

❷《论语·述而》。

故曰：教学相长也。"❶孔子的民主施教、平等沟通思想和现代的理念是一致的，要求激发人才的创新意识。遇到行仁的事情，即使是老师，也不谦让。君子行事，在老师面前必恭敬谦让，但在仁德面前，不必推让。就是说遇到应当做的事，要率先而为。孔子说："见义不为，无勇也。"❷意思是遇到应当做的事，应该勇为，率先为。

四、人才培养的系统体系：君子不器，均衡发展

《论语·述而》载："子以四教：文、行、忠、信。"即孔子用文献典籍、品德修养、待人忠厚、诚信待人四方面来培养人才。具体而言，孔子以《诗》《书》《礼》《乐》《易》《春秋》为教材，从文化知识、社会实践、道德修养三个方面进行施教。孔子对人才做了进一步的规定，《论语·述而》中记载："志于道，据于德，依于仁，游于艺。"意思是人才在思想上要以"道"为目标，立志高远；行为上以"德"为依据，依傍于"仁"，以一颗仁爱之心对待周围的人、事、物，然后游憩于"六艺"，即礼、乐、射、御、书、数，这样德行、知识、实践能力全面发展的人，才是真正的人才。由此可见，孔子注重人才的全面发展。"君子不器。"❸君子要通过广博的学习来不断充实自己，系统学习，融会贯通，成为一个"体无不具""用无不周"的"成德之士"。

第四节 人才培养的方式：因材施教

一、尊重员工的个性差异原则

这是人力资源管理理论中最重要的基本原则之一。孔子认为人的天赋有异，每个学生的心智与所长是不一样的，对待不同的学生应该要因材施教，采取不同的教学方法，循循善诱。比如，同样是关于"仁"这个问题，针对不同的弟子孔子却给出了不一样的回答：颜渊问仁，答"克己复礼为仁"❹；

---

❶《礼记·学记》。

❷《论语·为政》。

❸《论语·为政》。

❹《论语·颜渊》。

而针对仲弓则回答"己所不欲，勿施于人"❶；对于司马牛则是以"仁者其言也讱"❷作为回答。

　　颜渊是孔子最喜欢的学生，学养高深，所以孔子答之以纲领；而仲弓和司马牛的资质相对而言偏弱，故孔子答之以细。孟懿子问孝。子曰："无违。"樊迟御，子告之曰："孟孙问孝于我，我对曰，'无违'。樊迟曰：'何谓也？'子曰：'生，事之以礼；死，葬之以礼，祭之以礼。'"❸孟武伯问孝。子曰："父母唯其疾之忧。"❹子游问孝。子曰："今之孝者，是谓能养。至于犬马，皆能有养；不敬，何以别乎。"❺子夏问孝。子曰："色难。有事，弟子服其劳；有酒食，先生馔，曾是以为孝乎？"❻上面这四则对谈，问的是相同的题目"孝"，但孔子对每个人的答复不同。要了解孔子的用意，就必须了解这四人的背景。首先，孟懿子当时已是地位相当高的官员，当时的社会对孟懿子的评价也相当高。其次，孟武伯是孟懿子的儿子。最后，子游、子夏为孔子的学生，皆有日后步入仕途的准备。孔子回答孟懿子"无违"，事后对樊迟解释，"无违"就是父母活着时，要以礼来照应、爱护他们，父母去世时以礼来祭祀他们。针对孟懿子当时已是行政高官，孔子认为孝就是以礼来照应、爱护或祭祀父母。礼是一种制度。对孟懿子，孔子期许他能依制度来行使，其中隐含了对百姓照顾之意。对孟武伯，因其为"世家子弟"，依当时制度，日后孟武伯必世袭为官，孔子怕世家子弟日后为官不知民间疾苦，故告诉孟武伯体会一下子女生病时父母担心的那种心情。至于子游、子夏，皆有步入仕途的心理准备，故孔子回答他们，孝就是"敬"，就是"态度恭敬"，其中也希望他们能将这个观念用于日后对长官的应对进退上。综合而言，孔子因材施教的育英方式，有两个特色：其一，衡量对方的立场、个性、年龄及资质，依情境而施教；其二，施教的最终目的相同。孔子希望透过沟通达到利他、利人的目标。而从孔子最终的目标、愿景来看，孔子希望能基于这些士、君子，包括现代的企业家或经理人，达到"老者安之，朋友信之，少者怀之"的大同世界。

---

❶《论语·颜渊》。
❷《论语·颜渊》。
❸《论语·为政》。
❹《论语·为政》。
❺《论语·为政》。
❻《论语·为政》。

二、提高员工的洞察力

洞察力是指透过现象看本质的能力，即对事物和问题的分析和判断的综合能力。在选人用人上，关注员工的洞察力也是很重要的。《论语》中洞察力的内容包括洞察力的辨识、洞察力的来源、洞察力的培养等内容。"毋意、毋必、毋固、毋我"[1] 被古人尊为"四绝"，是孔子一生坚持的做人准则，这也是培养洞察力的方法。"毋意"要求员工做事不能靠主观臆测，"毋必"的意思是看待问题不要那么绝对，"毋固"不要固守常规、不思进取，"毋我"的意思就是不要自以为是。中国古代的圣贤说得比较简约，说的都是要做到正确认识宇宙和社会的规律，做出恰如其分的判断，重点是破除对员工的刻板规定。企业家的战略洞察力要以事实为依据，不能来自臆测。

（一）员工的洞察力有助于决策管理

企业鼓励员工利用自己的洞察力，拓展思考问题的深度，提高判断的准确性。透过企业的表面现象，看到问题的本质，进而在自己的职责范围内找到问题的根源所在，避免工作上出现一些临时性的、治标不治本的解决方案，使企业具有远见。此外，一个有经验的企业家也要善于从员工的洞察力中获得灵感。

（二）员工的洞察力是企业决策的资源结构和环境判断

企业治理要对外在资源与环境进行判断，这影响到人才、资金、技术等生产资源的组合与使用方式。杰出的企业家能认识到员工的洞察力背后的资源关系。

三、提高员工的沟通能力

（一）鼓励员工积极沟通

孔子说："以吾一日长乎尔，毋吾以也。"[2] 孔子鼓励学生沟通不要受限于年龄差异，管理者也不要倚老卖老。孔子是宅心仁厚的师者，孔子希望弟子们都能有所成就，都应该有自己的志向与见解，举一反三、闻一知十。管理者也是如此，与员工积极沟通的企业文化是企业信息通畅的基本保障，既引导了企业的治理主张，也能让员工感受到尊重感和满足感。重视员工提供的重要信息，可以妥善处理好问题，及时发现并消除企业中的隐形危机。

（二）尊重员工不同的想法

当子路、冉有、公西华各自表达了自己宏伟的志向后，曾皙感觉自己的志

---

[1]《论语·子罕》。
[2]《论语·先进》。

向不如人时，孔子就热情地鼓励他："何伤乎？亦各述其志也！"❶他鼓励曾皙畅谈自己的志向，尊重每个人的想法。在沟通的方式上，管理者要尊重员工的人格平等，这样就会促进员工提出新的见解。员工的不同想法既有可能是员工的长处和才干，又可能是员工赢得尊重的主观需求。不管如何，在组织中赢得尊重反映的是企业治理的价值导向。对员工想法的尊重，也构建了企业治理的反馈机制，起到了催化剂的作用。

（三）适时激发员工沟通兴趣

"居则曰：'不吾知也！'如或知尔，则何以哉？"❷意思是孔子对学生讲，平时你们常说，没有人了解我呀！假如有人了解你们，那么（你们）打算怎么做呢？一句话，就激发了学生的沟通兴趣。所以，管理者要采取灵活有效的策略，激发员工的沟通兴趣，从而使员工做到"知无不言，言无不尽"❸。

（四）及时与员工产生情感共鸣

曾皙谈自己的抱负："莫春者，春服既成，冠者五六人，童子六七人，浴乎沂，风乎舞雩，咏而归。"❹孔子表达"吾与点也"为其点赞。沟通上有情感共鸣，就能形成愉悦的沟通体验。

在企业治理中，管理者要根据孔子"因材施教"的培养方式，鼓励员工根据自己的兴趣和特长，学习与工作相关的基本知识和基本技能，做到学以致用。有时企业开展的集中培训学习，并不一定对每一个员工都有帮助，强制推行某一项培训内容，不仅难以取得好的成效，甚至会产生员工抵制的后果。

第五节　人才的使用方式：选贤任能

一、选贤任能

1. 举直

"举直错诸枉，则民服；举枉错诸直，则民不服。"❺提拔正直的人，让他

---

❶《论语·先进》。
❷《论语·先进》。
❸ 宋·苏洵《衡论·远虑》。
❹《论语·先进》。
❺《论语·为政》。

们发挥积极作用，杜绝"伪君子"。《论语·颜渊》载：（樊迟）问知。子曰："知人。"樊迟未达。子曰："举直错诸枉，能使枉者直。"对企业治理而言，这是企业价值取向层面的内容，这关乎人心向背，影响着企业的社会认同度。孔子"举直错诸枉"的用人之道，对企业的选人用人依旧具有现实价值。"正直"依然是企业选才的品质要求。

2. 举贤

孔子主张用人"举贤""用贤"。孔子反对按出身选拔人才，提出了"唯贤是举"的人才选拔主张。"先进于礼乐，野人也；后进于礼乐，君子也。如用之，则吾从先进。"❶意思是先学习礼乐再做官的，是出身下层的普通平民；而先得到官位后学习礼乐的，是贵族世家子弟。具体而言，贤才的标准是有"君子不器"超越功利的道德境界，有积极追求的"君子上达"精神，有"仁""智""勇"的才能与素养，有君子躬行的行为表现。后世中诸葛亮的"亲贤臣，远小人"和宋代范纯仁的"进君子，退小人"都是对孔子"举贤"思想的发挥与延伸。选贤才也要宽容他们的过错。《论语·子路》中记载，仲弓当上了季氏一个领地上的长官，向孔子问治理之事。孔子的方案是"先有司，赦小过，举贤才"。❷也就是说，先建好组织架构，赦免下面犯小错的人，重用能人贤才。这里的"赦小过"说明"重用那些德才兼备的人，不要计较他们的小错误，因为"大德不逾闲，小德出入可也"❸。下属处理事务时肯定会犯错，允许他们自己纠错并完成相应的目标。对于企业领导来说，社会对其自身的角色认可是至关重要的。领导力是一种社会评价，是领导者在人格、品性和智慧方面的表现。领导力获得员工认可和社会认可后，领导者就赢得了持久的号召力。

3. 远佞

佞，是奸与邪的别名。佞人会造成功过颠倒，好人受气。孔子曾说："道不同，不相为谋。"❹君子与小人的思想、品格、志趣各不相同，不能一起共商计谋。

4. 举所知

仲弓又问，怎么知道谁是贤才呢？子曰："举尔所知，尔所不知，人其舍诸？"❺

---

❶《论语·先进》。

❷《论语·子路》。

❸《论语·子张》。

❹《论语·卫灵公》。

❺《论语·子路》。

也就是去重用你知道的贤才，至于你不知道的人才，也不会被埋没的。依孔子的看法是，你只要采取合适的人才政策，人才自然会趋之若鹜。要把"先有司，赦小过，举贤才"三条结合起来用好现有的人才，组织好这些资源，成就这些人才。华为通过 STAR 法则的关键行为的描述辨识人才，以实现选贤任能的目标（见表9）。

表9　华为 STAR 人才识别方法

STAR 法则	含义	维度1	维度2	维度3	维度N
S（Situation）	你处于什么样的具体环境	时间（When）	地点（Where）	场景（What/Why）	……
T（Task）	你需要完成什么任务	任务名称（What）	任务目标（Target）	其他要求（Who/Why）	……
A（Action）	你要完成任务的路径是什么	具体的操作（How）	使用的工具（What）	克服的困难（How/What）	……
R（Result）	你完成任务的结果包括哪些内容	获得成就（Who/What）	新的认知（Who/What）	可量化的结果（Who/What）	……

二、量才而用

每个人才的能力是不一样的，孔子主张量才而用，他说："说之不以道，不说也；及其使人也，器之。"❶每个人长处不一，所以要量才而用。了解人才才能决定怎么使用人才，所以管理者要了解一个人的所作所为，考察其履历，察看其兴趣。子曰："视其所以，观其所由，察其所安，人焉廋哉？人焉廋哉？"❷品行、才干、能力是要考虑的重点，但是更为重要的是其背后的东西，如孔子说要"视其所以"，看他的行为动机；"观其所由"，看他的行动过程；"察其所安"，再看看他平常做人是安于什么心境。总之，要以"视其所以，观其所由，

---

❶《论语·子路》。
❷《论语·为政》。

察其所安"三个标准去考查人。从商之人,必先察言观色,取其先机而洞之,才能先发制人。若达不到耳聪目明,在商界也只能处处受制于人,事事慢于人后,更遑论成功。若想成为一个真正的内行人,就得耳聪目明,拥有一双睿智的眼睛,探察先机,当好伯乐,依据顾客的需求和员工的判断让双方都能取得利益,或让员工取得更大的利益。所以,成为一个内行人的重点就是拥有睿智的双眼,学会分析。

三、用人要疑

(一)考核要有客观标准

子曰:"众,恶之,必察焉;众,好之,必察焉。"❶坚持好的受人青睐,坚持恶的遭人厌恶,这都是人之常情。"子曰:吾之于人也,谁毁谁誉?如有所誉者,其有所试矣。斯民也,三代之所以直道而行也。"❷正常的情况下,褒贬不一才是常态。但是众人评价如此一致,就要警惕了。"众好"之人,不一定为众人好,"众恶"之人,也不一定存了害人之心。孔子认为,不能根据众人的是非标准来决定对错,管理者应该有自己的理性的判断,要坚守公司的价值观。因为,一些特立独行的人往往是时代的先行者,他们看到了趋势,虽然不能被众人理解,却被视为异类遭到排挤。甚至他们的改革损害到现有的既得利益集团的利益,从而形成了对他人不利的舆论。反之,"众好之"的人,对人唯唯诺诺,做事含含糊糊,无是非立场,舆论向好不见得就真的是好的评价。真正的贤人应该是"乡人之善者好之,其不善者恶之"❸。评价一个人是否符合企业的标准,我们的态度应该是"不以言举人,不以人废言"。潘鹏飞(2018)研究发现,华为和阿里巴巴都有核心价值观考核(见表10),考核有客观标准,也有具体清单。华为主要考核责任心、团队精神、敬业精神和奉献精神,阿里巴巴主要考核"客户第一、团队合作、拥抱变化、诚信、充满激情、敬业"等价值观内容。其通过明确考核标准,旨在强化新老员工的价值共识。❹

---

❶《论语·卫灵公》。
❷《论语·卫灵公》。
❸《论语·子路》。
❹ 潘鹏飞. 核心价值观也能考核?——看阿里巴巴和华为怎么做[J]. 企业管理,2018(8):71–73.

表10 华为和阿里巴巴核心价值观考核对比

考核类型	华为	阿里巴巴
考核目标	通过文化考核形成文化认同	通过文化考核形成文化认同
考核原则	侧重长期、宜粗不宜细	通关制
考核主体	直接上级、间接上级和人事负责人	1 over 1 plus HR
考核内容	责任心、团队精神、敬业精神、奉献精神	客户第一、团队合作、拥抱变化、诚信、充满激情、敬业
考核标准	主观评定、客观依据	行为清单
考核依据	考核者通过观察和记录员工工作表现所获取的事实或行为	0.5 分（含）以下，或 3 分（含）以上，需要上级主管书面说明事例
考核依据的适用性	一个依据只用于一项要素的评价，避免以偏概全	一个依据可用于评价多个价值观
考核方式	述职、360 度考评	述职、自评与他评
考核周期	月度考核，按季度评定	季度考核，按年度评定
考核结果的应用	安全退休金、职务调动、培训和工资	奖金和晋升

（二）考核结果要坚持赏罚分明

孔子说"以直报怨，以德报德"❶，也就是说，对大家抱怨多的人，应严格按照规章制度进行考评；对评价比较好的人，可以比较宽容地进行考核。让一家公司趋于平庸的最简单的方法就是不能赏罚分明，让表现不佳的人造成恶劣影响，让优秀的人才萌生退意。鉴于此，管理者需要使考核结果真正发挥考核鼓励先进、鞭策后进的作用。华为绩效考核中，各等级的基本比例是，A 占 10%，B 占 40%，C 占 45%，D 占 5%。对 A 的要求是超越目标，而目标又具有挑战性。所以得 A 是很难的，越往高层走越得不到 A，华为有接近一半的员工考核结果是 C（见表 11）。

---

❶《论语·宪问》。

表 11　华为绩效评价等级及其说明

等级	定义	华为绩效评价等级及其说明	参考比例
A	杰出	实际绩效经常显著超出预期计划/目标或岗位职责/分工要求，在计划/目标或岗位职责/分工要求所涉及的各个方面都取得特别出色的成绩	10%
B	良好	实际绩效达到或部分超过预期计划/目标或岗位职责/分工要求，在计划/目标或岗位职责/分工要求所涉及的主要方面取得比较突出的成绩	40%
C	认真	实际绩效基本达到预期计划/目标或岗位职责/分工要求，无明显的失误	45%
D	需改进	实际绩效未达到预期计划/目标或岗位职责/分工要求，在很多方面或主要方面存在着明显的不足或失误	5%

（三）考核方法要因人而异

"君子不可小知而可大受也，小人不可大受而可小知也"❶，也就是说应采取不一样的方法去考核"君子"和"小人"。荣誉与羞辱只适用君子，使他们内心改变；枷锁与鞭笞专门用来对付小人，使他们行为发生改变。考核方案应根据行业、部门、人员素质等的特点采用不同的考核办法。考核方法的可行性和差别化要进行分析。

（四）考核要给予人才改过机会

孔子主张通过"自省"来改正自己的过错。在孔子看来，一个人犯错误能改正过来，"能见其过而自讼"❷，"过则勿惮改"❸，"过而不改，是谓过矣"❹。也就是说，一个人能够改正自己的错误，会得到更高的褒扬。"君子之过也，如日月之食焉，过也，人皆见之；更也，人皆仰之。"❺

（五）考核的时候切忌道听途说

"道听而途说，德之弃也。"❻在处理事实问题上，孔子秉持小心求证的准

---

❶《论语·卫灵公》。
❷《论语·公冶长》。
❸《论语·学而》。
❹《论语·卫灵公》。
❺《论语·子张》。
❻《论语·阳货》。

则。最为重要的不是真理问题，而是立场问题。考核要"用事实说话"，根据业绩、能力、态度等标准，对考核资料进行核实。

第六节　企业的留人之术：节用爱人

一、掌握火候，机遇留人

古今中外，许多有识之士和人才都有自己的人生追求和奋斗目标，都想轰轰烈烈地干一番大事业。在企业治理方面也是如此，一个治理者的水平往往体现在日常生活的言谈举止中。什么时候说什么样的话才能激发员工的热情？什么人值得被挽留？什么话不能在员工面前说，要员工独自消化？失人或失言都会对企业造成不可挽回的损失。正如马云治理最初的阿里巴巴，他作为奠基人之一，始终用工作热情和慷慨激昂的演讲去感染他身边的每一位员工，给予他们坚持下去的勇气和信心。在最困难的时候，有人离开也有人留下。我们可以坚信马云留下了他想要留的人。

孔子说，说话首先要掌握火候，要看说话的时机，"可与之言而不与之言，失人；不可与之言而与之言，失言"❶。其次，要看和对方说什么样的话，"中人以上，可以语上也；中人以下，不可以语上也"❷。最后，要切合环境。子曰："侍于君子有三愆：言未及之而言谓之躁，言及之而不言谓之隐，未见颜色而言谓之瞽。"❸这是要求说话要联系身处的企业小环境。子曰："邦有道，危言危行；邦无道，危行言孙。"❹所以让员工看清时代的大环境很有必要。孔子在不同的场合话语表现也不一样。"孔子于乡党，恂恂如也，似不能言者。其在宗庙朝廷，便便言，唯谨尔。"❺

二、成人之美，美德留人

"学会欣赏"是一种美德，能积极地指导企业的行为。学会欣赏就要保持对

---

❶《论语·卫灵公》。
❷《论语·雍也》。
❸《论语·季氏》。
❹《论语·宪问》。
❺《论语·乡党》。

环境的积极心态。组织建设中过多的抱怨和挑剔并不利于企业的治理,保持开放的心态宽容对待合理的出错,给员工成长提供一个良好的环境,学会欣赏才是成人之美的好习惯。孔子认为,"君子成人之美,不成人之恶。"❶也就是说,君子应成全别人的好事,不助长别人的恶处。成人之美是君子型企业的社会责任。孔子的"君子喻于义,小人喻于利"❷是君子企业造福社会,同时成就自己的座右铭。成人之美就是要把企业作为成就个人的平台。要赏识、重用和保护好不同的人才,关爱人才,知人善任。成人之美就是要坚持以人为本、服务至上,抵制各种急功近利、见义忘利的不良行为。这一思想贯穿了儒家一贯的思想主张,如"己欲立而立人,己欲达而达人"❸"己所不欲,勿施于人"❹等都是这种思想的体现。成人之美是不同阶段的工程。员工没有完成的美企业要帮助他们完成,员工还没有起步的美企业要帮助他们规划,员工处于困境时企业要化非美为美,让对方走出黑暗的泥坑。

三、君子五德,情感留人

孔子认为,人才要有坦荡荡的君子胸怀。良好的企业以德行留人,即便企业处于发展初始阶段也会让人才留得住、靠得牢。《论语》有载,子禽问于子贡曰:"夫子至于是邦也,必闻其政,求之与?抑与之与?"子贡曰:"夫子温、良、恭、俭、让以得之。夫子之求之也,其诸异乎人之求之与?"❺意思是,子禹问子贡为什么孔子每到一个国家都能得到别人治国理政的方案呢,子贡回答:因为夫子用温和、善良、恭敬、俭朴、谦让的态度对待他人。有德才能获得别人的尊敬和信任,有德才的企业才能让员工有可能实现自身的价值。在与员工沟通时克制粗暴、恣意、骄慢、好斗等陋习,这是企业伦理治理的要求。

(一)与员工沟通要态度温和

态度温和容易建立良好的人际关系,遇到再大的困难都能迎刃而解。孔子对待沟通问题,永远保持"人不知而不愠"❻的心态。孔子说仁人说话是慎重

---

❶《论语·颜渊》。
❷《论语·里仁》。
❸《论语·雍也》。
❹《论语·颜渊》。
❺《论语·学而》。
❻《论语·学而》。

的,"仁者,其言也讱"❶。

(二)与员工沟通要善心对待

与员工沟通要态度恭敬,态度不卑不亢,互相尊重。"恭"是遇到问题、处理事情的时候要谨慎专一,不能三心二意,也不能敷衍了事。如果做不到要直言相对,"君子耻其言而过其行"❷。言而有信,讲话要兑现,才会让员工觉得企业是有良心的。不轻易许诺是因为"古者言之不出,耻躬不逮也"❸。

(三)与员工沟通要"节用爱人"

《论语·学而》中,孔子提出"爱人"还应"节用"。所谓"节用",节的是自己之用,把节省下来的财物用到正处,用到最需要的地方。只要心中存有"爱人"之念,"节用"之事便会表现出它应有的意义。

(四)与员工沟通要注意谦让

遇到问题时,不把责任推给对方,而善于从自己身上找原因。孔子说:"君子求诸己,小人求诸人"❹。"古之学者为己,今之学者为人。"❺

今天的企业治理中,反面的例子不胜枚举。有在做事上得意忘形、失意忘形的,可谓"不温";有为了钱权、为了利益,不择手段的,可谓"不良";有为私欲,不顾前后,唯利是图,唯我独尊的,可谓"不恭";有奢侈腐化,贪得无厌的,可谓"不俭";有玩弄权术,得了更多的不义之财却从不布施、为富不仁的,可谓"不让"。"温良恭俭让"既是五种美好的品行,又是五种普遍适用的大智慧,更是每位员工应有的教养。

四、循循善诱,以待遇留人

企业应为员工规划职业发展生涯,让员工感到在公司有发展前途。对待员工,要善于启发诱导,为其指明发展前景。子贡评价孔子时说:"夫子循循然善诱人,博我以文,约我以礼。"❻孔子自己也这样认为:"默而识之,学而不厌,诲人不倦,何有于我哉?"❼孔子以正常的心态看待待遇。求学三年而目的不在找职业,为学问而学习的人,实在是太难得了。"子曰:三年学,不至于谷,不

---

❶《论语·颜渊》。

❷《论语·宪问》。

❸《论语·里仁》。

❹《论语·卫灵公》。

❺《论语·宪问》。

❻《论语·子罕》。

❼《论语·述而》。

易得也。"❶对于待遇，孔子只是主张要用正当的手段获得。孔子不反对人才获得相应的待遇，反对的是"不义而富且贵"。他主张，"富与贵，是人之所欲也，不以其道得之，不处也。贫与贱，是人之所恶也，不以其道得之，不去也。君子去仁，恶乎成名？君子无终食之间违仁，造次必于是，颠沛必于是。"❷在待遇留人的基础上，也要引导人才向"仁"的方向发展。"志于道，据于德，依于仁，游于艺"❸是人生的使命。

《论语》的人才思想为现代企业人才的培养任用提供了一定的借鉴和理论基础。孔子对于人才素质坚持德才兼备，主张选贤于众和因材致用。他的识才、选才、育才、用才以及考核人才的方法至今依旧有效。

本章对 7 家案例企业的人才观、人才培养内容、人才使用方式、培养方式、留人之术等进行比较分析。案例企业的人力资源管理特征见表 12。

首先，从人才观而言，这 7 家案例企业的人力资源管理都重视人才，把人品和能力放在首先考虑的因素，例如华为的"奋斗者"、阿里巴巴的"自省"、腾讯的"人品"。

其次，从人才培养内容来看，尊重员工差异性，提升员工的能力。这 7 家案例企业都具有价值导向的特征，因材施教促进人才提升自我修养，成为企业成长的关键要素。如华为的"艰苦奋斗"，阿里巴巴的"客户第一"，海康威视的"成就客户"等。

其三，就人才的使用上来看，充分发挥人才的积极性。案例企业在选人用人上都建立了科学的用人制度，建立了长期稳定、战斗力强、凝聚力强的队伍。华为强调基层经验，海尔强调竞争意识，阿里巴巴强调团队意识，宁德时代强调个人成长。

其四，就人才培养方式上看，都有完善的培训模式。案例企业重视人才培训，提升整体队伍的专业化水平，实现其工作价值的最大化。由表 12 还可知，在 7 家案例企业中，人才培养方式上都重视企业的学习培训。各个企业都有相应的培训大学或者采取培训营、校企合作等模式，如华为大学、湖畔大学、腾讯学院、海尔大学。

最后，在留人之术上，采用多种激励方式全面提升员工的工作积极性。案例企业在生活待遇、报酬和绩效考核等方面的实践中都采取具有福利性的制度、

---

❶《论语·泰伯》。
❷《论语·里仁》。
❸《论语·述而》。

内部晋升机制等来体现对员工的实质关心,例如腾讯的安居计划、国家电网的绩效导向、华为的定级定薪。

表 12　企业人力资源开发比较

公司	人才观	人才培养内容	人才使用方式	培养方式	留人之术
华为	以奋斗者为本	艰苦奋斗;自我批判	决策权交给一线;责任结果导向+基层经验	跨界合作;开发式交流平台,华为大学	饱和配股,以岗定级,以级定薪
海尔	人人是人才,赛马不相马	价值观念;实战技能;个人生涯	在位要受控,升迁靠竞争,届满要轮换,末位要淘汰	不断创设完善的培训环境,海尔大学;	从人性、薪酬、福利及良好的晋升空间几方面做足工作
阿里巴巴	聪明、皮实、乐观、自省	客户第一,团队合作,拥抱变化,诚信,充满激情,敬业	不拘一格用人才;提高员工对企业的责任感;需要英雄更需要团队	百年阿里;运营大学,产品大学,技术大学及罗汉堂;行动学习,湖畔大学,阿里学习平台	远景吸引高管;事业和待遇留住中层;不变薪酬福利安定员工;注资员工,感情银行
腾讯	人品第一;关注员工成长;人才是核心竞争力	变革有道,沟通有术	5%末位淘汰制;年薪制;吐故纳新	飞龙计划,新攀登计划,腾讯学院	"安居计划";保持顺畅沟通;完善福利
国家电网	技术精湛,能力突出,作风过硬	诚信、责任、创新、奉献;一专多能复合型人才和高端技能人才	鼓励员工勇于展现自己;建立员工成长激励机制	组织青年专业技术人员参与各种项目;建立导师培训制度;建立技能竞赛常态机制;依托国内高等院校或培训机构	推行绩效导向;加强员工生活关怀
海康威视	知人善用,人尽其职	成就客户;价值为本;诚信服务;追求卓越	以人为本,共同成长;建立管理与职业双序列发展通道	"新人训练营""鹰系列——飞鹰计划""鹘鹰计划";组建"人才品鉴发现中心"	股票期权制度和薪酬对标制度
宁德时代	大量实践、学习最新的技术	修己、达人、奋斗、创新	坚持科学工程方法,把握核心科技命脉,坚持不懈奋斗	校企合作模式;CATL 大学	股权激励

第八章

《论语》中的战略管理

第一节　明确使命与目标：安之、怀之、信之
第二节　把握环境的机会与风险：预则立，不预则废
第三节　认清自己的优势与弱点：修己安人
第四节　保持方向与灵活性：持经达变
第五节　企业战略管理的合法性问题：名正言顺

        传统儒家的战略管理思想蕴含着企业使命、企业战略环境、企业自身优势劣势、企业合法性问题等。本章基于《论语》探索企业战略管理理论的框架，用现代的观点分析儒家伦理治理的理论体系，讨论《论语》中关于企业战略管理的系统安排、层次过程与架构。按西方管理学理论来看，战略管理理论先后发展出战略规划学派、环境适应学派、产业组织学派、资源基础学派、认知学派等，从不同的时代背景和角度解读了战略管理的意义。战略管理主要回答几个基本的管理问题：（1）组织的目标是什么？（2）组织的内外环境状况如何？（3）要采取什么行动才能调适环境而达成目标？安索夫在1965年提出战略管理，回答了"企业为什么会不同""企业如何行为""什么决定了企业的边界""什么决定了企业的成败"等根本性问题。❶明茨伯格企业战略的"5P"理论，包括计划、计策、模式、定位和观念。❷企业战略也是获取竞争优势的方法❸，明茨伯格等指出，"战略追求是为了一致性。但是，为了适应变化的环境，组织也需要战略变革"❹。战略研究的价值是将组织的发展与外部环境结合起来分析，企业社会责任及其管理也要上升到企业战略管理的层面来进行研究与实践。著名战略管理大师迈克尔·波特将企业的社会责任区分为反应型和战略型两种类型，他认为企业实施战略型的社会责任才能获得竞争优势。❺相比较而言，《论语》中的战略思想与当代西方战略思想都包含了战略分析、战略选择、战略实施和战略评价等基本框架内容，只是在思维方式、价值理念和表述方法方面存在着较大差异。可以从战略分析的框架来分析《论语》的战略思想。第一，从《论语》的价值理念出发分析企业使命观；第二，从企业的内外部环境分析企业战略选择的机遇与风险；第三，从企业的竞争能力分析企业战略实施的优势和弱点；第四，从企业战略的合法性问题分析企业战略评价的正义性。

---

❶ Charles W. L. H Melissa A. Schilling, Gareth R. Jones Strategic Management Theory：An Integrated Approach[J]. Boston：Houghton Mifflin Company，1998.

❷ H. Mintzberg. The Strategy Concept 1：Five Ps for Strategy[J]. California Management Review，1987, 30（1）：11-21.

❸ Ambrosini V，Bowman C，Collier N. Dynamic Capabilities：An Exploration of How Firms Renew Their Resource Base[J]. British journal of management，2009，20：S9-S24.

❹ Mintzberg H，Ahlstrand B，Lampel J. Strategy Safari：A Guided Tour Through the Wilds of Strategic Management[M]. New York：Free Press，1998.

❺ Porter M E and Kramer M R.The Competitive Advantage of Corporate Philanthropy[J]. Harvard Business Review，2002，80（12），56-69.

第一节 明确使命与目标：安之、怀之、信之

德鲁克在《管理：使命、责任、实务》中指出，企业的使命是为了满足需要而存在的。[1]企业使命是企业对其自身和社会发展所做出的一个承诺。企业确定目标后，开始制定企业战略和计划。在发展战略中，企业首先要明确自己的使命和目标。如果企业的使命是为了追求利润最大化，为什么比尔·盖茨却转身去做慈善了？"股神"巴菲特一下子捐出了370亿美元？在孔子生活的时代，礼坏乐崩，天下纷乱。孔子提出"仁"的概念来作为维护周朝礼乐制度，复兴周文化的使命。孔子提出的使命与目标是：安之、怀之和信之。企业使命对企业发展战略具有重要意义，对战略选择、战略实施和战略效果起决定性作用，而安之、怀之、信之作为孔子仁政的追求目标，同样可以作为企业战略的指导价值和使命目标。

一、使命指明方向，近悦远来

《论语·述而》记载，孔子愿意共事之人一定要"好谋而成者也"[2]。孔子并不逞一时之勇，不会与那些敢搏虎涉河，丢了性命也不顾的人共事。而只有善于以谋略求成功的人才是孔子所器重的，因为有谋略的人能看到未来发展的方向，谨慎行事。孔子生于动乱之秋，却立志重建商周早期的社会秩序，努力弘扬他的积极入世的理念。孔子的理想不是子路说的"愿车马衣轻裘与朋友共，敝之而无憾"（车马轻裘与朋友们共享）的志向，也不是颜渊说的"愿无伐善，无施劳"（做好事不张扬，有功劳不自夸）的愿望。孔子的理想目标是"老者安之，朋友信之，少者怀之"[3]。孔子对于经世治国的最终目标是在"安人"，故孔子提出了"老者安之，朋友信之，少者怀之"的愿景，希望这种世界大同的社会使人能"近悦远来。"同时，孔子也提出了"仁"为修身的最高指导原则，基于"仁"的体与用，使人们树立起共同的价值观。真正完美的社会并不是物质丰富的技术型社会，而是人的价值得到充分尊重的"安人"社会。企业的技术再发达，如不能为"仁"而谋，这样的企业使

---

[1] 彼得·德鲁克. 管理：使命、责任、实务[M]. 北京：机械工业出版社，2009.
[2] 《论语·述而》。
[3] 《论语·公冶长》。

命对社会而言并没有什么意义。企业的使命是以道驭器，即解决器物危机的是道德出路。

二、使命是发展保障，学道则爱人

企业使命发展历程表明经济和社会同步发展是企业发展的保障，企业不只有经济利益，还有环境利益、社会责任。孔子认为，"君子学道则爱人，小人学道则易使也。"[1]君子与小人之间的差别在于是否有使命感。企业也是如此，有使命感的企业是要去提高人们的生活品质的。阿里巴巴的使命是"让天下没有难做的生意"；百度的使命是"用科技让复杂的世界更简单"；腾讯的使命从"通过互联网服务提升人类生活品质"改变为"科技向善"；沃尔玛的使命是"给普通百姓提供机会，使他们能与富人一样买到同样的东西"；微软的使命是"致力于提供使工作学习生活更加方便丰富的个人电脑软件"；华为的使命是"关键时刻与客户在一起"。在这些企业中，企业的使命中除包括经济责任以外，更多地体现出一个企业的社会责任，从超越经济视野来看企业的使命，会看到企业更好的发展空间。

三、使命是力量源泉，知其不可为而为之

"知其不可而为之"是企业强烈的责任感和使命感的表现。不可为不是目标不能实现，而是实现有一定的难度。使命感的价值在于实现的过程，而非实现的结果。企业的使命会在组织响应中起到调节作用，会强化企业发展的信心。企业只有拥有彼此认同的使命，才能发挥激励员工提高绩效并获得认同感、归属感和幸福感。当企业的使命成为个人的价值，企业就拥有了力量的源泉。微生亩谓孔子曰："丘何为是栖栖者与？无乃为佞乎？"孔子曰："非敢为佞也，疾固也。"[2]当道家隐士微生亩批评孔子忙碌于各国游说是在巧言谄媚，孔子则说要坚守自己的理想，其被人称作"知其不可而为之者"[3]。当人们认为，人无法不受社会环境的影响，没必要那么坚持的时候，孔子却感叹地说道："果哉，末之难矣。"[4]意思是要他改变自己的志向很难。

---

[1]《论语·阳货》。
[2]《论语·宪问》。
[3]《论语·宪问》。
[4]《论语·宪问》。

第八章 《论语》中的战略管理

四、使命是反馈机制，患所以立

反馈机制是指一个企业在充分收集数据，通过反馈核查加强消费者对企业的信任程度的机制。反馈包括问题反馈、发展前景反馈、组织风险反馈、组织管理压力反馈。管理者意识到组织存在的问题，会促使组织采用积极的战略进行变革，因为组织绩效会影响社会地位和声誉。这样的反馈对企业来说是必需的，从而促使组织内部进行有效的互动。员工、主管的表现，企业整体绩效都是企业每个人关注的问题。员工关注自己的价值，主管关注部门的表现，投资人关注企业的业绩，这些都体现了使命的反馈机制。"不患无位，患所以立。"❶孔子对于使命的反馈是不要在乎职位，而要在乎是否完成了职位上的事。

第二节 把握环境的机会与风险：预则立，不预则废

要确立企业的发展战略就要找出企业发展的优势劣势，有效分配资源、活用资源。1986年，德国著名学者乌尔利希·贝克（Ulrich Beck）在《风险社会：通往另一个现代的路上》阐述了一个通向文明社会的"风险社会"。❷在全球化时代，社会已进入一个与风险共生的阶段。这些风险都是现代文明所制造的。2020年蔓延全球的新冠肺炎病毒，提醒我们无论采用什么样的治理模式，管控风险已成为管理学中一项重要的课题。在现实环境中，企业的经营管理要受到来自企业内外部因素的影响，管理稍有不慎就会导致计划失败，甚至是组织的灭亡。在《论语》中，孔子所说的"天"和"命"实质上是指企业的外部环境。孔子讨论过"天下""天道"，还有单字"天"。孔子所说的"天"有三个意义：一是自然之"天"，如"天何言哉！四时行焉，百物生焉，天何言哉"❸；二是主宰或命运之"天"，如"天生德于予，桓魋其如予何"❹；三是义理之"天"，如"获罪于天，无所祷也"❺。孔子讨论的天"命"指的是必然之理。"理"是正途、良善的标志。依"理"而行，善有善报；逆"理"而行，

---

❶《论语·里仁》。
❷ 乌尔利希·贝克. 风险社会：通往另一个现代的路上[M]. 何博闻，译. 南京：译林出版社，2004.
❸《论语·阳货》。
❹《论语·述而》。
❺《论语·八佾》。

167

恶有恶报。"不知命，无以为君子。"[1]

一、对战略管理的环境认知

企业治理是在市场环境下进行的，其发展战略都必须受制于环境。

（一）环境的不确定性

关于不确定性的概念，吉福德（Gifford）认为，由于个人缺乏充分的信息或资料来做出准确判断，才会有不确定感。美利肯（Milliken）指出因为未来具有不确定性，因果关系具有不确定，个人认知能力的缺陷等导致不确定性问题的存在，不确定性是企业高层必须解决的基本问题。今天我们遇到的"黑天鹅"事件、"灰犀牛"事件，都证明了环境具有不确定性。对于环境的认知，孔子的态度是谨慎。季康子馈药，拜而受之。曰："丘未达，不敢尝。"[2]意思是季康子给孔子赠送药品，孔子拜谢之后接受了，说："我对药性不了解，不敢尝。"说明对于具有不确定性的环境，孔子采取的方法是谨慎。子曰："人无远虑，必有近忧。"[3]企业在制定战略决策的时候，如果没有长远的谋划，则必然会有近期的忧患。对于环境的不确定性，我们必须去追溯是不是企业以前的相关决策造成了今日的现状，是否可以避免不利的结果，是否可以通过总结经验教训不致重蹈覆辙。危机的出现是不确定的，也有些危机可以预防或通过事先制定预案使风险降到最低。孔子说："暴虎冯河，死而不悔者，吾不与也。必也临事而惧，好谋而成者也。"[4]所以我们遇到危机应追本溯源，分析各种影响因素，制定周密的预案。只有保持危机感，减少犯错的机会，才能成功应对危机。企业处理危机时，要有战略眼光，不要贪图眼前的小利。子夏担任莒父地方长官，向孔子请教政事。孔子教导子夏："无欲速，无见小利。欲速则不达；见小利，则大事不成。"[5]也就是说不要贪图一时之利，不要急于求成。

（二）因果关系的不确定性

管理人员在面临具有风险的事件时，可能因为"信息不对称"的关系而做

---

[1]《论语·尧曰》。
[2]《论语·乡党》。
[3]《论语·卫灵公》。
[4]《论语·述而》。
[5]《论语·子路》。

出错误的决策。这是因为人在缺乏重要信息时，难以知悉事件发生的原因以及可能导致的结果，而无法对事件带来的风险做出正确的判断。在前现代社会，孔子针对因果关系，提出了一系列的解决方法。例如，在学习方面，他提出为人要"务本"，"本立而道生"❶，"本"即是因，"道"即是果。"孝弟也者，其为仁之本与"❷，"孝弟"即是因，"仁"即是果。弟子"孝弟谨信爱"是因，有"学"是果。君子"重、威"是因，"学固"是果。君子可以通过学习因果关系来通达"仁"与"道"。"慎终追远"是因，"民德归厚"为果。

（三）预见能力的不足

在高风险的现代性社会中，即便是利用复杂的计算机工具也难以应对具有复杂性的风险。现代社会的风险，尤其是科技风险在范围、幅度和深度上对企业治理影响深远，足以导致企业经营困难甚至破产。预见能力的不足是在针对风险事件来拟定策略时，无法有效预测到策略执行后的结果，也不具有能力来处理后续问题。中国著名人类学家胡家奇在其学术专著《拯救人类》就预言，科学技术造福人类的能力越强，其毁灭人类的威力就越大。核战争、核事故、生物武器、环境污染、极端天气、食品添加剂、违禁药物、克隆人研究、基因编辑技术、纳米机器人应用、人工智能开发等存在无限的潜在风险。正是由于风险的不可预测性，胡家奇建议要从人类的整体生存去规避各种风险，严格监督和制约科技的非理性发展，以彻底摒除安全隐患。也正是如此，孔子的忠告也是关乎人类生存和发展的。仲孙何忌问孔子的弟子颜回："如果说一个字，对仁德、智慧都有好处，你能不能说给我听听？"颜回说："说一个字对智慧有好处，莫过于'预'字；说一个字对仁德有好处，莫过于'恕'字。这就是懂得什么该做，什么不该做。"所谓"预"就是孔子所言："凡事预则立，不预则废。"❸

（四）应对风险的脆弱性

"脆弱性"概念最初源于自然灾害研究，后来也被运用到了风险管理领域，被看作反映系统承受压力的强弱指标。❹其主要可区分为生态学、医学和社会

---

❶《论语·学而》。
❷ 同上。
❸《礼记·中庸》。
❹ Feenstra J F，Burton I，Smith JB，et al. Handbook on methods for climate change impact assessment and adaptation strategies[M].Nairobi：United Nations Environment Programme，1998.

学三种类型。生态学层面将脆弱性定义为"在社会倾向或生态系统上,因极大的外部压力与干扰而受到伤害的程度"❶。医学层面则将脆弱性定义为"个人与家庭因为缺乏和需要等因素,而暴露出的风险程度大小的衡量",而此衡量值会因个人或家庭的社会经济状况不同而有所不同。❷社会学领域将脆弱性定义为一套与"社会经济"相关的内容,其能够决定人在面对环境的压力及变动时的处理能力。❸卡特(Cutter)(2000)等人认为一个地方的脆弱性,其实是由"生物物理学(biophysical)的脆弱性"及"社会的脆弱性"两者所共同形成的。❹布莱克(Blaikie)、卡特(Cutter)和米莱蒂(Mileti)等人认为导致脆弱性的原因主要有资源、信息、政治体制、宗教信仰与习俗、设施与设备、个体条件等。❺以公共治理而言,如同吕育诚(2005)所指出的,地方政府除要将来自中央或全球性的治理要求转换为制度变革的动力外,也要调整本身体质,以及消除既有制度潜存的障碍。反脆弱性就是减少不利因素,减少负面"黑天鹅事件"对企业的影响。孔子是怎么做到反脆弱的呢?他说:"君子不器。"君子不要像器物一样具有只会从事某一具体职业的特定才能,而应在"道"上有所作为。2008年的金融危机来临时,最先倒闭的就是国内的那些代加工公司。孔子认为"仁者不忧",企业的发展如果契合社会整体的发展,那就不会那么焦虑了。孔子认为,主动学习的人才是有智慧应对危机的人,"好学近乎知"。

华为的危机管理可望成为中国式管理的典范,主要包括"备胎论""冬天论""凤凰论""天鹅论""伞论"(见表13)。在中美贸易战中,华为作为受美国打压和制裁的企业,正是采取危机管理才得以在极限环境下生存。"备胎"海思作为华为科技的基石,不仅助华为挺过危难,还使华为成为最新科技技术领域的黑马。在华为的发展史上,任正非多次拉响了"冬天"的警报,要求华为高管牢

---

❶ Kasperson R E, Renn O, Slovic P, et al. The Social Amplification of Risk: A Conceptual Framework[J]. Risk analysis, 1988, 8(2): 177-187.

❷ Blaikie P M. Political Ecology in the 1990s: An Evolving View of Nature and Society[M]. Center for Advanced Study of International Development, Michigan State University, 1994.

❸ Allen D G, Shore L M, Griffeth R W. The Role of Perceived Organizational Support and Supportive Human Resource Practices in the Turnover Process[J]. Journal of Management, 2003, 29(1): 99-118.

❹ Cutter S L, Mitchell J T, Scott M S. Revealing the Vulnerability of People and Places: A Case Study of Georgetown County, South Carolina[J]. Annals of the association of American Geographers, 2000, 90(4): 713-737.

❺ Blaikie P M. Political Ecology in the 1990s: An Evolving View of Nature and Society[M]. Center for Advanced Study of International Development, Michigan State University, 1994; Mileti D. Disasters by Design: A Reassessment of Natural Hazards in the United States[M]. Joseph Henry Press, 1999.

固树立危机意识。2019 年，华为遭遇了"黑天鹅事件"，华为很早地察觉到了"黑天鹅事件"的诱因，并采取了相应的应对措施。

表 13　华为危机管理

危机论	危机等级	年份	危机内容	应对措施
备胎论	顶级危机	2004	Android 系统、芯片断供	诺亚方舟实验室，研制海思芯片
冬天论	次级危机	2000	2001 年通信行业进入寒冬	《华为基本法》《活下去是企业的硬道理》《华为的冬天》、均衡发展、自我批判、不盲目创新、模板化
凤凰论	次级危机	2018	工作中小小的错误很有可能引发巨大的失败和危机，必须直面错误，严防危机	《对经营管理不善领导责任人的问责通报》，烧不死的鸟是凤凰，在自我批判中成长；绩效考核末位淘汰日常化；干部不是终身制
天鹅论	小概率危机	2019	美国调动了国家的力量和资源打压华为，禁止美国企业购买华为产品，同时限制华为购买美国企业生产的零部件	（1）危机意识 （2）应对措施
伞论	次级危机	2019	阳伞的保护机制就是成本、价格和合作关系的维系。华为要避免晒，要善用产业链分工这把阳伞，必须自己会造伞打伞	（1）产业链分工之伞 （2）自己造伞：鸿蒙系统

二、《论语》应对企业风险的策略：道之以德，齐之以礼

所谓的风险是指某项技术或活动"对一个社会系统的基本价值和行为准则架构产生的严重威胁，其影响和涉及的主体具有社群性"[1]，它通常会带

---

[1] 薛澜，张强，钟开斌. 危机管理：转型期中国面临的挑战[J]. 中国软科学，2003（4）：7–13.

来"无法预知的损失"❶，这样的风险足以对企业或个人带来致命性的灾难。如若风险在初期未被发现，则未来的风险评估及管理功能都会没有意义。❷贝克（Beck）等人的研究指出，1992 年英国出现的疯牛病（bovine spongiform encephalopathy，BSE）是"二战"以后最严重的公共卫生事件。就物质层面看，疯牛病导致 330 万头牛遭到屠宰，经济损失约 37 亿英镑；就行政管理层面看，该事件导致了失职的英国农业部被解散。❸之后，公众的风险意识大大提高，从而推动了诸多创新性的改革，如巴罗诺夫（Baranoff）（2004）指出后"911"时期，企业或个人都有了财务风险管理意识，社会上衍生了很多与风险管理有关的新型态保险商品。❹中国发生新冠肺炎疫情后，政府果断采取管控措施并取得了实效。

（一）领导管理在企业规避道德风险中的运用

领导管理通过进行战略制定、商业目标设置和企业绩效考核等，实现组织运营、绩效管理以及价值创造、实现和维持的方式等风险管控。善于管理的领导去风险化的思维能做到化有形为无形，实现"无为而治"，规避企业的道德风险。正如孔子所说，"道之以德，齐之以礼，有耻且格"，领导者的品行会影响下属，影响公司文化，领导者的道德越高尚，影响力就越大。领导者通过这种非职权性的影响力可以达到良性的辐射作用。

（二）利益管理在企业道德风险规避中的运用

市场经济的一个显著特征是追逐利益，市场竞争是为了赢取最大的经济效益。有些企业为了利益可能会背弃道义，而儒家义利观的精华之处就在于对员工、消费者，以及对合作伙伴所负有的责任，都应体现道义。

（三）信用管理在企业道德风险规避中的运用

商业活动中的信用，维系着商户和顾客良好持久的关系，这是一种隐性的财富。在市场竞争中，企业要建立信用保障制度，要坚守诚实守信的原则。建立社会信用制度，会大大降低交易风险和交易成本，提高交易效率。2019 年，

---

❶ Athearn J L. What is risk?[J]. The Journal of Risk and Insurance，1971，38（4）：639-645.

❷ Koller D，Friedman N，Džeroski S，et al. Introduction to Statistical Relational Learning[M]. Cambridge：MIT press，2007.

❸ Beck M，Asenova D，Dickson G. Public Administration，Science，and Risk Assessment：A Case Study of the UK Bovine Spongiform Encephalopathy Crisis[J]. Public Administration Review，2005，65（4）：396-408.

❹ Baranoff E Z，Baranoff E Z. Risk Management and Insurance[M]. Danvers：Wiley，2004.

在美国政府计划让华为公司加入所谓的"实体清单"后，谷歌宣布暂停与华为的部分业务往来，其官方安卓操作系统不再支持新发售的华为手机。谷歌这样做，无疑使这家世界级的公司遭遇了全面的信用风险。欧洲人这样评价道："这意味着谷歌以及脸书这样的企业不可信赖，随时可能被外交政策当作工具利用。现在必须警醒欧洲，开发自己的智能手机操作系统。"❶ 因此，维护好企业的信用，才能避免由此带来的企业治理的系统性风险。

（四）人才管理在企业道德风险规避中的运用

人才管理是从全局和战略的高度来规避企业道德风险，这是企业内部治理中人才要素与企业风险管理的相互结合。风险管理和内部治理界限模糊不清，协调成本高，会造成资源的浪费。所以，企业有必要通过弄清内部治理的人才因素在风险管理方面的作用，协调企业内部治理的各要素之间的关系来实现规避风险。企业的发展依靠人才，企业核心竞争力在于人才，因此员工的生存发展状况会影响企业的生存发展。儒家"仁"的精神主张对员工进行人性关怀，让人才发挥潜力，提高竞争力。海尔集团的企业文化便体现了人本理念，其"赛马机制"，强调公平竞争，任人唯贤，职适其能，动态管理，旨在充分发挥每个人的潜在能力，让每个人每天既能感到来自企业内部和市场的竞争压力，又能够将压力转换成竞争的动力，这是企业持续发展的秘诀。在企业治理中，个体的选择意愿不同会给企业人力资源带来风险。而人力资源也会给企业带来绩效。人力资源是在动态变化中不断发展的，又因为人的学习能力会为企业带来价值，所以对人力资源进行开发利用才能做到"人尽其才，才尽其用"。

三、应对风险的组织弹性（organizational resilience）

组织弹性是指组织应对逆境的能力，在遇到危机时，企业恢复常态的能力。这一概念最初被用于描述企业需要应对快速变化的商业环境。《论语》中对于弹性的分析与西方的组织弹性理论也有印证。

（一）利用组织弹性方法解决问题，"从心所欲，不逾矩"

这种适时调整能力要体现"从心所欲，不逾矩"的状态。人的成长是个动

---

❶ 郭涵. 谷歌"断供"华为，德国网民也炸锅[EB/OL]. 观察者网，2019-05-22[2020-3-21]. https://www.guancha.cn/internation/2019_05_22_502593.shtml.

态的过程，会随着环境变化而变化，组织也是如此。因此，组织应该是"用其所用"，不断进行检核与反思。因为"从心所欲不逾矩"，组织就会在社会实践中把自己的使命追求和自己所认知的、能够接受的"矩"融合为一体。一个组织的强盛，不是体现在它创造的物质财富有多大，而是体现在无论是处于顺境还是逆境中，它都能做成事。W.G Hamel、L Valikangas（2003）在 *The Quest for Resilience* 中认为，成功的组织能根据新的商业环境做出大的调整和变化。❶华为在员工的职业生涯安排上会进行大范围、大跨度的调岗和轮换，以使他们适应商业环境的变化。

（二）组织弹性要尊重员工，"古之学者为己，今之学者为人"

孔子说："古之学者为己，今之学者为人。"❷"学以致其道"就是要依"道"行事，组织的价值取向应该是胸怀天下，组织要发挥每个人的价值，为社会国家尽己之力，才能应对各种危机。组织要研究关注员工地位和受人尊重的需要，建立公平合理的考核机制，引导个人成就动机。Horne Ⅲ提出了组织应对危机的基本架构，以强化企业的核心能力，如沟通协调能力、组织领导力、组织价值观的重塑等。❸Leonard-Barton 指出，传统概念中组织的能力中价值观的塑造是最为重要的核心能力。❹

（三）组织的弹性要建立一套激励机制，"惠则足以使人"

组织弹性通过建立一套激励机制使得个人利益与组织利益相统一，正如孔子所说的"惠则足以使人"，让员工得到实惠，员工与组织利益结成共同体。Riolli 和 Savicki（2003）从个人层次与组织层次上建立起的信息系统在处理压力和反馈能力的架构模型上也列出了几个重要因素。❺华为公司除支持员工广泛持股外，还向员工发放以绩效为依据的奖金，利益向创造业绩的一线"奋斗者"（研发人员是其中最重要的主体）倾斜。过往 30 年，华为员工的年平均收入之

---

❶ W.G Hamel, L Valikangas. The Quest for Resilience[J]. Revista Icade. Revista de las Facultades de Derechoy Ciencias Económicas y Empresariales, 2004（62）: 355–358.

❷《论语·宪问》。

❸ Horne III J F. The Coming Age of Organizational Resilience[C]//Business forum. California State University, Los Angeles, School of Business and Economics, 1997, 22（2/3）: 24.

❹ Leonard-Barton D. Core Capabilities and Core Rigidities: A Paradox in Managing New Product Development[J]. Strategic management journal, 1992, 13（S1）: 111–125.

❺ Riolli L, Savicki V. Information System Organizational Resilience[J]. Omega, 2003, 31（3）: 227–233.

和（含工资奖金和福利）与股东收益之比为 3:1 左右。华为的激励机制是一个建立在人性哲学之上的企业经营哲学，获得了 18 万员工的普遍认同。

第三节 认清自己的优势与弱点：修己安人

一、特色赢得客户

（一）产品或服务的独特性

做产品和服务要有如孔子说的"与其进也，不与其退也"❶的精神，要积极进取反对停顿不前。孔子认为"有能一日用其力于仁矣乎？我未见力不足者"❷，并形象地指出："譬如为山，未成一篑，止，吾止也。譬如平地，虽覆一篑，进，吾往也。"❸提供产品、服务，要没有任何的"力不足者"，只有"吾止也"者。2018 年，美国对中兴公司实施制裁，公司主要经营活动已经无法进行。中兴通讯的禁运事件反映了中国电子产业的缺芯之痛。❹从进口的数据看，2019 年芯片进口大约花费了 3000 亿美元，远超过石油进口 2400 亿美元（见图 10）。本土芯片设计公司成为市场最热捧的对象，也正是如此，同样经历了 2019 年 5 月美国禁令事件的华为公司，因为有自研的芯片，全年业绩仍实现正增长，韧性十足。联想集团的"企业平台化、员工创客化、用户个性化"的"三化"变革为客户提供了独特的服务。一个成功的商业模式就是产品和服务的独特价值是别人不能提供、不愿提供或者想不到提供的价值。❺在互联网时代，大规模生产已经向个性化定制转型，要素驱动已经向创新驱动转型。

---

❶《论语·述而》。

❷《论语·里仁》。

❸《论语·子罕》。

❹ 中兴通讯：受拒绝令影响主要经营活动已无法进行[EB/OL]．每日经济新闻，2018-05-09[2019-12-21]．http://www.nbd.com.cn/articles/2018-05-09/1215577.html.

❺ 梁宇亮．商业模式 4.0：重塑未来商业逻辑[M]．北京：人民邮电出版社，2018.

《论语》与现代企业治理

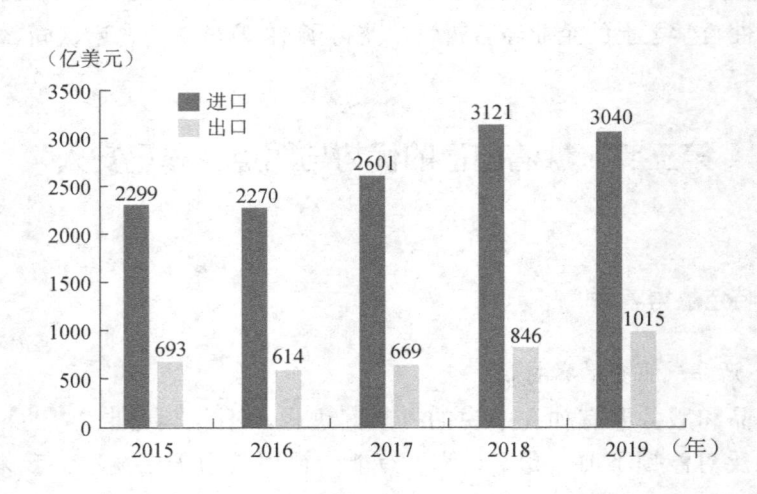

图10　2015—2019年芯片进出口金额

（二）满足顾客需要的独特性

顾客需要是企业竞争优势的来源，企业要有满足顾客消费行为的独特性。顾客不仅是产品价值的被动接受者，也是产品价值的开发者。在消费者主权时代，满足顾客需要成为企业发展的动力和优势。《论语》中多处提到满足别人需要的思想，如"己欲立而立人，己欲达而达人""仁者爱人""推己及人"等。总结起来一句话：服务就是满足他人的需要。按照孔子和而不同的理念，每个人都会在某种程度上渴求唯一的独特性，这样的独特性就构建了组织满足顾客消费需要的独特性。满足顾客需要的独特性体现在要了解顾客的生活方式以及关注重点；了解顾客使用一个产品的形式和相应的消费兴趣，了解顾客产品使用的内在感受。企业要不断推出让顾客喜爱的产品，要预见未来他们需要的变化。

（三）满足顾客途径的独特性

孔子希望人人皆能修己成君子。他认为修炼有君子、仁者、圣人三重历程。君子"修己以敬"[1]，第一步是对外在人事的敬畏，也就是"畏天命，畏大人，畏圣人之言"[2]。第二步是"修己以安人"[3]，即"己欲立而立人，己欲达而达

---

[1]《论语·宪问》。
[2]《论语·季氏》。
[3]《论语·宪问》。

人"❶。第三步是"修己以安百姓"❷，着眼于兼济天下。孔子从多个方面分析了修炼的步骤。企业为客户提供的服务就是一个成人之美的自我修炼过程，成全他人之好事，帮助别人实现美好的愿望。张维迎认为，市场逻辑就是君子之道。圣人，不利己而利他；君子，利己而利他；小人，利己而不利他；愚人，不利己也不利他。❸由此，从利己利人或者不利己而利他的角度看，满足顾客途径的独特性就要满足顾客的多层次需要。企业要善于通过多个途径满足顾客的需要，要用心倾听顾客的意见，观察市场动态变化，与顾客建立密切联系，从而从市场中获取创新的洞见。满足顾客途径的独特性就要重视顾客的参与，建立和开展多种渠道为顾客与企业、顾客与顾客之间的互动提供新的活力。小米在手机研发设计时就鼓励粉丝参与设计，大大提升了消费者的真实需求，及早进行产业链的布局调整。京东通过体验消费等方式重构内部运营价值链，为消费者提供新的商业价值。腾讯的成功在于将自身的产品、服务和社交平台建立了连接，构建顾客参与的商业模式。支付宝通过蚂蚁森林等场景的构建，掌握了顾客的消费心理。宜家通过引导消费者参与营造购物体验，让顾客自主选购，自主安装，大大提升了营销效果。要满足顾客途径的独特性还要坚持底线思维。对一些破坏公共道德和违法乱纪的顾客，企业要敢于捍卫自身的道德底线。

二、权衡利弊得失

（一）有所为有所不为

企业发展要根据自己的特长与弱项，扬长避短，有所为有所不为。孔子不遗余力地培养"士""君子"，以期自己的理念能有朝一日践行于社会。孔子一生弟子三千人，为当时社会所认同，接纳的贤士有七十二人，可谓人才济济。从教育角度看，孔子也是有所为而有所不为，其不要求弟子是全才，而是要他们凸显出自己的优势。例如，他认为在品德方面表现突出的有颜渊、闵子骞、冉伯牛、仲弓四人，在语言方面最擅长表达的是宰予和子贡，在从政方面最强的是冉有和季路，而文学造诣最深的是子游和子夏。企业治理也是如此，并不是所有的都要做到最好，而应该根据自己的特色做出精品和上品。当年乐视准

---

❶《论语·雍也》。
❷《论语·宪问》。
❸ 张维迎. 市场逻辑就是君子之道[J]. 中国中小企业，2017（5）：33-35.

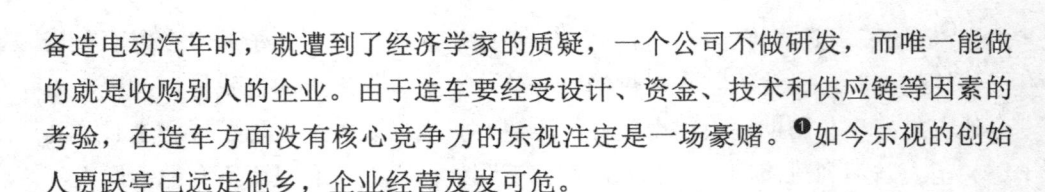

备造电动汽车时，就遭到了经济学家的质疑，一个公司不做研发，而唯一能做的就是收购别人的企业。由于造车要经受设计、资金、技术和供应链等因素的考验，在造车方面没有核心竞争力的乐视注定是一场豪赌。❶如今乐视的创始人贾跃亭已远走他乡，企业经营岌岌可危。

（二）鱼和熊掌不可兼得

企业经营面临着多种目标，当两者不可兼得的时候，鱼和熊掌不可兼得的原因是机会成本的存在。总的来说，两者不可兼得包含价值观的冲突、时间冲突和选择冲突。在价值观发生冲突时，企业发展战略要选择超越利益的价值。孔子说："士志于道，而耻恶衣恶食者，未足与议也。"❷意思是一个人又立志于追求道，又认为吃穿不好是羞耻的事，是不值得和他讨论大事情的。在时间发生冲突时，那就要根据企业的发展阶段来选择既有固定的价值原则或是战略变革和行动；在选择发生冲突时，不同的领导会选择愿景与使命或进行"摸着石头过河"的探索。

（三）为他人留有生机

即便是对待对手，孔子也不提倡以德报怨，因为这样就等于取消了道德；但他同时也反对以怨报怨，以暴制暴。《论语·泰伯》记载，孔子说："人而不仁，疾之已甚，乱也。"意思就是，对不仁的人，恨得太过分，就是祸乱。因为恨得久了，恨得厉害了，你就会慢慢成为那样的人。孔子认为用不道德的手段去推行道德，就如同抱薪救火；用不道德的手段去惩罚不道德，又如同以暴易暴。孔子意识到，用不道德的行为去维护道德，会破坏最基本的价值。在企业治理中，尽管会遇到一些不道德的经营手段或恶性竞争，也要注意采用符合法律、政策和社会公德的手段去进行应对，理性维护企业的合法权益。

三、协同配合生产

按儒家治理理论来讲，这种协同生产就是追求"和为贵"的效果。在《论语》中，关于"和"的论述一共出现了8次。企业治理要采用各种方法以维护和谐的状态，"礼之用，和为贵，先王之道，斯为美"❸。不仅要"均无贫，

---

❶ 郎咸平. 乐视造汽车四大难关[EB/OL]. 新浪网，2016–12–15[2019–12–20]. http://auto.sina.com.cn/news/ hy/2016–12–15/detail-ifxytqax6052180.shtml.

❷《论语·里仁》。

❸《论语·学而》。

和无寡，安无倾"❶，也要做到"修文德以来之"❷，让参与各方形成合力。

（一）管理群体协同

对于领导者而言，有德行的领导者会受到拥戴。子曰："为政以德，譬如北辰居其所而众星共之。"❸领导者以身作则，那么员工自然会跟随潜心。"政者，正也，子帅以正，孰敢不正？"❹这是领导者与员工的协同，也是企业领导者能够持续任职的原因。"君子之德风；小人之德草；草上之风，必偃。"❺孔子认为企业治理首先要将自己先管理好。"修己以安人""修己以安百姓"❻是孔子治理策略的第一步。管理者必须以"德"来治理国家，所谓"德"即是好行为的成果和作用。孔子对修己、正己作了两个比喻。其一是修己、正己像北极星，一旦管理者做到了，其余的聚星就会相伴。其二是如草与风的关系，管理者以德治教化老百姓，自然像草对风一样臣服。"义"是管理者的判断标杆，合于义就做，不合于义就不做。在企业内部治理，还要尊重个体的差异，按孔子的说法就是可以达到"和而不同"的要求。企业要以"和"的方式充分尊重个体差异性或者充分发挥个体的积极性，团结协作实现动态的和谐。❼在企业的分配上，以"和无寡"的方法营造和谐的工作氛围。孔子主张"不患寡而患不均，不患贫而患不安，盖均无贫，和无寡，安无倾"❽。

（二）市场参与协同

企业治理要吸纳其他治理主体参与治理，构成利益共同体、情感共同体、道义共同体，充分发挥社会利益各方的力量和作用，提高治理的科学性、专业性和权威性。在大数据时代，企业与用户之间的联系越来越紧密，是真正的利益共同体。用户不是流程的终端，企业和用户都是功能的代表。企业的生产和用户的需求是两个并存的利益共同体。就构建道义的共同体而言，儒家伦理治理的启发是以"见利思义"的义利观化解各方利益冲突。当市场参与各方存在义利冲突时，则要舍利取义。孔子所说的"不义而富且贵，于我如浮云"就体现了这样的处理方法。儒家并不反对取利，而是反对不当取利。处理好义利关

---

❶《论语·季氏》。
❷《论语·季氏》。
❸《论语·为政》。
❹《论语·颜渊》。
❺《论语·颜渊》。
❻《论语·宪问》。
❼ 全细珍.《论语》的协同管理思想在团队建设中的应用[J]. 商场现代化杂志，2008（27）：296–297.
❽《论语·季氏》。

系，也就处理好了市场参与各方的道德与经济、现实与超越的和谐发展问题。"和为贵"的治理思想呈现出一个多方参与、彼此协调合作的复合型过程，协作产生便利，降低成本，实现协同生产。例如，华为与同行是一种相互协作的良性发展关系，而不是你死我活的恶性竞争关系，公司通过与其他企业互换专利，进行协作开发，实现共同发展。

（三）资源竞合协同

市场是资源配置的一种方式，资本既可以促进整个社会效率的提高和生产力的发展，也容易发生资本和社会公共福利之间的矛盾。企业治理时就要协同各种资源，包括基础设施、现代化设施、人力资源、资本、研究机构、信息资源等。企业为实现共同目标必须以价值为导向进行资源的共享或交换。例如，在电子商务领域，借助动态合作理论，通过对生态系统内的资源如产品、服务、物流、资金支付重新整合，搭建多渠道、多种类创新合作和商务交流平台。❶目前渐成发展趋势的物联网就是典型代表（见图11）。根据协同理论的原理，如果不与外部环境协同，组织内部原本有序的内部结构都将失去作用。❷企业治理就是为实现共同目标进行资源协同的过程。企业与外部环境资源的协同有信息资源协同、知识协同、技术协同。值得注意的是，新经济时代对产业结构、市场环境和竞争格局产生了颠覆性影响，分工结构发生了变化，企业的竞争关系转变为合作共生关系。❸早在1996年就推出智能手机的诺基亚，却被后来者苹果打败了。苹果公司战胜诺基亚公司的秘诀就是构建了共生的生态关系。"动之斯和"就是这种资源协同的结果。要充分利用好各种资源，正如孔子所看重的"天时地利人和"因素。在《论语》中有许多赞扬孔子的资源协同能力的语句，称孔子为"夫子之得邦家者，所谓立之斯立，道之斯行，绥之斯来，动之斯和"❹。换而言之，孔子无论做诸侯或卿大夫，都能动用各种社会资源，百姓会同心协力。"动之斯和"就是一种资源动用协作能力。

---

❶ 王耀德，许其彬. 电子商务价值生态系统的构建[J]. 技术经济与管理研究，2018（2）：64–69.
❷ 赫尔曼·哈肯. 协同学导论[M]. 西安：西北大学出版社，1981.
❸ 高臻，张睿，钱省三. 基于生态学理论的相关企业互动关系研究[J]. 商业研究，2010（3）：54–56.
❹《论语·子张》。

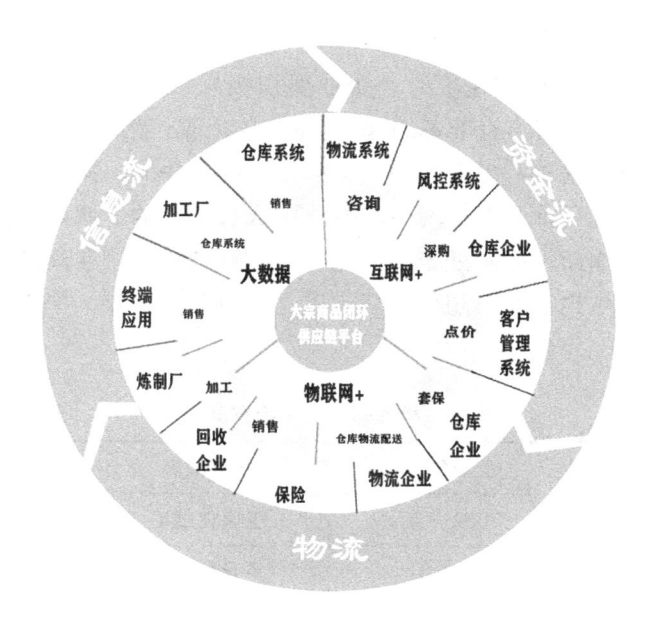

图 11　万物互联平台

第四节　保持方向与灵活性：持经达变

一、战略管理要在变中找到不变的规律

企业治理的艺术是在变中找到不变的规律，把握住市场变化的灵活性，企业发展战略中有"不变"的战略，也应该是变化的战略。市场形势和企业实态是不断变化的，企业的内外环境都在不断变化，企业发展战略如果不及时调整，就会陷入被动的局面。企业在不同发展阶段，战略是需要不断调整的。企业初创时期，主要是确定战略方向；在企业发展过程中，要不断对战略进行调整，适应市场环境的变化。海尔的张瑞敏一直在探索全新的管理方式，作为领先者，他认为，没有对手可以模仿，甚至需要颠覆传统；任正非说，华为已经进入无人区。他们都认识到，企业战略没有永恒不变的模式，企业战略管理体现了内部驱动力与外部适应力的统一。

181

二、战略管理的逆势成长

在发展过程中,遇到逆境时,企业要积极乐观地面对危机,创造生机。危机环境下,生机只留给有准备的人。子曰:"岁寒,然后知松柏之后凋也。"[1] 岁无严寒,无以知松柏;世无坎坷,无以知人杰。华为、塞氏公司、毕马威、海尔、新希望,几乎都是在逆境中、变化中成长起来的。塞姆勒接手塞氏公司时,公司已近乎崩溃。海尔处于中国竞争最为激烈、大企业高度集中的家电行业,转型前的海尔也在业绩超过千亿元后"沉寂"了几年。华为组织变革与发展战略详见表14。

表 14 华为组织变革与发展战略

发展阶段	变革年代	发展战略	组织结构
第一阶段	2002 年前	规模化战略	直线职能制
第二阶段	2003 年	多元化战略	事业部制
第三阶段	2007 年	国际化战略	混合矩阵结构
第四阶段	2010 年	客户中心战略	全球矩阵结构
第五阶段	2010 年后	客户中心战略	模块化矩阵结构

三、战略管理的开放融合性

战略管理的开放融合性指的是组织与内外部合作伙伴之间、顾客之间、竞争对手等利益相关者之间的相融合作关系。随着组织与外部环境联系得更加紧密,组织内外部之间的开放、融合关系对组织成长尤为重要。组织不仅要有开放的视野,还要有不断学习的能力,更需要具有在组织内外部之间融合发展的能力。从华为组织变革与发展战略的发展阶段与战略重点可以看出,组织内外部联系越来越强,组织的开放度越来越高。

四、战略管理要处理好利益关系

王泽应(2016)强调,正确义利观应该将国家利益与国际道义、国际正义

---

[1]《论语·子罕》。

有机结合，倡导各国共同利益的实现，反对霸权主义和单边主义。❶朱贻庭（2017）指出，中国古代义利观兼顾全体社会成员的利益，推行仁政，促进社会的稳定发展。❷

（一）长远利益和近期利益——见利思义

近期利益就是现实的利益、当下的利益。长远利益是根本的利益、共同的利益。二者之间相互渗透，相互影响，正确处理好它们之间的关系，使其相互促进，共同发展，对于企业的协调发展会产生积极的促进作用。反之，如果二者的关系处理不当，就会影响企业的持续发展。企业的探索创新能提高企业市场适应能力，有利于企业的长远发展。孔子指出，"见利思义，见危授命，久要不忘平生之言，亦可以为成人矣。"❸孔子认为，见利思义是人之为人的道德底线。君子"九思"也有类似的表述，"见得思义"是见利思义的同义语。面对利益，君子与小人的选择是不一样的，君子眼中有"义"，小人眼中只有"利"。今天，高度利己主义的企业并不能获取很高的经济利益，而具有高度社会责任感和历史使命感的企业则能赢得公众认可，提升企业的无形资产，这是企业的长期利益。

（二）局部利益与整体利益——取之有义

孔子认为，"小不忍，则乱大谋。"❹意思是对小事情不忍耐，便会败坏大事情。在孔子看来，为了长远的利益，为了大的事业，不仅要牺牲局部的利益，甚至还要忍受精神和肉体的痛苦，卧薪尝胆，经受折磨和考验。不能忍耐小的损失或挫折，不能忍受暂时的屈辱和痛苦，便无法成就大事。《论语·卫灵公》记载，孔子认为，追求利益也是正常的，是人性的自然状态。即所谓"饮食男女，人之大欲存焉"❺，并说"富而可求也，虽执鞭之士，吾亦为之"❻。孔子要求"君子"获取财富的时候不能像小人一样好利，不能只顾自己的局部利益，而应该讲"义"。

---

❶ 王泽应. 义利之辨与社会主义义利观[J]. 道德与文明，2003（5）：26-30.
❷ 朱贻庭. 义利价值权重与治国价值方针选择——论儒家"重义""由义"的执政治国义利观[J]. 道德与文明，2017（03）：6-12.
❸《论语·宪问》。
❹《论语·卫灵公》。
❺《礼记·礼运》。
❻《论语·述而》。

(三)个体利益和社会利益的关系——先义后利

孔子的社会理想是"大道之行,天下为公"[1],他把公义置于私利之上。做任何事情都要正义优先,利益第二。获取个人利益要合乎公义,义是获取利益的标准。只有以义驾驭利,先义后利,才能互助共赢。反之,先利后义,唯利是图把人心搞坏,则社会纷乱;先义后利,仁义廉耻传播大爱,则社会和谐。义和利的取舍也是价值判断的问题,正如荀子所说的,"先义而后利者荣,先利而后义者辱。"[2]兰德公司研究发现,优秀企业都有个超越利润的社会目标,都认为社会价值高于利润价值,客户价值高于生产价值。企业应"取之有义",就是要求企业经营不发不义之财。企业的重要使命是不断创造社会财富,满足人们的需要。松下幸之助的"自来水哲学"认为,企业经营的最终目的是消除世界贫困,其责任在于为大众生产像自来水一样便宜的物品。德国零售巨头阿尔迪的经营理念是为顾客提供廉价商品。这都体现了企业的经营之道——"取之有义"。

第五节 企业战略管理的合法性问题:名正言顺

合法性的概念最早是由韦伯、哈贝马斯等学者提出的,现在合法性已成为分析企业治理的强有力工具。马里奥(Maurer)最早提出了现代意义的组织合法性的内涵是一个组织借此向其同行或上级系统证明其具有生存的权利。[3]萨奇曼(Suchman)认为合法性是在环境的规范、价值观和信念系统内对组织行动是否合乎期望及恰当性、合适性的普遍性认识。[4]企业获得利益相关者的认可和支持才具有相应的合法性。[5]这种合法性的本质就在于企业要承担相应的社会责任。企业应根据环境的变化,不断调整自己的社会责任来获得动态的合法性。合法性有助于获取社会资源和赢得利益相关者的持续支持[6],从而促进企业更好地成长发展。按儒家治理理论来看,企业应治理有四种道德合法性的证明:个人的合法性、

---

[1]《礼记·礼运》。

[2]《荀子·荣辱》。

[3] Maurer, John. G. Readings in organizational theory: Open system approaches[M]. New York: Random House. 1972.

[4] Suchman M C.Managing Legitimacy, Strategic and Institutional Approaches[J]. Academy of Management Review, 1995, 20 (3): 571–610.

[5] 冯巨章. 合法性、商会治理与企业社会责任演化[J]. 浙江工商大学学报, 2018 (5): 91–104.

[6] Parsons T. Structure and Process in Modern Societies[M]. Glencoe, IL: Free Press, 1960.

结果的合法性、程序的合法性、结构的合法性。[1]

一、个人的合法性：合乎良心道义

个人合法性主要指的是个人的超凡魅力打破旧制度[2]和建立新制度[3]获得认同的地位。而孔子的个人合法性就在于管理者能坚守"己所不欲勿施于人"这样的"仁德"而获得人们的认可。"仁德"的实现关键在管理者做出表率。孔子说："政者，正也。子帅以正，孰敢不正？"[4]又说："其身正，不令而行；其身不正，虽令不从。"[5]还说："君子之德风，小人之德草，草上之风，必偃。"[6]意思是君子行为端正，则其德如风，君为善则民善。

二、结果的合法性：合乎人心民意

"征诸庶民"是孔子所说的"君君、臣臣，父父、子子"的儒家"正名"意思的表述。孔子的理想是"天下为公"，是人们具有较高的公共意识和良好的社会公德。要处理好君臣、父子、夫妻、兄弟、朋友的各种关系。孔子说："君臣也，父子也，夫妇也，昆弟也，朋友也，五者，天下之达道也。"[7]又说："父慈、子孝、兄良、弟悌、夫义、妇听、长惠、幼顺、君仁、臣忠，十者谓之人义。"[8]社会关系以"五达道"为主并延伸开来，处理好这些关系离不开"仁义"的十个方面。所谓"天下为公"，就是社会的大同与和顺，就是处理好这些关系。

三、结构的合法性：合乎历史文化

Scott 认为结构合法性是社会建构的能力。君子治理天下应该以自身的德行为根本，并从老百姓那里得到验证。孔子说"考诸三王而不缪"[9]，以三王的标准来考核今日所行之事应该没有谬误。孔子所说"君君、臣臣，父父、子

---

[1] Suchman M C. Managing Legitimacy，Strategic and Institutional Approaches[J]. Academy of Management Review，1995，20（3）：579.

[2] Weber M. Economy and society. Berkeley：University of California Press，1978.

[3] DiMaggio，P J. 1988. Interest and agency in institutional theory. In L. G. Zucker（Ed.），Institutional patterns and organizations：3–22. Cambridge，MA：Ballinger.

[4] 《论语·颜渊》。

[5] 《论语·子路》。

[6] 《论语·颜渊》。

[7] 《中庸》。

[8] 《礼记·礼运》。

[9] 《礼记·中庸》。

子"❶围绕克己、修身以"正名"而逐步展开。正名，要求每个人都能"修己""克己""省身"。孔子说："克己复礼为仁。一日克己复礼，天下归仁焉。"❷他强调"为仁由己"，希望人们遵守礼法，"非礼勿视，非礼勿听，非礼勿言，非礼勿动"❸，也许只有这样，为人之"义"的问题才能解决。

四、程序的合法性：超越神圣

（一）正名是管理程序的价值要求

权力运行是否合乎规范，这种名包含着职权的名也包含合理性的名。只有正其名，知其分，才能说话顺当合理。这种名"建诸天地而不悖"，它是存在的一种价值，能穿越时空的价值。这种名"质诸鬼神而无疑"，所以不是空洞的思想与信仰，而是有实质影响力内容的存在。这个名可以做天下人的原则、规范、标准。如果违背正义的价值，那就名不副实。按孔子的说法就是要以人为本、善良宽宏，以其正当性获得民众的尊敬等。

（二）言顺是管理程序的话语要求

"名不正则言不顺，言不顺则事不成，事不成则礼乐不兴，礼乐不兴则刑罚不中，刑罚不中，则民无所措手足。"❹语言表达要符合规范要求，要把国家、社会之间的关系说清楚。语言的表达要准确反映国家的礼乐制度、社会的共识、民众的福祉等。马小红的研究认为，雅语是汉以后儒家经典与研究这些经典所通用的语言。汉以后，法理以皈依于儒家经典的雅语进行表述。❺

（三）事成是管理程序的目标要求

说话不顺当合理，事情就办不成。要做到事成，行事就要谨慎。《论语·八佾》说"子入太庙，每事问"。《论语·子罕》说"吾少也贱，故多能鄙事"。做事要有恒心，《论语·述而》所谓"若圣与仁，则吾岂敢?抑为之不厌，诲人不倦，则可谓云尔已矣"。做事要向高人请教，《论语·子路》中，他说"吾不如老农""吾不如老圃"。做事要敢于承认自己有缺点、有过失，《论语·子张》所谓"君子之过也，如日月之食焉"。做事态度要乐观，"发愤忘食，乐

---

❶《论语·颜渊》。
❷《论语·颜渊》。
❸《论语·颜渊》。
❹《论语·子路》。
❺ 马小红. 法不远人：中国古代如何寻找法的共识——中国古代"法言法语"的借鉴[J]. 中共中央党校学报，2019，23（5）：101–110.

以忘忧"[1]，"知其不可而为之"[2]。做事要经得起诱惑，"不义而富且贵，于我如浮云"[3]。孔子说："唯器与名，不可以假人，君之所司也。"[4]意思是自己的职责，自己的分内事，不可推卸责任，不能借与他人。这样做事才能成功。

（四）礼乐是管理程序的规范要求

儒家通过礼乐等制度，提供了志向、做事等价值规范系统。《左传》把"礼"的作用定为纲纪定序。"礼，上下之纪，天地之经纬也，民之所以生也。"[5]礼成了管理程序的具体规范。礼乐一个是内在规范一个是外在规范，"乐所以修内也，礼所以修外也"[6]。礼乐是解决争端的规范，"乐至则无怨，礼至则不争"[7]。礼乐是安民的规范，"乐极和，礼极顺，内和而外顺，则民瞻其颜色而弗与争也，望其容貌而民不生易慢焉"[8]。礼乐是人与自然和谐的规范，"乐者天地之和也，礼者天地之序也"[9]。礼乐是自我修养的规范，"礼以道其志，乐以和其声"[10]。总之，"礼"管理人之行为。"乐"养护人之心性，二者构成和谐的"礼乐互补"机制以治国安邦、和亲顺民、以成王道。

（五）公正是管理程序的控制要求

面对治理"失范"现状，孔子认识到"刑治"的局限性，即"刑罚不中，则民无所措手足"。孔子把实行有德之政、让有德者为政视为治理的法宝。

通过《论语》与现代企业战略管理思想的比较分析，从战略目标、战略选择、战略实施和战略效果等多个层面分析《论语》在战略管理中的实际应用过程，从而创建基于《论语》的战略管理分析方法，探讨伦理治理的战略管理的分析框架，可以解决当代企业发展的战略问题。中国企业战略管理依旧应该扎根于本土文化，以《论语》的伦理治理为理论支撑，建构起中国企业发展的战略思想，探索中国企业战略管理的基本模式和基本方法，为世界提供企业战略管理的中国方案。

---

[1]《论语·述而》。
[2]《论语·宪问》。
[3]《论语·述而》。
[4]《春秋左传·成公二年》。
[5] 杨伯峻. 春秋左传注[M]. 北京：中华书局，1981.
[6]《礼记·文王世子》。
[7]《礼记·乐记》。
[8]《礼记·乐记》。
[9]《礼记·乐记》。
[10]《礼记·乐记》。

第九章

《论语》与利益相关者

第一节　企业与消费者的关系：恕道
第二节　企业与股东的关系：尽忠
第三节　企业与社会的关系：兼济天下
第四节　企业与员工的关系：人性本善
第五节　企业与环境关系：天人合一

最早的企业目标都是追求股东财富的最大化。之后，企业目标又扩大到利益相关者。因为，股东利益最大化目标同时受利益相关者的影响。本章通过协调利益相关者关系的行为，来分析《论语》中如何处理与利益相关者的利益，包括与股东、员工、消费者、社会和环境之间的关系。

《论语》中的伦理治理是对利益相关者的整体利益的超越。自20世纪60年代产生以来，利益相关者理论被应用到各个学科中。利益相关者是指那些与组织目标密切相关的个人或群体，该理论的核心在于通过协调和利益相关者的利益关系，达到整体效益最佳。陈敏认为，企业的发展必须强调"合力"的概念，其目标是企业价值的最大化，而不仅仅是股东价值的最大化。[1]沈海滨、陈巧云通过三角形价值增长模型分析企业股东，员工，顾客三者利益，认为使其均衡满足，才能实现企业价值的稳定性增长。[2]纪建悦、李鹏、吕帅认为，企业价值=权益价值+债务价值+员工价值+政府价值+供应商价值+顾客价值+社会价值。[3]陈宏辉、贾生华认为，每一种利益相关者并不能等量齐观，而应按重要性区别对待。沃克、马尔认为，所有的利益相关者都可能是十分重要的，但没有人说过他们是同等重要。[4]杨雄胜认为，公司的核心利益相关者是股东、员工（经营者）和顾客，企业价值的创造应主要处理好三者之间的关系。[5]在本书第二章的分析中，我们就指出利益相关者理论缺乏一定的伦理倾向，要与伦理理论相搭配才能彰显其价值。利益相关者无法确定什么利益优先，什么利益为次。儒家伦理治理能突破利益相关者的经验的局限，为利益相关者理论提供规范引领。

《论语》中的伦理治理是对利益相关者共同治理的超越。自进入21世纪以来，罗利（Rowley）[6]和格兰诺维特（Granovetter）[7]等西方学者将社会网络理

---

[1] 陈敏. 基于企业价值视角的公司治理分析框架[J]. 广西财经学院学报，2007（4）：100–105.
[2] 沈海滨，陈巧云. 从三角形分析企业价值增长的稳定性[J]. 科技创新导报，2008（18）：151–152.
[3] 纪建悦，李鹏，吕帅. 利益相关者视角的企业价值构成探讨[J]. 现代管理科学，2008（2）：74–75.
[4] 陈宏辉，贾生华. 企业利益相关者的利益协调与公司治理的平衡原理[J]. 中国工业经济，2005（8）：114–121.
[5] 杨雄胜. 高级财务管理[M]. 大连：东北财经大学出版社，2010.
[6] Rowley T J. Moving Beyond Dyadic Ties: A Network Theory of Stakeholder Influences[J]. Academy of Management Review，1997，22（4）：887–910.
[7] Post J E, Preston L E, Sachs S. Managing the Extended Enterprise: The New Stakeholder View[J]. California Management Review，2002，45（1）：6–28.

论与利益相关者结合起来,并将企业和利益相关者组成一种复杂的关系网。[1]李维安(2005)的研究侧重于利益的协调机制,企业治理模式也从规范治理转向了利益相关者的"共同治理"模式。日本近现代企业家信奉《论语》,坚守"义利合一""诚实守信"的价值观,从追求自身经济利益的最大化向平衡利益的相关方向转变。从具体的划分看,利益相关者需要考虑企业与个体的互利共赢关系,企业与社会的和谐共赢关系,企业与环境的和谐共赢关系。孔子将孝道的仁爱之心扩展到兄弟之道、夫妻之道、朋友之道和君臣之道(见图12)。在伦理治理看来,人与社会、自然都是和谐的伙伴关系,而非主宰关系。如今面对环境危机和社会复杂多变的形势,企业家独断专行的行事方式不断地遭受到现实的挑战,让更多的利益群体参与其中,协同合作抵御企业治理的风险成为最佳的实务。

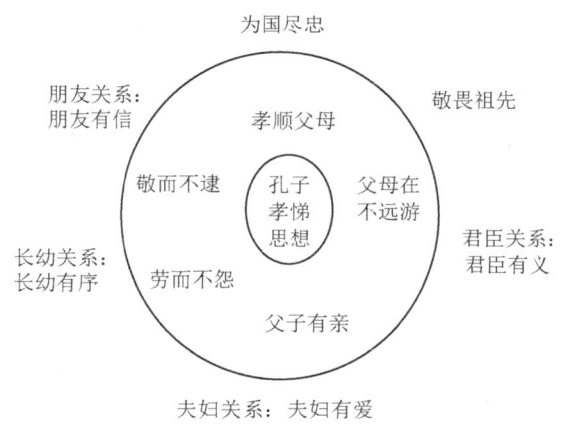

图 12 孔子与儒家核心价值

第一节 企业与消费者的关系:恕道

"忠恕"之道是孔子一以贯之的治理理念,孔子的学生对他的评价是:"夫子之道,忠恕而已矣。"[2]也就是说,孔子的仁爱核心思想主要体现在"忠恕"二字上。按朱熹的解释是"推己之谓恕"。"忠"和"恕"都是孔子仁爱思想的表征,"忠"是自己内心的真诚态度,"恕"是指推己及人来处理人际关系。具

---

[1] Post J E, Preston L E, Sachs S. Managing the Extended Enterprise: The New Stakeholder View[J]. California Management Review, 2002, 45(1): 6-28.

[2] 《论语·里仁》。

体而言，恕道有三个标准："己所不欲，勿施于人"；"己欲立而立人，己欲达而达人"；"絜矩之道"。

　　企业在处理与消费者的关系时，要认真分析顾客的需求，了解顾客的消费心理，制订正确的营销策略。[1]客户价值理论认为，价值是由客户决定的。[2]客户关系管理中的价值研究目前正在向三个方向发展：一是企业为客户创造的价值研究；二是客户为企业创造的价值研究；三是参与交换的买卖双方的价值创造研究。[3]三大利益相关主体视角下的企业价值模型的客户价值是从企业的角度而言的。客户价值对于企业而言是根本，但是客户又并没有和企业有长期的契约关系，客户流动性较强。因此处理好与客户的关系对于企业来说是至关重要的。在阿里巴巴企业的价值观系统中处于最上层的是"客户第一"。

一、以"己所不欲，勿施于人"的方式保障消费者基本的权利

　　《论语》中《颜渊第十二》和《卫灵公第十五》提出的"己所不欲，勿施于人"的箴言，被西方伦理学界称为"孔子道德黄金律"。积极面为"推己及人"，消极面为"己所不欲，勿施于人"。你自己不愿意做的事，不要强加于别人。在《孔子家语》中，孔子说：君子有三恕。一个人他自己不侍奉君王，却要求他的下属听从他的役使，这种人就不是恕；一个人他不孝敬自己的父母，却要求自己的儿女孝敬自己，这种人也不是恕；一个人他不尊敬、不顺从哥哥，却要求弟弟尊敬、顺从自己，这种人也不是恕。

　　Low（2008a，2008b）认为，在儒家伦理学中，整体锚定就是孔子强调的黄金法则。[4]黄金法则不是不希望别人对自己做什么。它也被称为恕或互惠作为生命行为的原则（Lien, Y. C. & Kraar, L., 1994）。纳入黄金法则，利益相关者理论变得与伦理价值相关。一个人离开了自己，变得不那么以自我为中心，变得更加大公无私。所有企业都应该认识到它们对利益相关者的责任并做出反映这些责任的决策（Low & Ang, 2011a; Low, 2008b）。之后，企业可以让利益相关者从非活跃状态转变为被动状态，积极主动地进行互动。因此，人们可

---

[1] Chen C H, Khoo L P, Yan W A. A Strategy for Acquiring Customer Requirement Patterns Using Laddering Technique and ART2 Neural Network[J]. Advanced Engineering Informatics，2002，16（3）：229–240.

[2] 李海舰，冯丽. 企业价值来源及其理论研究[J]. 中国工业经济，2004（3）：52–60.

[3] 周洁如. 客户关系管理中的价值创造研究[J]. 上海管理科学，2003（4）：55–56.

[4] Low, K. C. P. (2008a). Value Based Leadership: Leading the Confucian way. Leadership and Organisation Management Journal，2008（3）： 32–41. Low, K. C. P. (2008b). Confucian Ethics & Social Responsibility-The Golden Rule and Responsibility to the Stakeholders.Ethics & Critical Thinking Journal，2008（4）：46–54.

第九章 《论语》与利益相关者

以争辩说，企业无法避免但必须避免进入对话、做某事，并与其利益相关者、市场或非市场保持持续的关系。如今，"己所不欲，勿施于人"写在了联合国总部大厅的墙上，这说明这互惠的价值观获得了全世界的认可。这不只是一个文明人起码的品行与素质，更是在企业治理和商业活动中指向正确道路的风向标。

孔子一以贯之的"道"是这样概括的："夫子之道，忠恕而已矣。"具体而言，就是"其恕乎！己所不欲，勿施于人"❶，这是处理人与我的利害关系的法则。"夫子之道，忠恕而已矣"，"己所不欲，勿施于人"，"我不欲人之加诸我也，吾亦欲无加诸人"。❷

这种交互关系是一种普遍规律，懂得了"恕"就领会了"道"。"恕"解决三种关系：事君与使臣，报亲与子孝，敬兄与弟顺。君子回馈社会的方法是：年轻时努力学习换得成年后的生活能力，年老时教给晚辈换取死后荣耀，富有时施舍是为了换取贫穷时援助。

企业与消费者之间的关系就是一种正常的给予与回馈社会的交换关系，这种关系是平等的相互信任的责任关系。2008年爆发的奶制品污染事件，让中国奶制品企业与消费者之间的信任关系降到了冰点。许多婴儿就诊后发现患有肾结石，溯源追查到三鹿奶粉中含有化工原料三聚氰胺，约有1.2万人因食用了该产品而住院。❸国家质检总局对国内奶粉企业进行全面检验，伊利、蒙牛、光明、圣元及雅士利在内的多个厂家的奶粉都检出三聚氰胺。食品质量事故屡屡发生，食品安全问题令人担忧（见表15），消费者深受其害，这种对等给予与回馈之间的信任关系被打破了。一面是消费者拼命维权，一面是企业造假行为不断，再严的监管模式都满足不了各自的利益诉求。不断爆发的"黑天鹅事件"让上市公司的市值不断缩水，影响了企业的社会信任度。

表15 上市公司食品安全问题

上市公司	行业	发生时间	事件原因	事件处理	对股价影响
汤臣倍健	食品	2012.3.28	螺旋藻铅超标	药监局回应	大跌
伊利股份	食品	2012.6.12	奶粉含汞	召回问题奶	大跌

---

❶《论语·卫灵公》。
❷《论语·公冶长》。
❸ 卫生部：现有1.2万余名婴幼儿因食用奶粉住院治疗[EB/OL]．(2008-09-23)．[2020-08-21] http://news.xinhuanet.com/newscenter/2008-09-21/content_10088082.htm.

续表

上市公司	行业	发生时间	事件原因	事件处理	对股价影响
双汇发展	食品	2012.6.14	蛆虫门事件	检验合格	大跌
张裕	酒	2012.8.10	农药残留	检验合格	大跌
酒鬼酒	酒	2012.11.19	塑化剂超标	重视该问题	大跌

二、以"己欲立而立人，己欲达而达人"的方式满足消费者对美好生活的需要

企业要提供适合消费者的优质产品和服务，满足消费者物质与文化生活的需求。企业必须进行消费者调查，了解各类消费者的消费需求，在适宜的时机、用适宜的商品来满足消费者的消费需求。子贡问孔子："如有博施于民而能济众，何如？可谓仁乎？"❶孔子回答说："何事于仁，必也圣乎！尧舜其犹病诸！夫仁者，己欲立而立人，己欲达而达人。能近取譬，可谓仁之方也已。"❷孔子认为自己所追求的目标，也要让别人能够实现和去追求。企业追求的经济和文化方面的目标，也要让消费者能满足物质和精神的需要。总之，要使人的生活真正成为人的生活，企业不仅要给消费者创造满足需要的物质生活空间，也要给消费者创造一个文化精神生活空间。

三、以"絜矩之道"审慎处理相互之间的权利与自由

絜是审慎的意思。人在追求自身权利的时候不要侵害他人的权利，只有这样你才能获得真正的自由。这里最难把握的就是这个度，因人而异。只有人人去审慎这个度，人人的行为都合乎于恕道，人人才会具备美德。其一，企业要做正面示范以影响消费者。企业在维护消费者权益和自由方面以身作则，遵守法律和道德规范的要求，消费者就会效仿这样的做法。"海尔砸冰箱"事件就为海尔赢得了广大消费者的信赖。其二，以推己及人的方式建立双方认同的行为原则。企业与消费者都要遵守规则，才能维系好良性关系。其三，以发挥主观能动性培养双方的社会责任和社会义务。企业与消费者都能主动强化内在道德责任意识，主动承担道德责任，双方就能建立和谐的关系。有学者从博弈关系

---

❶《论语·雍也》。

❷《论语·雍也》。

去探讨消费者与企业之间的关系，从监管的成本、良性关系的维系上看都很难纠正失信行为和交易风险。2019年4月，西安奔驰女车主薛春艳花了66万元买了一辆奔驰汽车，可车还没开出门就发现发动机漏油。她坐在引擎盖上维权的事件，一度成为新闻热点。一面是消费者含泪维权，一面是各种人肉证明奔驰女车主各种不是，这恰恰证明企业与消费者之间非良性的关系。最著名的自然是"王海打假"，表面是为了消费者的正当利益，可是王海本人都坦言：打假和正义无关，赚了钱才能更高尚。甚至会出现黑吃黑的现象。❶其四，注重道德平等创造相互尊重的氛围。笔者比较认可这样的说法：消费者不是上帝，诚信才是上帝。❷殊不知，消费者是上帝这样的说法其实也是一种营销手段。因为企业为消费者创造了价值，消费者支付报酬来交换这种价值。❸在处理企业与顾客冲突时，相互之间都要把握好相应的度。

可见，儒家的"恕道"是将心比心、严于律己、宽以待人、以己度人、推己及人的道德规范。

第二节 企业与股东的关系：尽忠

如何确保股东利益最大化正是早期公司治理制度研究的核心所在，股东利益受损将损害企业价值。但随着现代公司治理的实践，越来越发现除股东以外，其他公司利益相关者对公司价值创造也起着很大的作用，甚至会超过股东的作用。传统的公司治理也就演变成公司利益相关者治理。当前，公认股东、员工、客户是公司最重要的核心利益相关者。为此，公司治理制度安排中应充分重视股东、员工、客户的治理作用。

股东委托经营者管理，公司的管理层是董事会。董事会的责任是对股东的责任还是对利益相关者的责任，依然存在着分歧。"股东至上论"认为，董事会的忠诚责任是对股东绝对忠诚；"利益相关者论"认为是对所有的利益相关者负责。

忠，是一种应有品德和行为准则，它是一种对事对人的应有品行。如对亲、

---

❶ 刘京文."黑吃黑"：面对面的交锋："王海打假事件"的观察与思考[J]. 领导广角，2000（3）：27-28.
❷ 曹林. 消费者不是上帝，诚信才是上帝[J]. 杂文月刊，2019（14）：26.
❸ 史光起. 顾客不再是上帝[J]. 创新时代，2011（10）：100-101.

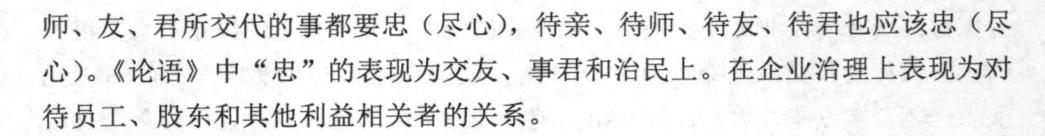

师、友、君所交代的事都要忠（尽心），待亲、待师、待友、待君也应该忠（尽心）。《论语》中"忠"的表现为交友、事君和治民上。在企业治理上表现为对待员工、股东和其他利益相关者的关系。

一、企业员工的忠诚度

《论语》中的"忠"应用范围很广，但是在企业治理上却很少提及。不过从治理角度看，企业治理与国家治理、社会治理等方面是相通的。子贡向孔子请教交友的道理。孔子说："忠告而善道之，不可则止，毋自辱焉。"[1]也就是说，朋友有过失要尽量劝告他，并引导他向善。朋友要是不接受劝导就算了，不要再自讨没趣。樊迟问怎样才是仁。孔子说："居处恭，执事敬，与人忠。虽之夷狄，不可弃也。"[2]孔子认为平常在家规规矩矩，办事严肃认真，待人真心诚意。即使到了夷狄之地，也不可背弃。这两处的"忠"都是讲交友的。企业对忠的运用要让企业员工忠于企业，就要让员工分享到企业的发展成果。例如，方太集团推行股权激励方案让骨干层员工持股。稻盛和夫认为，公司要在追求员工物质与精神两方面幸福的同时，为人类和社会的进步与发展做出贡献。企业员工的忠诚度会因为员工薪酬、个人发展、工作环境、企业效益以及个人兴趣等发生变化，但是主要的是靠企业文化来维系。要认识到企业和员工之间建立忠诚关系不只是劳动合同关系，还包含着员工对企业愿景的认同，从而建立忠诚和信任的关系，有助于营造出和谐工作环境。有人说海底捞和星巴克的员工你挖不走，这说明这些企业的员工忠诚度很高。

二、企业高管对待企业的勤勉敬忠

高管的"忠"一是对企业工作内心的态度要恭敬，做到"事上也敬"[3]，保持"事君，慎始而敬终"[4]的态度。定公问："君使臣，臣事君，如之何？"孔子对曰："君使臣以礼，臣事君以忠。"[5]二是对工作尽职尽责，不尸位素餐。儒家强调"尽其在我"的责任，他们认为地位越高，权力越大，相应的责任也

---

[1]《论语·颜渊》。
[2]《论语·子路》。
[3]《论语·公冶长》。
[4]《礼记·表记》。
[5]《论语·八佾》。

越重。位高权重者应该"居之无倦,行之以忠"❶。对本职事务尽职尽责、不懈怠。三是主张高管要注意发挥表率、模范作用。美国 2002 年《标准公司法》第 8 条确立了高管勤勉义务、行为诚意、为公司谋得最大利益、谨慎程度等。英国公司高管勤勉义务是在 1925 年的"城市公众火灾保险公司上诉案"中确立的。《中华人民共和国公司法》第 149 条规定,董事、监事、高管利用职权之便损害公司利益或其他造成公司利益受损的情况,应当承担赔偿责任。

三、企业对待其他利益相关者敬忠

季康子问孔子,君王率领人民,如何能使百姓恭敬、尽忠。子曰:"临之以庄,则敬;孝慈,则忠;举善而教不能,则劝。"❷孔子的回答是说对待百姓必须庄重,对方自然对你恭敬;对待百姓仁慈,百姓就会尽忠;树立好的典范又去教导不好的人,百姓自然相视而劝。子张问如何治理政事。孔子说:"居之无倦,行之以忠。"❸居于官位不懈怠,执行君令要忠实。不言而喻,公司应对所有利益相关者负责。该利益相关者理论非常有吸引力,因为利益相关者也可以扩展到任何一方——个人或企业。"(儒家)人的衡量标准是人。"需要做的是对自己的行为负责或满足各方的需要和利益。此外,利益相关者理论的规范价值应该被注意到;利益相关者被视为拥有价值,无论他们的工具如何用于管理。规范性观点通常被视为道德观,因为它强调应该如何对待利益相关者。因此,利益各方的公平性具有重要作用。

第三节 企业与社会的关系:兼济天下

一、企业与社会的协作关系

从企业与社会的关系来看,企业的社会责任已经成为法律和政策的内容。对社会利益相关者利益的维护也最容易被社会大众关注,而企业在这种关系的协调中更多的是作为一个奉献者。在社会利益相关者方面,主要协调与政府、

---

❶《论语·颜渊》。

❷《论语·为政》。

❸《论语·颜渊》。

特殊群体、同行业者的关系，在一定程度上维护他们的利益。"以诚待人"是天道，也是人道。这是儒家伦理学应用于时代的关键力量——利益相关者理论（也包括社会中的其他人）。无论如何，即使我们每个人都很渺小，个人和企业都可以对这个世界做出伟大的贡献，这将有助于坚持整体的善良。孔子的待人之道是与人为善。与人为善可以有几种做法：第一种做法是无道的蛮夷做法。别人以善意待我，我也用善意待他；别人用不善待我，我也用不善待他。第二种做法是朋友做法。别人用善意待我，我也用善意待他；别人用不善待我，我就引导他向善。第三种是亲人做法。别人以善意待我，我也用善意待他；别人用不善待我，我也以善意待他，并引导他向善。第四种做法是真正地与人为善。就是把亲人的做法延伸出去，以诚心和善意对待天下人。

二、企业与社会的共同治理关系

《论语》中记载，子曰："君子和而不同，小人同而不和。"❶子曰："礼之用，和为贵。"❷体现了孔子对各种主体共同参与治理的价值认同。企业与社会之间共同治理，其治理的对象或对企业有经济利益或只有公共利益，但是企业在社会治理的过程中获得了企业的整体利益。例如，企业参与社区的社会公益活动，通过捐赠等社区慈善项目与其利益相关者协同合作，共同创造经济价值❸，同时也履行社会责任❹。企业在推行这些服务活动中，也获得了社会认同的企业合法性利益。❺例如，万科企业建造万卷阁书店，优化了社区的文化基础设施，万卷阁成为社区信息共享的载体。万卷阁给万科带来如潮的社会好评，多家新闻媒体关注报道，万科的社会知名度、美誉度大为改观。

三、企业与社会的共享关系

在"礼崩乐坏"的时代，孔子振臂高呼"克己复礼"，认为只有克服自己的贪欲、邪念才能走上正道，最后实现天下太平的大同之境。传统的消费模式是

---

❶《论语·子路》。

❷《论语·学而》。

❸ 王芳，邓玲. 从自治到共治：城市社区环境治理的实践逻辑——基于上海M社区的实践经验分析[J]. 北京行政学院学报，2018（6）.

❹ Dias A. Corporate Community Involvement—The Definitive Guide to Maximizing Your Business' Societal Engagement（N. Lakin and V. Scheubel）-Book Review[J]. Maris Bv，2011.

❺ Hemphill T A. Corporate Governance, Strategic Philanthropy, and Public Policy[J]. Business Horizons, 1999，42（3）.

占有型、奢侈主义、浪费主义与过度消费广泛存在。排他性占有型消费模式造成了资源浪费、过度购买与完全闲置等不经济的情形。共享经济通过所有权与使用权的适当分离提高了消费的可持续性，为企业与社会的深度融合提供了共享平台。在一定意义上，共享经济是经济目标与社会目标的交互融合，是市场逻辑与社会逻辑的融合交会，共享单车、慈善捐赠、社群分享改善了社会信任关系。著名管理思想家和商业大师普拉哈拉德提倡"金字塔底层理论"，鼓励企业改善全球贫穷落后地区的生活条件，这样企业才能获得永续发展。❶这与孔子所倡导的大同社会有异曲同工之妙。

第四节　企业与员工的关系：人性本善

企业要充分意识到员工价值的实现对企业价值增长的贡献度。现在，很多企业为了实现股东的利益而剥夺员工的利益，导致大量的罢工事件，结果使企业蒙受巨大的损失。员工为球形模型中的半径，对于企业价值创造具有直接性和能动性影响。企业在价值创造中，应该努力满足员工的利益，使员工的价值得以增长，这样才能使整个企业得以实现价值增长。以"性善论"为基础的儒家伦理治理实行"柔性管理"，肯定人的价值，体现德行的价值。"柔性管理"以内在的要素，以及人性的解放、权利平等、民主管理，来激发每个员工的潜力、主动性。

一、人性本善是实施柔性管理的前提

儒家对人性的看法不完全一致，孔子认为人性有善的成分，但非绝对完善。子曰："人之生也直，罔之生也幸而免。"❷意思是说：人初生时性本正直，至于为坏的习气所染，使其不正直，则难免遭遇祸患而死，若罔而仍能生，是偶然与侥幸。孔子认为人犯罪是因恶劣的环境所影响，而忽略人性之本质，人与生俱来就有一定的劣根性。子曰："性相近也，习相远也。"❸意为：人天生的性情，本来相差不多，只因习俗不同，使各人变善或变恶，因此相差甚远。孔

---

❶ [美]C.K. 普拉哈拉德. 金字塔底层的财富：为穷人服务的创新性商业模式[M]. 北京：人民邮电出版社，2015.

❷ 《论语·雍也》。

❸ 《论语·阳货》。

子认为"有教无类"❶。"凡来学者,无不教以做人的道理,不分善恶贵贱。""人非圣贤,孰能无过矣。"子曰:"加我数年,五十以学《易》,可以无大过矣。"❷。意为:如果天能假我数年,使我禀心学《易》,这样对后世就可以没有大过了。"性相近""无类""孰能无过""无大过"证明人性非绝对完善。孔子对"仁""义""忠""恕"等人性品质的推崇中,包含着对人性本善的肯定。正是基于对人性的正面评价,孔子才明确提出了"修己安人""为政以德"的德治主张,奠定了儒家人性论的基调。

二、柔性管理就是要重视人性,发挥人的作用

与西方以"事"(效率)为中心、"因事找人"的科学管理大不一样❸,中国人相信人的力量,所谓管理不过是一种自我道德管理,"修己安人"、引人自觉。这就是孔子说的"政者,正也。君为正,则百姓从政矣。君之所为,百姓之所从也"❹。柔性管理就是要营造舒适的工作环境,激发员工的想象力和创造力,进而提高工作效率。柔性管理以人为本,以员工的情感为出发点,关注员工的情感诉求,建立企业交流平台,发挥员工长处、实现其自我价值。

三、柔性管理就是要重视人格,发挥德行的作用

个人的德行是可以培养并向外延伸的。目前,有一些迫切的问题需要通过采用由内而外的方法进行道德拓展。譬如现在的环境问题,发展中的收入差距问题,科技发展带来的色情诈骗等问题。"人之初,性本善。性相近,习相远。"中国人对人性的这种朴素认知源自儒家性善论的深远影响。

第五节 企业与环境关系:"天人合一"

儒家"天人合一"思想反映了企业与自然之间的关系。企业在谋求经济利益的同时,要促进人与自然万物和谐发展。自然不说话,却滋养万物。正如孔

---

❶《论语·卫灵公》。
❷《论语·述而》。
❸ 曾仕强. 中国式管理[M]. 北京:中国社会科学出版社,2005:62.
❹《论语·哀公问》。

子说:"天何言哉?四时行焉,万物生焉,天何言哉?"❶这是发展中的企业的生态责任或环境责任。企业要合理利用资源,实现"节能减排",符合生态系统对企业的规制与要求。

一、按"天人合一"思想看,企业要树立生态伦理观

"知者乐水,仁者乐山;知者动,仁者静"❷,仁者之所以超越智者,是因二者对物的感通、认知存在差异,仁者行仁道,是需要从生命真谛的视角看待自然。自然系统有人类,也有其他动植物等生命体,人类不可能脱离这个系统而独自生存和发展。转基因技术依旧是全球讨论的热点话题,一方面是转基因技术能暂时解决食物短缺、能源危机和资源匮乏等难题;另一方面是转基因技术对人类健康和环境的潜在风险让人忧心忡忡,支持方和反对方各执一词,难以达成共识。生物技术的推广应用需要经过生态伦理观的审视,实现人与自然和谐相处。

二、按"天人合一"思想看,企业要实施生态工程

企业发展要符合生态战略与生态规划,合理利用资源,加强产品及其材料的循环利用等。制造商在追求经济利益的同时还要在环境保护、资源节约、节能减排等方面做贡献。

三、按"天人合一"的思想看,企业要建设生态文化

要营造绿色的社会环境,把人的需要和环境绿化结合起来。提倡绿色发展的价值观,让社会公众共享绿色发展成果。可以通过必要的典礼仪式来展现、表达绿色共享价值观,如植树节活动、节能环保典型表彰等仪式。企业要树立生态文化观念,积极参与生态文明建设,降低污染,保护环境;生产无毒无害产品,维护社会公众的健康,促进社会的绿色发展。

四、按"天人合一"的思想,企业要正确对待人工智能问题

人类在改造自然时,对人工智能的应用是多种多样的。面部识别、语音识别、机器人、自动驾驶汽车、无人机等成为人类社会的常态。人类在人工智能

---

❶ 《论语·阳货》。
❷ 《论语·雍也》。

的研发、应用等方面要加强伦理规范，使机器人规范兼容人类社会伦理。世界上一些著名的科技公司开始尝试对 AI 进行治理，如何确保 AI 系统具有伦理性依旧是目前难以解决的问题，机器决策中不公平和其他潜在危害屡见不鲜。恰如有研究指出的，脑成像技术在刑事司法领域便如同潘多拉魔盒的存在[1]，走出被机器控制的"科林格里奇困境"是人类社会必须面对的未来风险。有学者认为，如果人工智能注定要超过人的可控范围，那么提前将儒家伦理治理植入人工智能机器人，或许可以造就与人类和平共处的人工道德主体。[2]这将值得进一步探讨。

---

[1] 施鹏鹏，田静怡. 脑成像技术：刑事证明的潘多拉魔盒[J]. 检察装备技术新动态，2019（1）：60.
[2] [美]刘纪璐. 儒家机器人伦理[J]. 谢晨云，闵超琴，等，译. 思想与文化，2018（1）：18–40.

第十章

《论语》与企业基业长青

第一节　信用是基业长青的基础：人无信不立，业无信不长
第二节　诚信企业的内在特征：以义裁信
第三节　诚信是最佳的经商之道：和气生财
第四节　积极建构信用体系，为企业树立不倒口碑

基业长青几乎是所有企业追求的目标，基业长青是一个企业的成熟阶段，经过从优秀到卓越的成长阶段，企业都会面临最后的衰退，但是很多企业因为选择了不同的价值理念而成为卓越的企业。威廉·大内在《Z理论》一书中研究了日本企业基业长青的七个经验，指出了企业文化对企业基业长青的重要意义。被誉为"美国商界教皇"的汤姆·彼得斯在他的畅销书《追求卓越》中总结了基业长青价值驱动的重要意义。柯林斯和波拉斯在《基业长青》一书中研究了18个优秀的企业发展情况，指出价值理念在企业发展中至关重要。❶

《基业长青》第二章《造钟而非报时》指出，成功企业的终极目标往往和经济利益无关，而是企业的历史使命和社会责任。这恰恰就是儒家商业伦理追求的目标。对于儒家治理的理念而言，义利合一或义优先于利，这样持续的道德承诺所产生的"信"的效果才能保证企业基业长青。可信不仅是道德的义务，也是美德的核心部分。"信"在个体与他人的互动中实现，在个体身上表现的是社会贡献。儒家的自省修炼也是在反省个人与他人的互动影响。曾子曰："吾日三省吾身，为人谋而不忠乎？与朋友交而不信乎？传不习乎？"❷

中国并不缺乏商业模式创新的企业，但是能够一路存活下来的企业如果没有信用的支撑，就难以实现基业长青的目标。2017年，乐视公司因在多起买卖合同纠纷案中未按调解协议履行相应的赔偿义务被法院列入失信被执行人名单。自乐视被列入"失信黑名单"后，乐视的商业信用大打折扣，业绩直线下滑。在短短一年的时间里，乐视耗尽了十年间积累的商业信用。2017年10月成立的瑞幸咖啡（北京）有限公司因为财务造假，2020年在美上市一年多就被强制退市，对在美上市的中概股信用产生了很大的负面影响。当然，我们不能因为几家企业的失信行为对中国企业丧失信心，而是要通过这些反面例子来论证卓越企业基业长青的基础。

---

❶ 詹姆斯·C.柯林斯，杰里·波拉斯.基业长青[M].北京：中信出版社，2002.
❷《论语·学而》。

第一节　信用是基业长青的基础：
人无信不立，业无信不长

信用是企业长期发展的根基，《论语》中关于"信"的论述主要从人际交往、国家治理和自我修养方面来展开。对于现代企业的治理而言，信守条款、以义制利、信用评价等都具有重要的启发意义。

一、《论语》中"信"的意义

在孔子看来，"信"是相处之道，是修身之法，是立国之本。"信"贯穿于社会生活的各个层面，是社会发展的关键环节。建立信用社会，才能构建地方与国家、企业与社会、政府与企业、企业与个人之间的和谐关系。

（一）诚信是人际关系和谐的相处之道

孔子认为，"信"是人际交往必须遵守的守则。甚至，他把建立朋友之间的信任关系当作人生的志向。子路问孔子的志向时，孔子说"老者安之，朋友信之，少者怀之"[1]。孔子的学生曾子反省的功课是"与朋友交而不信乎"[2]。子夏把"信"当作学习的内容，"与朋友交，言而有信。虽曰未学，吾必谓之学矣"[3]。与人交往如何遵守"信"的守则，孔子提出友直、友谅、友多闻的"益者三友"。要与正直、诚信、见识广博的人交往，同时自己也要以这样的品德对待朋友。

中国古代是一个农业社会、熟人社会，诚信就是人际交往必备的品格。只有获得良好的人际关系，才能在社会中安身立命。孔子就说"言忠信，行笃敬，虽蛮貊之邦，行矣。言不忠信，行不笃敬，虽州里，行乎哉？"[4]一个诚信的人即使远在他乡也能交到朋友，一个不讲诚信的人即使在乡里也难找到至交。总之，"信"是人际交往的守则。

---

[1]《论语·公冶长》。
[2]《论语·学而》。
[3]《论语·学而》。
[4]《论语·卫灵公》。

（二）诚信是统治者为政以德的立国之本

在孔子的眼中，"信"在国家治理中的地位很高。当子贡向孔子请教国家治理问题时，孔子就提出国家治理的三项基本内容："足食、足兵、民信之。"❶在这三项中，如果一定要保留一项，孔子认为老百姓的信任是粮食、军备无法替代的，所谓"得民心者得天下"。国家治理中取信于民的方法就在于统治者起到表率作用，以取得民众的信任。当权者做到"敬事而信，节用而爱人，使民以时"❷。治理国家要诚信无欺，节约费用，爱护百姓，在农闲时役使百姓。统治者以信德施政必能起到上行下效的作用，为官者也就能讲诚信。统治者讲诚信，民众也就讲诚信，并能获得当权者的信任，这是诚信道德的相互传递过程。"君子信而后劳其民，未信，则以为厉己也；信而后谏，未信，则以为谤己也。"❸通过守信，当权者与民众互相增进信任，当权者采纳民众的合理建议。这种相互认可的方法实际上也是政府合法性的基础。

（三）诚信是立身处世的修身之法

孔子认为，"信"是一个人应该具备的最基本的道德品质。他说人无信而难立就像车无横木难行。"文、行、忠、信"❹是孔子教育内容的直接表述，以此培养"人"的整体意义。孔子的教育思想体现的是一种人格教育，他教弟子立"信"就是教弟子有"恒"，人有"恒"就会有"信"。孔子谴责那些巧言令色、不讲诚信之人，他说："巧言、令色、足恭，左丘明耻之，丘亦耻之。匿怨而友其人，左丘明耻之，丘亦耻之。"❺巧言、令色、足恭指言语、脸色和行动三件事。内心虚情假意，言语说得再巧妙，脸色装得再好看，这样的人还是要被人看轻。孔子认为有三种人是无可救药的。第一种是狂而不直的人。狂妄而直率的人，能力有些夸大，但不至于坏。表面狂妄，内心有其他的想法，这种人容易自欺欺人。第二种是侗而不愿的人，自己什么都不懂，却什么话都敢说。第三种是悾悾而无信的人，表面看起来非常憨厚，实际上却不讲信用。在孔子看来，无论君子还是小人，"信"的品德是每个人最基本的道德素养，也是道德的评判标准和表现形式。孔子认为，"信"和"仁"是密切联系的，信不能没有仁和义的引导。

---

❶《论语·颜渊》。
❷《论语·学而》。
❸《论语·子张》。
❹《论语·述而》。
❺《论语·公冶长》。

二、《论语》中"信"对于企业治理的意义

按《说文解字》的说法,"信,诚也",又说"诚,信也",以诚与信相互解释印证,说明了两者是同义反复。从"信"的字体构成来看,信从人从言,由"言"和"人"组成,即"人言为信",由此推演出其拥有诚实不欺、守言行诺等内涵。据杨伯峻在《论语译注》中统计,"信"在《论语》中共出现 38 次。多数意思为"诚实不欺"。

信用是市场经济的诚实不欺、守言行诺的帝王条款。在西方学者看来,市场经济就是信用经济。在古罗马法中就有诚信原则,现在诚信原则已经成为民法的帝王规则。亚当·斯密在《道德情操论》一书中指出,没有诚信等社会美德的支撑,交易关系将难以持久。❶福山认为,信任对社会经济发展具有推动力。❷信用和信用体系在市场活动中主要表现为银行信用、商业信用、国家信用、消费信用等内容。

信用是传统儒商以义制利、公平正义的价值传承。中国传统社会的商业活动也是信用经济,儒商信用文化是历代儒商成功的实践总结。儒商将孔子的儒家之道应用到商业活动中,建立起儒商独特的商业价值原则。儒商的精神主要体现在"仁者爱人""以义制利""诚实信用"等方面。《论语》中提到的孔子的门生子贡,在经商上有卓越的天赋。他内儒外商,为富当仁,遵守孔子"不义而富且贵,与我如浮云"的教诲,坚守取财有道的原则。明清时期中国兴起的晋商、徽商、潮商和甬商等商帮都坚守儒家崇信重义的伦理品格,奉行诚实守信的道德信条。徽商许宪曾说:"以诚待人,人自怀服,任术御物,物终不亲。"❸徽商梅庆余的经营原则是:"诚笃不欺人,亦不疑人欺。"❹中国古代商帮成功的原因,可以归结为以义制利、公平正义等诚信精神。❺儒商信用能降低社会交易成本,促进商业繁荣。

信用是国家褒扬诚信、惩戒失信的社会信用评价。在现代社会中,社会信用是各类社会主体信用关系的总和,国家重视社会信用的评估与建设。党的十

---

❶ 亚当·斯密. 道德情操论[M]. 北京:中央编译出版社,2008.
❷ 弗兰西斯·福山. 信任:社会道德与繁荣的创造[M]. 北京:远方出版社,1995.
❸ 郭振香. 徽商的诚信观[J]. 安徽大学学报(哲学社会科学版),1997(3):88-90.
❹ 同上。
❺ 张正明. 晋商兴衰史[M]. 太原:山西古籍出版社,1995;孔祥毅. 晋商学[M]. 北京:经济科学出版社,2008;王振忠. 一部反映徽商活动的佚名无题抄本[J]. 河南商业高等专科学校学报,2000(1):57-58.

六届三中全会通过的《中共中央关于完善社会主义市场经济体制若干问题的决定》就提出建立健全社会信用制度的要求。中国企业联合会、中国企业家协会自 2006 年以来一直开展企业诚信建设和信用评价工作。征信机构、信用评级机构及会计审计机构都将成为社会信用评价的主体。信用是网络时代的虚拟社会资本。党的十九届四中全会提出"完善诚信建设长效机制，健全覆盖全社会的征信体系，加强失信惩戒"的要求，征信制度建设已经进入全覆盖阶段。社会信用将成为个体和社会发展的重要资源。布尔迪厄将社会资本表述为社会当中的个体通过参与集体活动从而获得的一种资源。❶研究表明，社会资本能够提高个人的福利水平和社会的创新效率。❷吴晶妹将网络时代的信用资本分为诚信度、合规度、践约度。❸伴随着网络时代的到来，虚拟社会资本成为网络时代的新资源。以《论语》信用原则为参照，进行企业治理的信用重建，建立企业信用评价记录，发扬中国企业治理的特长，可以促进企业良好信用制度的建立。

第二节 诚信企业的内在特征：以义裁信

一、诚信企业注重人的情感性

（一）以诚待人是主顾交往的原则

儒家诚信思想形成于农业社会，具有熟人社会的特点，所以其明显带有情感性。在熟人社会里，人们大都遵守诚信，人与人之间的信任程度由关系的亲密疏远情况决定。孔子从仁爱之心出发推演出忠恕之道，"己欲立而立人，己欲达而达人"，"己所不欲，勿施于人"，把个人的情感与他人的情感结合起来达到协调统一。诚信是双向的，要别人对你诚信，你得先对别人诚信。你对别人以诚相待，别人同样也会对你以诚相待。企业为"顾主"提供货真价实的产品，保护"顾主"的最大利益，才能保持企业的成功运行。

（二）和气生财是同业交往的原则

失信者因为身处熟人社会，所以失信的事情很快会被传播出去并会受到道德的谴责，因而要付出的代价很大。人们注重口头承诺，靠熟人关系而不依赖

---

❶ Bourdieu P. Outline of a Theory of Practice[M]. Cambridge: Cambridge University Press, 1977: 65–66.
❷ 严成樑. 社会资本、创新与长期经济增长[J]. 经济研究, 2012（11）: 48–60.
❸ 吴晶妹. 从信用的内涵与构成看大数据征信[J]. 首都师范大学学报（社会科学版）, 2015（6）: 66–72.

法律，此类事情在当代社会生活中依然时常见到。认为此人此事可以讲诚信，那就君子一言既出，驷马难追。老子告诫我们：不轻诺。因为一旦承诺，就要千金不易，必须践诺。子曰："古者言之不出，耻躬之不逮也。"❶古时候的人不轻易表态，以不能实践自己的承诺为耻。

（三）情感寄托是用户开发的原则

在互联网时代，企业打通了产品与用户之间的情感联系，满足了用户的情感需求。企业应与用户连接起来，以用户的爱好、心理、行为来设计人性化产品。诚信企业以用户需求为指引，提高用户的产品忠诚度。可以说，好的产品一定是通过抓住用户的情感需求来抓住时代变革的风向标的。

二、诚信企业注重人的差序性

儒家创立于春秋战国时期，当时的社会由家族组成，施行的是宗法制度。在这样的社会制度下，国家利益和家族的利益是居于首位的，儒家诚信思想的内容可以反映出当时的等级制度和人与人之间的差序关系。儒家认为国家和家族之间、父子之间、兄弟之间、夫妻之间，后者要顺从、忠实于前者，维护尊卑等级的社会秩序。在生活世界里，儒家的人际关系安排是费孝通所描述的"差序格局"。在《乡土中国》一书中，费孝通对"差序格局"的描述是中国社会的结构好像是一块石头丢在水面上推出去的波纹。每个人都是其社会影响所推出去的圈子的中心，并跟圈子所推及的波纹发生联系。中国社会根据"尊尊""亲亲"法则来分配资源。中国传统文化对企业上位者的品德要求是没有偏私，要具有社会取向的成就动机。组织成员谦让守分、上下有序、团结和谐。

三、诚信企业注重人的道义性

儒家遵守诚信的重要原则是"以义裁信"。关于"义""利"的关系，儒家认为"信"要随"义"走，因为"义"占据诚信道德中的主要地位，孔子的"信近于义，言可复也"❷、孟子的"不必信，行不必果"都表明了这一思想。孔子认为，不是任何场合都要讲"言必信，行必果"，对于不诚信之人，可以针锋相对，"听其言而观其行"，免得受骗上当。孔子认为，坚守诚信法则是为了践行儒家"仁""义"等道义。当两者相冲突时，君子应坚守正道，而不必讲小信，

---

❶《论语·里仁》。

❷《论语·学而》。

"君子贞而不谅"❶。孔子认为,君子应该勇敢,但勇敢也应遵守道义,面对利益时,"君子义以为上"❷。如果没有道义,君子和小人表现是不一样的,"君子有勇而无义为乱"❸,君子有勇猛的胆魄却没有道义就会叛乱;"小人有勇而无义为盗"❹,小人有勇猛的胆魄却没有道义就会沦为强盗。

四、诚信企业注重人的自律性

儒家认为诚信道德应通过内心修养来实现,不需要外部法律的制约。"诚其意"是个人道德修养的内在要求,"慎独"精神则是指不论外在环境如何,自身都要保持内心和外在行动一致的自律品质。曾子告诉我们,诚信就是在日常生活中不断地反省养成的。诚信的人能做到表里如一地自律。孔子认为践行"君子之道"就要自律。他讲的"君子求诸己,小人求诸人"❺,就是说,君子向来都对自己严格要求,而小人却总习惯苛求他人。要克制自己,随时戒除不该有的欲念;为人处世要有节制,不可肆无忌惮;方方面面都要思考,随时随地严格自律。"君子有三戒:少之时,血气未定,戒之在色;及其壮也,血气方刚,戒之在斗;及其老也,血气既衰,戒之在得"。"君子有三畏:畏天命,畏大人,畏圣人之言"。"君子有九思:视思明,听思聪,色思温,貌思恭,言思忠,事思敬,疑思问,忿思难,见得思义。"❻

第三节 诚信是最佳的经商之道:和气生财

21世纪初的中国,正经历着一场深刻的社会变革。一方面,中国综合国力不断增强,企业国际排名不断提升。另一方面,也出现了一些企业"诚信"缺失、腐败现象滋生等问题。在经济全球化的背景下,企业的发展面临着更为复杂的市场环境,失去信誉的企业难以持续健康发展。《论语》中所蕴含的诚信思想,在时代的发展中更加具有鲜明的特殊意义。

---

❶《论语·卫灵公》。
❷《论语·阳货》。
❸《论语·阳货》。
❹《论语·阳货》。
❺《论语·卫灵公》。
❻《论语·季氏》。

一、诚信是和气生财的经商之道

（一）诚信是信任、可靠的合作原则

诚信是合作的平等基础。朋友之间相处是建立在平等关系的基础上，坦诚相待、彼此信任才能建立良好的合作关系。企业的平等合作既包括企业内部的合作关系，又包括企业外部的合作关系。在企业内部，与员工建立平等的合作关系；在企业外部，与其他企业和社会相关利益方建立平等合作关系。诚信是合作的和谐关系。诚信带来人际关系和谐，能维系人与人之间积极、稳定的关系。❶诚信也让企业能从社会中获得支持。❷和谐的人格和社会支持能够使企业更加容易获得合作机会。诚信是合作的信用效果。孔子重视诚信，倡导"言必信，行必果"，只有诚实的人，才能得到别人的信任和可靠的合作机会。孔子认为诚信是一个贤者应有的品德，是做人的标准，能够让人与人之间相互理解、相互信任。孟子说："诚者，天之道也；思诚者，人之道也。至诚而不动者，未之有也；不诚，未有能动者也。"诚信是合作的信息真实，在合作过程中不欺瞒对方，向对方披露真实信息。在证券市场，披露的信息不真实容易被类似浑水公司一样的做空机构盯上，从而影响公司的正常运营。2020年2月1日，美国著名的浑水公司发布了一份关于瑞幸咖啡股票的做空报告。2020年4月2日，瑞幸咖啡承认2019年业绩造假涉及销售额大约22亿元人民币，瑞幸咖啡股价暴跌75.57%，市值蒸发超65亿美元，盘中共8次触发熔断。在美国上市的公司如傅氏科普威、中阀科技、网秦、嘉汉林业、绿诺科技、中国高速频道、多元环球水务等中概股先后遭遇做空，遭受重创后最终以摘牌收场。因此，提供真实的信息是企业与其他关联方能够持续合作的有效要素。

（二）诚信是信任永续的沟通桥梁

诚信沟通能提高企业内部的活力。诚信沟通才能使企业有活力。乐于沟通的诚信文化带动尊重与友情发展，有利于培养员工的主人翁精神，增强企业的凝聚力和向心力。诚信沟通充分利用了企业内部的人才优势，盘活了人力资源，增强了企业内部的活力。诚信沟通改善了企业与外部的关系。企业要获得社会各界的支持，应以诚信沟通来消除误会，以诚信沟通来促进友谊，以诚信沟通

---

❶ 张妙清，张树辉，张建新. 什么是"中国人"的个性？——《中国人个性测量表 CPAI-2》的分组差异 [J]. 心理学报，2004，36（4）：491–499.

❷ Sarason B R, Sarason I G, Pierce G R. Social Support: An Interactional View [J]. Behaviour Research & Therapy, 1990, 30（1）：82–83.

来创造机会。诚信沟通改善了企业与政府、企业与企业、企业与社会的关系，充分运用了政府资源、企业资源和社会资源以及自身实力等优势，将企业的外部资源转化为组织内部资源，将分散资源转化为企业集中资源，将潜在资源转化为企业的实在资源。诚信沟通能消除文化冲突带来的负面影响。消费习惯和消费行为都建立在一定的文化习性基础上，诚信商务沟通可以消除文化冲突的影响，尊重当地消费者与企业的消费文化和商务往来的基本礼仪，构建和谐的商务关系。

二、诚信的企业领导的基本道德素养

（一）诚信是企业领导力的表现

诚信是构建领导力的核心原则。诚信既表现为"谨而信"的言行一致表达，又表现为"言必信，行必果"的效果承诺。孔子认为，真正的领导力是伦理领导力。本书在第五章探讨了企业治理的伦理领导力问题，分析了《论语》中领导力的价值表征为领导素养、领导能力和领导效果。领导能力的提升从领导自我修身开始，以诚信为核心原则。

（二）诚信是企业领导良好的工作作风

良好的工作作风表现为有独立的判断能力。面对企业治理中出现的问题，领导干部要能够及时发声，引导大家向着正确的方向前进。领导者不仅要取信于民，还要有扎实的工作态度和务实的工作作风。企业治理"艰难百战多"，领导干部都能够务实肯干，全力以赴，并富有成效地工作，才能博得群众的理解、支持与拥护。

三、诚信是市场活动的道德法则

（一）先义后利的经商理念

先义后利的经商理念坚持取财有道。孔子认为"君子义以为上"[1]，"不义而富且贵，于我如浮云"[2]。诚信法则长期以商业习惯的形式存在。在商业活动中奉守诺言，遵循契约，体现了先义后利的经商理念，如徽商提倡的信义交易。[3]先义后利的经商理念谋求的是整体利益。《左传》写道："义，利之本也。"孔子认为："放于利而行，多怨。"唯利是图会加剧社会矛盾从而引发社会冲突。

---

[1]《论语·阳货》。
[2]《论语·述而》。
[3]《休宁名族志》。

"好勇疾贫，乱也。"社会贫富差距大，社会就不得安宁。

（二）货真价实的交易规则

在市场经济活动中，当事人双方必须恪守诚信法则，诚实不欺，不得损害他人利益和社会公共利益。货真价实的交易规则就是保证商品质量。儒家的义利观要求企业的生产经营者要把好质量关，确保产品品质，坚决杜绝制假售假、假买假卖等行为。对于通过造假等不正当手段获取的利益应坚决抵制，"不义而富且贵，于我如浮云"。儒家"如切如磋，如琢如磨"的工匠精神有助于提高产品质量与品质。货真价实的交易规则就是保证商品安全。商品安全牵动人心，"毒奶粉""地沟油""瘦肉精"、毒胶囊事件及山西疫苗事件等安全问题层出不穷，严重影响了企业的诚信声誉。货真价实的交易规则就是保证商品的价格公道。过度的价格竞争会影响价格的合理性。价格下跌过快会削弱产品真正的价值，失去品牌信任感。企业要从以价取胜转向以质取胜，实现要素市场资源优化配置。

（三）童叟无欺的交易行为

童叟无欺的交易行为要求平等对待交易对象。尊重消费者的公平交易权，每个交易的对象都能获得同等的公正的交易条件。童叟无欺的交易行为要求格式合同具有公平性。合同的制定方凭借其经济优势，以"霸王条款"来减轻或免除自己的责任、加重消费者的责任都违背了"信"的原则。童叟无欺的交易行为要求拓宽权益救济渠道。救济渠道的拓宽，有利于限制市场交易中出现的不道德行为，如借贷逾期不还、不履行合同条款。

四、诚信是企业发展的无形资产

诚信资本是企业发展的无形资本。诚信资本是市场经济良好运行所必需的前提条件。以诚信为基础的现代市场经济保证了合同履行，交易正常，市场秩序井然。在企业治理的各个要素中，诚信是一种精神力量，其内涵在不断得到丰富和发展。在新时代，"信"依旧是人们的价值标杆和处世之道。诚信资本可以展现企业的良好社会形象。企业的诚信所带来的市场美誉，成为现代市场经济中一种无形的资本，可以为企业创造、积累财富奠定基础。诚信资本是企业竞争力的表现。在市场竞争中，诚信是企业竞争力的重要表现，特别是在全球竞争中能够让企业立于不败之地。诚信资本能够为企业获取相关资源，并为实现其社会目标创造条件。

第四节　积极建构信用体系，为企业树立不倒口碑

《论语》关于诚信的论述内容比较丰富，这些智慧的见解一直以独特的方式影响着中国人的思维和价值。企业诚信是企业永续发展的金字招牌。面对爆炸式增长的网络信息，企业可通过开发自动化的应用工具辅助其挖掘口碑信息所蕴含的重要价值。

企业的诚信理念和诚信行为会通过社会舆论这个途径为社会所了解、所接受。企业员工的诚信道德品质，如在企业活动中按诚信原则工作，会通过社会舆论、广告宣传、消费者的口碑等方式向外传播。企业以往的信誉与表现可以推动企业产品与服务的发展。社会对企业的诚信现状的评价反馈给企业，能够使企业进行自我修正、查漏补缺，提升产品和服务质量，提供更多诚信的产品与服务。

一、完善信用法律制度体系，建立企业诚信治理的失信惩罚机制

国家应建立完善的产权制度，维护企业的诚信治理。明晰的产权制度可建立起一个健全的信用社会和诚信企业，市场主体为了实现永久产权就必须珍惜企业的信用。当信用权及相应规范确定后，信用权益受到侵害的司法诉求及司法裁判都将有明确的法律依据。学者认为，信用权应该是与人格权、债权、物权、知识产权、股权、继承权并列的基本权利。[1]国家应建设完善的信用规则，为企业诚信治理提供法律依据。在民商事法律中，诚实信用原则是居于神圣价值位阶的帝王条款。在合同约定不明确的情况下，可以运用诚实信用原则来弥补合同漏洞。在建设信用规则时，既要完善民商事法律中的相关规定，又要拓展信用规则在行政法、刑法的运用，彰显诚信的基本价值观。应通过制定"诚信法"，完善民事法律"诚实守信"的原则，补充修正相关条款的具体规定，对失信行为进行有效约束，保障信用体系建设有法可依，防止金融欺诈，保护信用主体的合法权益，对信用相关行业做出详细的规定。要强化执法体系，加大对失信行为的打击力度。执法人员在执法过程中应严明公正，提高自身素质修养，改进行政执法的工作方式，规范行政执法行为，做到执法必严，提高违约

---

[1] 李晓安. 论信用的法权性质与权利归属[J]. 法学论坛, 2020（2）：50–61.

失信案件的办案效率。2018 年 12 月，同仁堂被媒体曝光存在"回收过期蜂蜜、涉嫌更改生产日期"问题。在同仁堂"蜂蜜事件"中，其不仅被监管机关处罚，还被纪委监委问责，被撤销企业质量奖。❶ 国家对企业失信行为先后颁布了一系列惩戒文件，具体见表 16。

表 16　国家失信联合惩戒文件汇总

序号	施行时间	名称	文号
1	2011 年 3 月 1 日	社会组织评估管理办法	中华人民共和国民政部令第 39 号
2	2014 年 10 月 1 日	纳税信用管理办法（试行）	国家税务总局公告第 40 号
3	2014 年 10 月 1 日	企业信息公示暂行条例	中华人民共和国国务院令第 654 号
4	2014 年 10 月 1 日	企业经营异常名录管理暂行办法	国家工商行政管理总局令第 68 号
5	2014 年 12 月 1 日	海关认证企业标准	海关总署第 225 号
6	2016 年 4 月 1 日	严重违法失信企业名单管理暂行办法	国家工商行政管理总局令第 83 号
7	2016 年 6 月 1 日	关于修订《重大税收违法案件信息公布办法（试行）》的公告	国家税务总局公告第 24 号
8	2017 年 1 月 17 日	关于界定严重违法失信超限超载运输行为和相关责任主体有关事项的通知	交办公路[2017]8 号
9	2017 年 5 月 1 日	最高人民法院关于修改《最高人民法院关于公布失信被执行人名单信息的若干规定》的决定	法释〔2017〕7 号
10	2017 年 3 月 9 日	关于加强涉金融严重失信人名单监督管理工作的通知	发改财金规〔2017〕460 号
11	2017 年 5 月 9 日	对安全生产领域失信行为开展联合惩戒的实施办法	安监总办〔2017〕49 号

---

❶ 晓真. 同仁堂风波带来思考[J]. 上海质量, 2019（3）：17.

续表

序号	施行时间	名称	文号
12	2017年8月1日	企业统计信用管理办法（试行）	国统字〔2017〕97号
13	2017年10月1日	统计从业人员统计信用档案管理办法	国统字〔2017〕98号
14	2017年5月26日	关于进一步加强安全生产领域失信行为信息管理的通知	安监总厅〔2017〕59号
15	2017年8月1日	能源行业市场主体信用评价工作管理办法（试行）	国能发资质〔2017〕37号
16	2018年1月1日	拖欠农民工工资"黑名单"管理暂行办法	人社部规〔2017〕16号
17	2017年10月30日	关于加强和规范守信联合激励和失信联合惩戒对象名单管理工作的指导意见	发改财金规〔2017〕1798号
18	2017年11月6日	《民航行业信用管理办法（试行）》	民航发〔2017〕136号
19	2017年12月7日	对安全生产领域守信行为信息开展联合激励的实施办法	安监总办〔2017〕133号
20	2018年1月1日	建筑市场信用管理暂行办法	建市〔2017〕241号
21	2018年1月1日	涉税专业服务信用评价管理办法（试行）	国家税务总局公告2017年第48号
22	2018年1月19日	关于界定和激励公路水运工程建设领域守信典型企业有关事项的通知	交办水〔2018〕11号
23	2018年1月24日	社会组织信用信息管理办法	民政部令（2018）第60号
24	2018年4月1日	关于纳税信用评价有关事项的公告	国家税务总局公告2018年第8号
25	2018年2月3日	关于加强和规范涉电力领域失信联合惩戒对象名单管理工作的实施意见	发改运行规〔2018〕233号
26	2018年5月1日	海关企业信用管理办法	海关总署第237号令
27	2018年3月7日	关于做好电信业务经营不良名单和失信名单管理工作的通知	工信部信管〔2018〕54号

二、完善社会信用评价制度，建立企业诚信治理的失信道德谴责机制

要发展专业的社会信用评级机构，为企业的诚信治理提供评价主体。这样，那些不遵守诚信原则的企业和个人的信息就可以被全部公开，失信者在市场竞争中就会饱尝因失信所带来的苦果，也将会从自己所付出的沉重代价中学会遵守信用。建立市场退出机制，取消失信的经济主体进入市场资格。建立个人、企业黑名单制度。根据信用评定按照失信程度进行相应的惩戒，将严重违反相关信用法律法规的个人、企业列入其中。可以通过媒体向社会公布这些失信的个人、企业信息，对其进行社会道德谴责。例如，目前上市公司财务报告信息披露虚假或严重误导陈述，相关企业及其高管将遭受证监会谴责，这样的做法有助于企业改善治理状况。

三、建立公共信用信息统一平台，增强企业诚信治理的信用信息透明度

信用信息应公开透明、共享，利用发达便捷的互联网，建立信用信息共享平台，增强企业违约信息的透明度。税收、工商、公安、信贷信息等部门间信息实行充分共享，对于减少企业违约意义重大。这样，不论是政府、金融系统还是信用评估机构征集到的信用信息都可以通过这个平台达到信息共享，扩大信用信息的透明度和公开水平，以此获取更多信用数据，对建立信用档案起到推动作用。2001 年，阿里巴巴研发"诚信通"，建立企业诚信档案。2003 年，阿里巴巴推出"支付宝"创建淘宝信用交易。2015 年 1 月，阿里巴巴推出反映个人信用的芝麻信用分。这些信用信息极大地改变了中国的信用情况。

四、加强员工诚信教育，提高企业诚信治理的员工职业道德水平

首先，诚信教育要渗透企业治理的每一个环节。诚信作为企业治理的价值理念，应当融入生产经营的每一个环节之中，把诚信内化于心、外化为行，提高企业的治理水平。古代商帮就有诚信教育，从小学习儒家伦理、商规商书，重视日常的耻感教育，培养商人的良好习惯。各企事业单位应大力开展诚信文化的学习，尤其是对中国优秀传统诚信文化的学习，提高员工的诚信意识，有利于企业信用理念的培育。企业加强诚信教育，将人品、企品、产品有机结合。其次，诚信教育要求企业领导人要以身作则。《论语》从领导者的素质修养、领导活动的行为方式等方面都主张"正己正人"的理念，从而实现以信服人。企

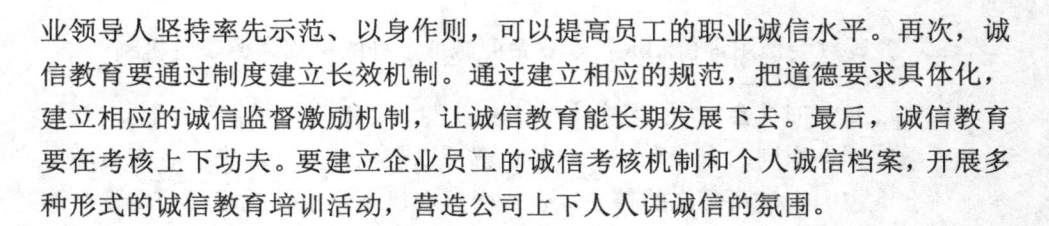

业领导人坚持率先示范、以身作则，可以提高员工的职业诚信水平。再次，诚信教育要通过制度建立长效机制。通过建立相应的规范，把道德要求具体化，建立相应的诚信监督激励机制，让诚信教育能长期发展下去。最后，诚信教育要在考核上下功夫。要建立企业员工的诚信考核机制和个人诚信档案，开展多种形式的诚信教育培训活动，营造公司上下人人讲诚信的氛围。

五、树立诚信的文化价值，营造企业诚信治理的社会氛围

社会的诚信文化是企业诚信治理的价值引导。通过媒体广泛宣传和开展各种形式的诚信教育，在全社会形成诚信的社会氛围，能大大减轻企业治理的压力。整个社会要褒扬诚信的先进典型，谴责失信的不良行为，提升诚信社会公义性，让诚信成为每个人的立身之道，"人而无信，不知其可也"，让诚信成为社会公众的自觉选择。

诚信思想是中华民族宝贵的精神财富，孔子说的"人而无信，不知其可也"[1]，使人们懂得讲诚信是做人应具备的基本道德；"朋友有信"的思想，能够增进人与人之间的信任感，有助于社会和谐；"民无信不立"的思想，为执政者如何稳固执政地位提出了实践途径。若想纠正经济生活中的诚信缺失现象，就要完善企业信用的法律法规建设，加强市场监管，加强传统道德的学习和宣传，积极构建、完善社会信用体系，从而使企业可以持续健康发展。

---

[1]《论语·为政》。

结论与展望

孔子思想是中国传统文化的主流，孔子思想影响着中国人的生活。《论语》从修身、齐家、治国、平天下等层面分析了治理之道。随着西方经济竞争力的衰退和中国经济的崛起，《论语》中的治理思想开始引起各国学者的重视。《论语》中包含的企业伦理与治理思想对当今企业治理而言具有可行性与实效性。本书通过文献比较分析，展现了《论语》中的治理思想，其与西方管理思想有异曲同工之妙。本书从企业愿景、礼治原则、学习型组织、企业战略、人力资源开发、领导力、企业永续发展等八个角度，揭示了《论语》的治理思想的独特价值。《论语》的治理思想尤其重视人的德行修养，强调修身养性、以德服人、以义制利，具有特别的意义。

第一章主要阐述相关的研究综述，指出企业内部治理与外部治理的关系。说明了儒家道德原则本身与目标期望，儒家道德的基础是人皆有之的良心，儒家的精神是内圣外王，使天下有道，达到儒家世界大同的理想。每个人都是道德主体，都有独立实现善的能力与责任。

第二章主要阐述中西方治理模式的对比。从东西方不同的治理理论出发，解释企业伦理治理的内涵及其特点。与西方社会以个人公民为伦理单位不同，中国的伦理是维持社会秩序的重要机制，企业伦理维持商业交易的秩序。中国企业以儒家文化价值为主体，伦理关系表现在组织与其他利害关系人的互动关系中。西方组织社会网络的形成通常为目标取向，但是中国企业的建立却是价值取向。君子必须保证自己的经济独立自足，不能只苦读圣贤之书，这样才有人格尊严可言。百姓无恒产则无恒心，而百姓经济富裕则需要通过教育使之成为富而好礼的个体。只有符合义的经济行为才是道德行为，经济行为的目的是追求利润与效益，而经济的最终目的就是让百姓不愁衣食而能有向善之心去创造道德价值，所以经济行为只是手段。因此，德与商不相悖，而是相辅相成的。

第三章主要阐述企业愿景。企业实施道德管理，反映在现代的企业上，企业必然是一个有善心的君子型企业。君子型企业培育有品德的人才，则能永续经营。企业负起社会责任不单纯是做做公益而已,也对企业本身有直接和间接的利益关系,所以,经济行为要受儒家道德的约束,良好的道德能够给予企业经济上的附加价值。君子型企业之所以能培育出有品德的人才,主要是因为企业领导人以身作则、修己安人。

第四章主要阐述企业的礼治问题。在企业管理功能中提出一些实际问题的解决办法,作为儒家道德与企业之间的一个具体融合的方式,礼治是儒家道德实现的基础与外在表现。

第五章主要阐述企业治理的伦理领导力。从儒家的角度来看,对道德价值观的追求塑造了中国文化中独特的领导艺术。儒家君子型领导并不赞成官僚主义的制度化制度或外部控制的存在,而是依靠个人道德品质的提升来实现。成为君子被认为是儒家领导思想的终极目标。在儒家的理想中,上位者与下位者之间存在着互惠的关系,这构成了中国社会人际关系的基础。上位者对待下位者要慈爱,下位者对待上位者要尊敬。这种上下联系具有道德责任的文化传统,是领导者仁慈心的重要来源。企业文化泛指组织成员能够传承下去的共同遵循的信念与价值系统,其内容多涉及创办人的价值信念,决定企业目标功能与经营理念。而企业领导人是企业文化的来源,其经营理念对于企业价值的实现具有关键影响力,经由组织内外部因素的适应过程,重新界定组织目标及使命,形成组织的价值。

第六章主要阐述学习型组织建设。跨层转化机制——可以兴,可以观,可以群,可以怨。沟通的开放性——君子坦荡荡。变革意愿是尽人事以听天命。学习方式是德之能修,学之能讲,闻义能徙,不善能改。学习的宗旨是文化素养、思想修为、忠实诚信、信守约定,也就是"文、行、忠、信"。

第七章主要阐述企业的人力资源管理。孔子对人力资源管理的观念与做法,是从观察行为来得知人的基本人格特质,以人的基本人格特质为衡量标准来考量是否为合适人选。对于选才、用人、激励等,儒家思想与西方的人力资源思想也有共同之处,儒家思想蕴含的人力资源管理思想为企业治理中识人、选人、用人、育人、留人提供了传统文化资源的理论依据。

第八章主要阐述企业的战略管理。明确企业的使命与目标:安之、怀之、信之;把握环境的机会与风险:预则立,不预则废;认清自己的优势与弱点:修己安人;保持方向与灵活性:持经达变;企业战略管理的合法性问题:名正言顺。

第九章主要阐述企业的利益相关者,从企业的主要利益相关系者分析企业的治理之道。在利益相关者中，第一重要的是员工，第二是社会大众，第三是顾客；第四至第七分别为厂商、政府、股东与社区。儒家治理模式的精髓在于企业之经济最高目的是成就道德，所以经济行为只是手段，企业经营必须受道德的规范，良好的儒家道德有助于经济发展。在企业界谈论儒家道德，是延续儒家思想生命的一种新的表现。无论是站在经济的角度，还是站在人性的教育或者环境保护的层面上，儒家道德都能跟上现代化的脚步，并发挥指导作用。

第十章主要阐述企业基业长青之道。在21世纪，信用已经成为企业治理的核心要素，人类已从华尔街的贪婪、商业活动自私自利中认识到全球遭遇的金融危机、环境危机的原因所在。企业治理价值也从股东至上走向了社会至上，从狭隘的企业利益转为对利益相关者的关切，从而建立互信的社会关系。企业要实现永续经营，就要回归到孔子的利他主义，创造企业的社会价值，取信于民，实现利益平衡。

1998年，75位诺贝尔获得者在巴黎倡导"人类要在21世纪生存下去，必须从2500年前的孔子那里获得智慧"。孔子思想主要集中在《论语》当中。古人曾说："半部《论语》治天下。"本书梳理了《论语》企业治理的理论，帮助读者解读中国企业成功的密码。

儒家的治理思想对现代企业家的治理有重要的借鉴作用，孔子的思想除对我们形成了非常大的影响之外，在东亚、东南亚都有着渗透，他是日本、韩国等国家企业家的精神领袖。受儒家思想影响的"日本企业之父"涩泽荣一在《论语与算盘》一书中提出了"士魂商才"与"义利合一"的经商理念，就是继承了孔子"君子爱财，取之有道"的衣钵，宣扬企业从事商业活动要遵守与人为善，取财有道的道德法则，也就是要学会"一手拿算盘，一手拿《论语》"。日韩许多公司的企业家都谙熟《论语》的治理智慧，儒家治理成就了一代杰出企业家。改革开放以后，我国新一代的企业家也深受儒家思想的影响。马云说，儒家思想是中国最牛的关于企业管理的思想。企业要基业长青，就要懂得儒家思想的组织体系建设。华为公司在建设之初就将儒家思想作为核心价值观，将"仁、义、礼、智、信"引入公司的企业文化之中。华为对客户是"以德报德"，对美国是"以直报怨"❶，这些都渗透着孔子和儒家的思想光辉。方太公司从2008年开始将儒家文化融入方太企业管理，逐渐形成了"中学明道、西

---

❶《论语·宪问》。

学优术、中西合璧、以道御术"的现代儒家管理模式。

《论语》是儒家思想的经典著作，儒家思想被概括为"修身、齐家、治国、平天下"，这种由近及远、由小及大、由己及人的思维模式是符合现代企业治理价值的。儒家思想助力世界级企业的雄起，无不证明了《论语》等传统文化经典在现代企业治理中的作用。

对于现代企业来说，《论语》中的"以人为本""以和为贵""诚实守信"等思想均是现代企业家，特别是尚处于"文化断层"中而不知所措的企业家应该反复研习的治理经典。

儒家的内圣修德、外王淑世的仁义思想塑造了明确儒商德化的人格，现代儒商继承了明清时代儒商的精神，承担了应有的社会责任。"南洋橡胶大王"陈嘉庚先生指出华人企业家应以振兴中国经济为己任。他自1919年起集巨资创办厦门大学、集美大学等十多所学校，在他身上我们看到了他对同胞的人文关怀和强烈的社会责任感。

本书通过对一些企业经营成败案例的剖析，揭示了《论语》的治理思想对企业成长产生的影响。中国历代儒商都奉守"货真价实，童叟无欺"的治理信条，像山西商帮、徽州商帮、陕西商帮、山东商帮、福建商帮、洞庭商帮、广东（珠三角和潮汕）商帮、江右商帮、龙游商帮、宁波商帮等，它们的生意之所以能做到大江南北，是因为其坚守诚信的准则。在当今社会，《论语》依旧是提升员工修养的文化经典，是提高企业治理水平的旷世经典。如果你在经营的时候迷茫徘徊，《论语》中的妙语会为你开启智慧，让你的经营之路峰回路转。

企业治理不应只是为了追求利润，而应该用取之于社会、用之于社会的精神承担相应的社会责任，为社会、公司员工、消费者谋福利。企业治理应该从儒家伦理治理的智慧中获取灵感，全面提高治理水平，从而走向未来可持续发展的康庄大道，为世界的企业治理贡献中国方案。那些质疑"中国治理模式"合理性的西方学者满带着傲慢与偏见，今天他们看不见、看不懂，未来他们可能想追也追不上。

后　　记

今天，很多企业家都把企业经营成功的秘诀归结为《论语》。全球许多企业家和管理大师都在探寻一种永续经营之道。《论语》的治理思想恰恰是解决企业经营与管理困境的方法，它提倡的"仁道"就是企业的"领导之道"，它所言的"仁者"，正是企业治理需要的"领导者"。《论语》的智慧是现代企业治理理论的基础。《论语》以"仁"为中心思想的"忠恕"之道，是企业经营的黄金定律。

孔子早就意识到，治理之道在于知人与用人。当今资本主义最大的问题在于利己思维和股东至上论，而企业只有在治理方面以"利他"和群体利益至上为准则才能基业长青。《论语》提倡的君子以"真、善、美"为标准，言行一致，善待他人，追求完美，这不就是企业治理所追求的目标吗？以利己主义为主导的企业治理理念不能解决全球金融危机、气候变暖问题，某国优先论提振不了全球经济，实现不了世界和平。解读《论语》，从经典中获取现代管理的灵感，从与大师对话中体验治理的艺术，实践企业治理的成功之道。阅读《论语》，让我们平心静气面对治理过程中的得失。

回首写作的诸多岁月，我沉浸在自我的思考空间，仿佛凝聚成一点。书稿批阅几载，增删多次。放弃琴棋书画爱好，减少栽花种果之乐，专注于方寸之间，精心雕琢，巨细无遗。阅读与写作的双重快感让人兴奋不已。我更愿将写作时光里所有给予我帮助的师长、同事和亲友们一一铭记并永存感念。

首先，衷心感谢我的导师中国人民大学孙霄兵教授、秦惠民教授对我学术上的关心帮助，他们是我学术道路上的指明灯。感谢衢州职业技术学院的周志雄教授对我悉心关怀，在我的写作过程中，他不断询问我写作的进度，以亦师亦友的身份不断鞭策我前进。感谢汪筱联先生、叶裕龙先生等民俗学者，他们将毕生精力花在传播传统文化上，我们一起探讨学问的经历总是对我启发良多。感谢赵抃后裔以及赵抃故里为本研究提供的资料，感谢中国儒学馆孔令立先生的支持。感谢衢州尚一电子有限公司董事长郭慧军、浙江名门世业房地产集团有限责任公司董事长谢招修、衢州市越帆信息科技有限公司董事长缪德明、美亿佳（衢州）网络科技有限公司董事长黄崇鉴、浙江日报社湖州分社社长吴丹、浙江五联律师事务所首席合伙人童松青分享了宝贵的治理经验。感谢伦敦大学布克白法学院 Douzina 教授、UCLA 教育学院的 Robert 教授提供研究资料，中西方文化的共振让我的写作有了更多的灵感。

感谢胡明、祝奇、燕儿、宋金丹、陈津陶辛勤的文字校对和写作鼓励。感谢陈超莹、鲁益、楼静晨的图表技术支持，感谢方彩林、贾晨光、唐梦霞等对初稿提出的修改意见。他们的认真工作让我节约了不少时间。

特别感谢我的家人，是你们的关怀备至，使我有了一颗善良勇敢的心，也使我能够稳步向前、不断进步。无论何时，亲情永远都是我最温柔的港湾和最重要的支撑。感谢我的亲人对我忙于写作的理解和支持。感谢安安和贝贝给予了我写作过程中的无穷乐趣。

感谢知识产权出版社的编辑韩婷婷的高效工作，使得本书能顺利出版。

人生学无涯而知有涯，一路学习一路成长。没有人代替你去生活和体验，去享受或受难。你只能一路前行，经历着你所遇见的悲欢离合。谨以此文献给所有关心、帮助、支持、鼓励我的亲人、师长、学友和朋友们！

2020 年 3 月